启程：云南老字号品牌的下一个百年

李翔宇 著

中国建材工业出版社
北京

图书在版编目（CIP）数据

启程：云南老字号品牌的下一个百年/李翔宇著. --北京：中国建材工业出版社，2024.2

ISBN 978-7-5160-3955-7

Ⅰ.①启… Ⅱ.①李… Ⅲ.①老字号—企业发展—研究—云南 Ⅳ.①F279.277.4

中国国家版本馆 CIP 数据核字（2023）第 225098 号

启程：云南老字号品牌的下一个百年
QICHENG：YUNNAN LAOZIHAO PINPAI DE XIAYIGE BAINIAN
李翔宇 著

出版发行：中国建材工业出版社
地 址：北京市海淀区三里河路 11 号
邮 编：100831
经 销：全国各地新华书店
印 刷：北京印刷集团有限责任公司
开 本：787mm×1092mm 1/16
印 张：11.75
字 数：260 千字
版 次：2024 年 2 月第 1 版
印 次：2024 年 2 月第 1 次
定 价：79.00 元

本社网址：www.jccbs.com，微信公众号：zgjcgycbs
请选用正版图书，采购、销售盗版图书属违法行为
版权专有，盗版必究。本社法律顾问：北京天驰君泰律师事务所，张杰律师
举报信箱：zhangjie@tiantailaw.com 举报电话：(010) 57811389
本书如有印装质量问题，由我社事业发展中心负责调换，联系电话：(010) 57811387

序

翔宇的《启程：云南老字号品牌的下一个百年》即将出版之际，请我代为作序，实在是勉为其难。缘由有二，其一，个人的学术功底与学术水平尚待提升，作序若不能抛砖引玉或锦上添花，实在是给他的作品蒙尘；其二，个人的研究方向为人力资源管理与高等教育，对品牌研究甚是肤浅，若泛泛而谈或离题千里，则必然贻笑大方。盛情难却，将从三个方面谈谈个人的浅见，请大家批评斧正。

首先，研究的价值。当前，关于品牌的价值或重要性的研究、实践主要从政府政策规划、企业经营管理等视角来讨论，从消费者角度的讨论偏少。Paul M. & Frank R. (1991) 研究发现：消费者从记忆中提取的信息主要是品牌信息、产品属性信息、评价信息、体验信息四种类型。John C. Mowen (1993) 实证研究表明，随着消费者品牌忠诚度的增强，激活域的规模将变小。同时，崇古尚老的社会心理，已成为一种"集体无意识"深深地植入国人的思想深处，典型表现为商号以百年老字号为荣，药以祖传秘方为豪。可见，从消费者的角度看，在以需求为导向的品牌竞争时代，在中国文化场域下，关注品牌、聚焦百年品牌或老字号品牌，不但是重要的，而且是必要的。翔宇的研究可谓是眼光犀利、正当其时。

其次，著作的贡献。本书视域恢弘，纵向考据，横向调研，数据翔实，策略得当。贡献主要体现在四个方面：其一，对品牌的内涵进行了"溯源"，特别是全面梳理了品牌在中国的发展简史和中国发展百年品牌的行动。其二，以韩国、日本、德国、美国为研究对象，从国家层面探究了打造百年品牌的成功之"道"。其三，基于翔实数据，以老字号品牌为切入点，梳理了云南老字号品牌的发展情况、发展特点，并特别介绍了14个已过百年的云南老字号品牌的概况。其四，基于认知度的理论视角，通过问卷调查，分析了消费者对云南老字号品牌的总体认知情况、影响认知的因素、存在问题及发展对策。同时，在互联网时代，老字号品牌必须与时俱进，自我革命，即顺应乃至引导消费者需求，创新商业模式，从而提升企业的核心竞争力，进而实现企业的可持续发展。著作不仅实现了学术性与科普性的有机融合，而且实现了研究前沿性与管理经营指导性的有效结合。

最后，对老字号品牌的发展建议。从诸多研究与实际观察看，老字号品牌的发展以政府为主导，消费者认可度偏低，部分品牌呈现衰落迹象。为此可从两个方面着手：一是进行供给侧改革。云南白药作为云南最成功的老字号品牌，就是供给侧改革的代表。其以云南白药粉剂独有的核心保密配方为基础，以需求为导向，以"虚拟企业"为运营模式，实现了老字号品牌的保值增值。例如在创可贴市场，云南白药整合了德国公司工艺技术、美国公司的材料研究，在此基础上，加入白药的活性成分，以"有药好得更快些"为诉求迅速占领药用创可贴70%的市场份额；云南白药牙膏则整合美国、日本和中国台湾的资源，再融入白药的活性成分，从联合利华、宝洁60%～70%的市场份额中抢下23%的市场份额，市场占有率目前排第一。二是进行需求侧改革。时代在变化，消费者的需求也在变化，企业必须追随，乃至引导这种变化。随着"00后"成为消费主力军，企业必须在"崇古"的同时，更注重"尚新"。"国潮"便是例证。以百雀羚、五芳斋、回力等为代表的老字号品牌受到追捧，其背后是传统元素与现代碰撞的巧妙融合，是传统技艺革新与现代管理理念的有效结合，更是企业、政府、媒体等协同助推的成功。

本书是"楚雄师范学院第十二批校级专业建设项目'市场营销应用型人才培养示范专业建设项目'"的重要成果。

是为序。

徐明祥
二〇二三年三月十六日于楚雄

前 言

  品牌是衡量一国综合国力的重要指标，高附加值的品牌是国民经济的增值剂。改革开放40多年来，我国各领域也深刻体会到了品牌优势所带来的红利，尤其是近十年，我国政府对国家品牌以及民族自有品牌的发展都格外重视。早在2012年，国务院印发的《质量发展纲要（2011—2020年）》（国发〔2012〕9号）就提出质量发展是兴国之道、强国之策，到2020年，要形成一批拥有国际知名品牌和核心竞争力的优势企业，并且明确提出了"品牌建设重点措施"。2014年，习近平总书记在河南考察时提出了包括"中国产品向中国品牌转变"在内的"三个转变"。2016年《国务院办公厅关于开展消费品工业"三品"专项行动营造良好市场环境的若干意见》（国办发〔2016〕40号）、《国务院办公厅关于印发消费品标准和质量提升规划（2016—2020年）的通知》（国办发〔2016〕68号）、《国务院办公厅关于发挥品牌引领作用推动供需结构升级的意见》（国办发〔2016〕44号）、《国家创新驱动发展战略纲要》等中央文件提出了一系列增强制造产品质量，提升品牌软实力，推动中国优质品牌国际化的品牌发展政策、工程，以及远景规划。自2017年起，我国将每年的5月10日确定为"中国品牌日"。在2019年5月21日召开的推动中部地区崛起工作座谈会上，习近平总书记指出："扩大高水平开放，把握机遇积极参与'一带一路'国际合作，推动优质产能和装备走向世界大舞台、国际大市场，把品牌和技术打出去。"2021年4月26日，习近平总书记在广西考察时提出："发展特色产业是地方做实做强做优实体经济的一大实招，要结合自身条件和优势，推动高质量发展。"

  最近十年，在国家各项政策强有力的推动下，我国出现了"国潮"热的兴起。《百度2021国潮骄傲搜索大数据报告》显示，2011年至2021年的十年中，公众对"国潮"的关注度上涨了528%。清华大学文化创意发展研究院等发布的《国潮研究报告》中指出，所谓"国潮"即"中国潮流＋中国风潮"，是一种将中华各民族的优秀传统文化纳入视野之中所形成的文化形态。2018年是"国潮"的分水岭，在这之前，"国潮"大多指代狭义上的由中国本土设计师创立的特定潮流品牌，是具有鲜明特色的小众文化代表。2018年以后，"国潮"泛指广义上的某种消费概念，即国货群体和带有中国特色产品的走红。这样的转变，使传统国货完成了新时代的新演绎，新兴国货通过满足当代需求确立位置；消费者对于新国货的消费习惯开始形成，并且逐渐形成风潮，国内大众对于新国货的认知和消费心理，发生了从漠不关心、抵触，到支持、追逐的改变。十年的国潮，促成了一众老字号商品的回春，集中于服装、食品、日用品等生活消费范畴的"国潮1.0"阶段；国货通过品质升级、品牌化运营，在手机、汽车等更多高科技消费领域开花，打造出更高品质商品的"国潮2.0"阶段；以及时下正在经历的内涵再扩大，中国品牌、中国文化以及中国科技引领生活，实物、文化产品、科技潮流输出的"国潮3.0"阶段。如今的"90后""00后"是最关注国风文化的人群，他们身着汉服，吃国潮食品，听国潮音乐，看国潮综艺，不少"后浪"们以更多更新颖的方式与"国潮"亲密接触。"国潮"热背后不仅是中国制造、中国品牌的崛起，更是中国情怀、中国自信的彰显，如今的国潮正在向世界输出来自中国的潮流新思路，是国人对于中国经济、文化、科技实力的全面自信，这就使中国的老字号品牌发展迎来了历史性的全新机遇。

云南老字号具有鲜明的地域特征，伴随着云南社会经济的发展一路走来，是云南古代以及近现代工商业发展的有力见证。这些经过历史风雨洗练与岁月雕琢后的品牌，有些因独到的工艺、出色的管理、优秀的文化百年流芳，深受几代消费者的广泛认同；有的在历尽沧桑后消失在历史长河中，仅留下一抹痕迹，十分遗憾。云南老字号不应只是在物质实体层面记录云南工商业的发展，还应该传承其精神层面优秀的儒商文化，它们是云南商业文化的宝贵财富，值得人们去传承与发扬。当下，云南老字号品牌在国家政策的引领以及"国潮"趋势的推动下迎来了机遇，但也因信息爆炸、创新无穷、市场瞬息万变、需求独特、消费群体多元的商业环境而面临重重挑战，它们同样面临产品创新、转型升级、市场拓展、品牌塑造、走向世界等其他品牌所面临的现实问题。为了让更多人关注和了解云南老字号品牌，普及老字号品牌发展知识，保护云南自主商业品牌，传承优秀传统文化；更为了让云南老字号品牌能够在顺应时代发展的同时发扬光大，有更多的云南品牌在今后能够成为云南老字号品牌，并走上百年发展的道路。本书从现有的云南老字号品牌入手，总结了世界百年品牌的发展经验，基于云南省的实际情况，从宏观层面分析了云南老字号品牌的发展现状，调查了现阶段云南省消费群体对云南老字号品牌的认知情况，收集了互联网时代下，具备互联网思维发展的典型企业，并结合调研情况，以及案例分析情况，互联网时代下发展的商业模式理论，提出了云南老字号品牌的发展对策，以为未来云南老字号品牌的发展尽自己的绵薄之力。

时不我待，不负韶华；以梦为马，结伴同行。因能力有限，本书就只做到了宏观层面的概述，对于云南老字号百年发展的研究，今后还有很长的路要走，还需要继续深入，《启程：云南老字号品牌的下一个百年》可以成为后续研究的序幕。希望通过本书，在普及云南老字号品牌发展知识的同时，也能找到志同道合之人，共同为打造优秀民族品牌，让云南老字号早日走向世界而努力！

李翔宁
2022年12月于楚雄师范学院

目　录

第一章　新时代下的云南品牌生态 … 1
 一、品牌发展的文明基础 … 1
 二、品牌发展的社会基础 … 1
 三、品牌发展的经济基础 … 2
 四、品牌发展的技术环境 … 3
 五、品牌发展的商业环境 … 3
 六、品牌的商业模式创新：可持续能力 … 9
 七、推进品牌发展的政策环境 … 10

第二章　认识百年品牌 … 12
 一、品牌溯源 … 12
 二、品牌的内涵 … 16
 三、百年品牌 … 17
 四、老字号品牌与百年品牌 … 19
 五、本土品牌 … 19
 六、产品品牌化的必要性 … 20
 七、品牌价值的源头是质量 … 21
 八、中国发展百年品牌的意义 … 22
 九、中国在行动 … 23

第三章　百年品牌的生命力 … 25
 一、百年品牌源起百年企业 … 25
 二、百年企业的生存之道 … 26
 三、百年品牌的存活之理 … 28
 四、国外百年品牌的成功经验 … 31

第四章　云南百年品牌发展现状 … 47
 一、云南百年品牌发展总体情况 … 47
 二、"云南老字号"品牌的发展现状 … 55
 三、云南百年中华老字号品牌 … 63

第五章 云南老字号品牌消费者认知度研究 ······ 71
一、研究的目的 ······ 71
二、研究现状 ······ 71
三、相关理论及研究假设 ······ 72
四、研究设计 ······ 75
五、研究结果 ······ 77
六、研究结论 ······ 95

第六章 百年老字号品牌典型案例 ······ 100
一、云南百年老字号品牌——云昆牌 ······ 100
二、云南百年老字号品牌——宣字牌 ······ 103
三、中华百年老字号品牌——老凤祥 ······ 105
四、中华百年老字号品牌——张小泉 ······ 112
五、中华百年老字号品牌——红星二锅头 ······ 116

第七章 互联网思维下的商业模式案例 ······ 119
一、长尾型的商业模式 ······ 119
二、多边平台的商业模式 ······ 121
三、免费的商业模式 ······ 124
四、开放的商业模式 ······ 127
五、系统联动无边界的商业模式 ······ 128

第八章 互联网思维的商业运作模式 ······ 140
一、长尾意识 ······ 140
二、互联网思维 ······ 141
三、平台化趋势 ······ 142
四、战略规划 ······ 147
五、战略管理 ······ 151
六、商业模式分析工具 ······ 155
七、互联网思维的商业逻辑 ······ 162

第九章 云南百年品牌发展路径建议 ······ 164
一、云南百年老字号品牌发展存在的问题 ······ 164
二、振兴云南百年老字号品牌的政策建议 ······ 165
三、振兴云南百年老字号品牌的企业发展建议 ······ 167
四、振兴云南百年老字号品牌的科研建议 ······ 174

参考文献 ······ 176

第一章　新时代下的云南品牌生态

实现中华民族伟大复兴是近代以来中华民族最伟大的梦想。改革开放40多年后的今天，中国进入了全面建设社会主义现代化国家的新阶段，现在，我们比历史上任何时期都更接近、更有信心和能力实现中华民族伟大复兴的梦想。党的二十大提出了中国经济发展的新目标，为新时代下的中国自主品牌发展带来了新的机遇与挑战。把握时代脉络，充分发挥自身优势，顺势而为，是新时代下企业的头号战略，中国品牌的发展只有主动融入中国式现代化的发展进程中，才能走上更广阔的世界舞台。

一、品牌发展的文明基础

华夏大地，神奇而广袤，绿水青山，沃野千里，孕育着无限生机。现代商业活动中一系列的品牌活动，都是商业和经济活动的表现，归根结底都是人类活动。作为万物之灵的人，是社会活动的创造者和主导者，正是人的出现，才为丰富多彩的商业活动奠定了坚实的文明基础。

中国是世界四大文明古国之一，悠久辉煌的历史和灿烂丰富的文化为中国的工商业发展创造了优越的条件。早在二百多万年前，我们的祖先就已经在华夏大地上留下了生活的足迹，他们用集体的智慧和辛勤的汗水带来了中华文明的曙光。在距今一万年前左右，我们的祖先们已经在这里开始学习种植，他们走出了森林，来到更加遥远和寒冷的平原地带拓荒。到公元前四五千年的时候，在先祖们的努力之下，华夏大地上形成了以粟、黍为主的北方农业体系，以及以种植水稻为主的南方稻作农业体系。两大农业体系的形成使得饥饿不再是威胁人们生命的直接原因，从此，我们的祖先便告别茹毛饮血的时代，开始从事更加复杂的生产活动，中国南北两大农业区成为华夏文明孕育的温床，形成了多元一体有核心的中华文明，这就是中华文明的起源。现在的中国拥有十四多亿人口，占全世界人口的百分之十八，我们仅凭借约占世界百分之七的土地养活了世界上百分之十八的人口，这得益于我们的祖先在很早之前便发明了农业，并且选择了一条精耕细作的农业之路。公元前2000年左右，传说中的大禹治理黄河成功，提高了中原领袖的威望，此后，一个名副其实的国家——夏王朝诞生了，中华文明正式形成。自此以后，华夏大地上诞生并逐渐形成了一个伟大的国家——中国，悠久辉煌的古老文明也随之形成，她承载着丰厚的历史文化，塑造出一个伟大的中华民族[1]。正是在祖辈辛勤的经营中、与自然的博弈中，中国的商业活动应运而生，且不断发展壮大，而中国的品牌也在这一活动中逐渐产生，并发展至今。因此，中国的品牌有十分深厚的文化基础，虽然历经沧桑，但历久弥新。在新时代，中国的品牌应该继续保持艰苦奋斗、不屈不挠的品质，把优秀的传统发扬光大。

二、品牌发展的社会基础

中华民族在漫漫历史长河中书写了五千多年的文明史，为人类文明进步作出了不可磨灭的贡献。中国历史发展到近代，中华民族遭受到了前所未有的劫难，1840年鸦片战争以后，中国逐步成为半殖民地半封建社会，国家蒙辱、人民蒙难、文明蒙尘。十月革命一声炮响，给中国送来了马克思列宁主义。在中国人民和中华民族的伟大觉醒中，在马克思列宁主义同中国工人运动的紧密结合中，中国共产党应运而生。1921年7月，中国共产党的成立标志着一个崭新的开端，这改变了中华民族发展的方向和进程，改变了中国人民和中华民族的前途和命运，也改变了世界发展的趋势和格局。

观中华民族的昨日"雄关漫道真如铁"，看今朝"人间正道是沧桑"！

为了实现中华民族伟大复兴，中国共产党团结带领中国人民，浴血奋战、百折不挠，进行了新民主主义革命、社会主义革命和建设、改革开放和社会主义现代化建设、新时代中国特色社会主义建设，赢得了民族独立和人民解放，中国社会经历了从半殖民地半封建社会到新民主主义社会、再到社会主义社会的转变，社会性质发生了根本改变。今天，中国社会发生了史无前例的巨变，中华民族向世界展现的是一派欣欣向荣的气象，正以不可阻挡的步伐迈向伟大复兴。党的二十大报告指出，今后我们还将继续高举中国特色社会主义伟大旗帜，全面贯彻习近平新时代中国特色社会主义思想，弘扬伟大建党精神，自信自强、守正创新，踔厉奋发、勇毅前行，为全面建设社会主义现代化国家、全面推进中华民族伟大复兴而团结奋斗。当前的中国社会，和平、自信、民主、法治等都为中国品牌的发展打下了坚实的社会基础，中国品牌应该主动把握住时代变革的社会机遇，稳步发展。

三、品牌发展的经济基础

1949年10月，中华人民共和国的成立开启了中国历史发展的新纪元，中国人民从此站起来了。中国共产党团结带领全国各族人民，自力更生，艰苦奋斗，万众一心，奋发图强。1978年12月召开的党的十一届三中全会，确立了解放思想、实事求是的指导方针。在此基础上，党的十二大首次提出建设中国特色社会主义，并由此成为中国人民在新时期进行改革开放和现代化建设的鲜明旗帜。经过持续推进改革开放，我国实现了从高度集中的计划经济体制到充满活力的社会主义市场经济体制、从封闭半封闭到全方位开放的历史性转变。2012年，党的十八大提出全面建成小康社会目标。党的十八大以来，以习近平同志为核心的党中央，团结带领全党全国各族人民，推进国家治理体系和治理能力现代化，解决了许多长期想解决而没有解决的难题，办成了许多过去想办而没有办成的大事，推动中国特色社会主义进入新时代。2021年2月，习近平总书记在全国脱贫攻坚总结表彰大会上庄严宣告：我国脱贫攻坚战取得了全面胜利。中国已全面建成小康社会，第一个百年奋斗目标已经完成，现在正意气风发地向着全面建成社会主义现代化强国的第二个百年奋斗目标迈进，改革开放和社会主义现代化建设深入推进，实现中华民族伟大复兴进入了不可逆转的历史进程。2022年10月，党的二十大报告指出，科学社会主义在21世纪的中国焕发出新的蓬勃生机，中国式现代化为人类实现现代化提供了新的选择，中国共产党和中国人民为解决人类面临的共同问题提供更多更好的中国智慧、中国方案、中国力量，为人类和平与发展崇高事业作出新的更大的贡献。当今的中国，为品牌的发展创造了良好的经济环境，中国品牌应该借助这一发展的东风乘风破浪，勇往直前。

四、品牌发展的技术环境

当下,我们面临着纷繁复杂的挑战,与此同时也在经历着第四次工业革命。层出不穷的新技术正在为各行各业赋能,一些传统产业因为新技术的注入而焕然一新,我们的生活以及相互关联的形式也因技术而不断被改变,在未来,这种改变还将继续,速度可能会让我们感到惊讶,改变的内容将渗透至我们生产生活的方方面面,其效果可能是颠覆性的。

我们尚未完全把握第四次工业革命带来的新技术革命的发展速度和发展范围,这次革命的变革力量令人惊叹,有待于我们更加深入地了解它。仅以移动设备为例,它们的出现,连接起了全球数十亿人口,这是前所未有的。它们拥有强大的处理和存储能力,为人们提供了获取知识的便利途径,开启了无限的可能性,改变了人们的生活,也改变了世界。另外,各种新兴的突破性技术纷纷集中式地涌现出来,出乎人们的意料,包括人工智能、机器人、物联网、无人驾驶交通工具、3D(三维)打印、纳米技术、生物技术、材料科学、能源储存、量子计算等多个领域;物理、数字和生物技术的发展推动了许多创新成果的萌芽,它们相互促进,不断融合,已经达到了一个转折点,推动各行各业发生重大变化。这些创新成果正在改变着我们的世界,如随着新的商业模式的出现,生产、消费、运输和交付体系发生了重大变化。社会层面上,我们的工作、沟通、自我表达、获取信息和娱乐的方式正在发生变化,而技术的创新应用也有助于环境再生和保护,避免外部效应带来的隐性成本;同时,政府、组织机构、教育、医疗和交通体系也正在经历重塑,以更好地适应新的环境。由于新兴技术的发展和应用存在不确定性,我们还无法预测本次工业革命将如何推动各行业变革,总体而言,第四次工业革命具有以下三大特征。

第四次工业革命表现出互联性极强、万物互通,新技术不断涌现,更新更强大的特点。这次革命的发展速度也令人惊叹,它以指数级增长,而非几何级增长,让人们感受到了科技的革命性变化。

第四次工业革命是基于数字革命而来的,它将多种技术结合在一起,改变了我们在经济、商业、社会和个人领域的行为,以及做事方式。

第四次工业革命影响到国家、公司、行业(内部)以及整个社会的各个方面。

技术革新为产品的研发、工艺的改进、品质的提升、品牌的创新以及品牌的传播都带来了积极的影响。广大消费者在适应了新技术带给产品的功能变革的同时,对产品本身提出了更高的要求。因此,技术变革也对品牌企业的发展提出了挑战,懂得技术变革的意义,也愿意为技术创新投入力量的企业,才能适应这种变化,而最终存活下来。老字号品牌,不能固步自封"吃老本",应该直面市场的变化,并主动拥抱技术变革,改变思维,研究各种资源为产品和企业赋能的方式,这样才能在传承优秀传统的同时,赢得与新兴企业的竞争,继续生存下去。

五、品牌发展的商业环境

技术革新引发的经济增长方式转变,同样也传导至商业领域。伴随着信息技术的发展,市场迎来了基于互联网、智能化、新媒体、大数据等技术的大数据营销时代。除了大宗市场的活力被释放,小众市场的长尾价值也被逐步激活,小批量、多种类、大规模的定制化商品开始流行起来,新兴企业利用新媒体创造出巨大的价值,传统企业的生意则越来越难做，其商业模式正面临着被新兴模式替代的威胁。同样，企业所承载的品牌也受到来自时代的挑战。

（一）互联网的冲击

1. 虚实边界被打破

无所不在的网络具备极强的兼容性，能够渗透到生产生活的方方面面，诸多行业的传统商业模式都受到互联网的影响而发生了颠覆性的改变，这倒逼着传统企业进行互联网化的转型升级；否则，这些传统企业很容易被具有互联网基因的新兴企业所替代。此类新兴企业并非只是以互联网为工具，以电子商务为形式的企业，而是以互联网为桥梁，以互联网思维把价值链共有的部分进行优化整合后形成的系统化平台，实现了转型升级，商业模式发生了质的飞跃。从表层看，网络使现实世界和虚拟世界实现了线性的互联互通，但深入来看，互联网所形成的虚拟世界中，网络上每个节点的后台是以个人或以组织形式真实存在的用户，这些用户背后储备着巨大的资源，这也就形成了互联网企业广泛争夺的"流量"。流量是有价值的，通过互联网，分散在各地的供需双方能够自由匹配并充分聚集起来，需求得到释放，用户的现实价值通过互联网被虚拟化，并在这个平台上进行自主选择，之后再通过互联网，把虚拟的价值再次转化为现实价值，交给目标用户，这样就实现了价值的转换和流通，虚拟价值变现就成为可能。借助移动互联网进行交流沟通，实现了信息传递的即时化，打破了用户之间的时空障碍，为企业与个体之间的交流提供了平台，促进了供应链、价值链各节点之间的往来，提高了企业信息沟通的效率，降低了时间成本，最终提升了企业的业绩。

2. 消费的变化

一些企业觉得现如今的消费者变得越来越"苛刻"，越来越不容易伺候，产品卖不动。如今的消费者有这样的举动，源于信息化水平的提升所带来的认知改变。过去，营销资源稀缺，商家和消费者之间存在信息差，使消费者只能选择相信大品牌。大品牌的一个常态化行为便是肯花大价钱在国内一线媒体长时间投放广告，如果企业能够挤到黄金时间的位置，那实力是绝对有保障的，因为那时广告载体有限，企业除了花钱，还需要排队竞价，能播广告的企业，其财力、执行力、运作能力都是极高的。但现如今，大量的新媒体在信息化浪潮中不断涌现，企业投放广告的门槛大大降低，哪怕只花100元都可以在头条上精准投放广告，甚至零成本发个朋友圈，就能把信息传遍全世界。在过去，消费者获取信息后，还必须努力记住品牌信息，因为交易需要向后延迟。可是今天，消费者看到产品信息时，可以在第一时间下单购买，没有时间延迟。同时，由于新媒体的出现，今天的消费者每天都会被海量的信息所围绕，人们认知和记忆的时间大大缩短，如果看到商品信息后下单有所延迟，那么这条信息就会很快被后来的信息所覆盖，人们很快就会忘记之前所看到的东西。因此，并非是消费者变得"苛刻"了，而是消费者在信息技术变革中，被碎片化的海量信息淹没，造成残留的记忆空间不足。当前消费的特点是短、平、快，消费者不愿意把太多的时间浪费在无效的信息阅读过程中，因此，能够抓住消费者记忆点的产品，才有可能成为消费者的购买对象。在一体化思潮的影响之下，现如今的中国消费市场，其实已经由一个多元多级市场变成了一元体的单级市场。网络打通了级别之间的界限，把大至一二线城市、小至偏僻的乡村联系起来，沟通和联系已经不存在物理障碍。

3. 产品的变化

产品是价值的载体，具体而言，是抽象"使用价值"的形象体现。无论世界怎么变化，都改变不了产品在价值交换过程中的核心地位。针对消费者的消费特点，企业需要打造极致化的产品，即人气高、供不应求的"爆款"。实现产品的极致化需要企业优化产品的设计理念，生产适销对路的产品。互联网时代下的产品设计，除了注重基础的使用价值，还要引发消费者的情感共鸣，使产品成为使用价值与情感价值相互统一的载体。因此，当今企业要做的，首要是学会开发和设计出用户喜欢、可靠性强的产品，并能够赋以最低的价格。企业要深入研究产品的整体层次，除了把核心产品、形式产品、期望产品、延伸产品和潜在产品层次之间的边界打通，还应该把各个层级的价值源头联系起来，形成超级稳固的价值网络，系统性地塑造产品超凡的体验价值。为实现这样的标准，企业有必要对产品的生产制造过程进行模块化改造，把价值的组成部分按照自身的特点分配到供应链的各个环节，各环节将产品零部件组合为标准化的系统模块并归类。由链主企业对供应链进行整合，做好整条供应链的标准化设置与管理，组织好供应链各节点，围绕最终的价值目标完成各自的任务，最后，供应链通过一定的界面联系规则最终将模块组合成产品。

此外，企业也应该认识到，在信息碎片化的今天，消费者有限的记忆空间使极致化的产品成为增强用户记忆程度的重要因素。同时，极致的产品本身就能成为媒介的主体，因为优秀的产品带给用户超值体验的同时，也能够因为好口碑而被用户自发且广泛地在各类媒体上进行传播。网络传播不发达时，传统企业以自己为中心塑造企业品牌，消费者没有足够的话语权，口碑的传播半径受制于传播条件，扩散的速度较为缓慢，有时还有极强的地域限制。而在互联网高度发达的今天，用户之间的时间和空间壁垒被打破，交流屏障被逐渐稀释，用户还能根据自身偏好形成用户社区，因此口碑营销的中心也从企业层面自发地移动到用户层面，消费者成为企业品牌的主动传播者，并通过新媒体平台将产品传播到世界的每个角落。

4. 用户体验模式升级

在传统的商业逻辑中，消费者要从企业获得某种产品的使用价值，首先要对产品付费，即传统的一手交钱一手交货，这是企业获得收益的来源，也是传统商业模式较为明显的交换特点。但随着互联网时代的来临，一部分超前的企业发现，"免费"的方式带来的回报不亚于"付费"，而且这种免费的形式已成为互联网企业普遍采用的全新玩儿法。

天下没有免费的午餐，"免费"与"付费"是一组固定的矛盾。站在绝对理性的角度，即便某种商品定价为1毛钱，这种商品所带来的诱惑也不及免费的大。在传统的商业思维中，这样的定价绝对是荒唐的，是要遭受亏损的惩罚的，但是在互联网时代，免费成为为企业获取巨额价值的重要方式，这是传统的企业无法想象的。事实上，这里所谓的"免费"并非完全意义上的绝对免费，而是一种与产品组合所形成的定价组合，是一种定价策略，需要与其他定价方式配合起来使用，它的使用有一系列先决条件。通常，当消费者看到免费的商品时，会产生消费心理的转变，导致非理性的消费行为，从而加强消费者与企业之间的感情联系。企业把一份完整的价值划分成不同的价值部件，从中拿出一部分招徕用户，通过免费部件培养消费者的消费习惯，当消费者习惯产品，需要持续或深入使用时，企业再把付费部件呈现出来，在网络游戏、软件领域都能见到类似的策略。例如杀毒软件，将一些普通的杀毒功能设置为完全免费，通过免费部分培养用户习惯，同时积累广大的用户量。当用户基数扩大后，这些用户中一定存在对于电脑高级维护功能的需求，这时候，软件厂商便可以对这些高级模块进行收费。用户习惯了这些软件，短期内不愿意变更自己的使用习惯，于是很大一部分用户便会购买这些付费功能。常见的类似现象，例如一些搜索引擎，用户使用前端是免费的，主要通过在搜索引擎上投放广告的收费获得利益；或者一些智库，报告或咨询的初级版免费，高级版收费；又或者一些大型社交平台，通过运作自身收集的海量数据而获得丰厚的回报。

5. 个体经济时代来临

如今，身处移动互联网时代的个体有聚集信息的巨大潜力，包括知识、技能、资源、影响力。个体的能量得到充分释放。与企业相比，个体具有相同的市场地位、市场环境。个体所能创造的价值在移动互联网的助力下被放大，标志着个体经济时代的到来。个体可以成为自企业、自媒体、自结社、自金融，以及自中心，每个人都可以通过创造有吸引力的言行成为外界关注的焦点，个体在线上拥有的粉丝数量成为衡量一个人影响力的重要标准。以往，少数人占有了大量的社会资源，这些人主要是业内资深人士与专业人士，企业过度强调这些专业人才的力量。如今，人们可以通过移动互联网掌握大量的社会资源，不仅是专业人士，业余爱好者同样可以成为资源的拥有者。企业可以充分利用普通员工的能量，广泛借助社会大众的力量实现发展，聚集更多社会资源，激活员工积极性与创造性，打造更加开放的平台。大众通过社交媒体平台，可以以更低的成本，在一个开放的平台上完成资源的筹集、价值的塑造及推广，最终实现多方共赢。企业更加强调开放性，借助全球资源，通过各类平台，低成本高收益地进行产品推广，还可以将自己的资源集中在擅长的领域，广泛开展战略合作，最终与在产业链各个环节中处于绝对优势的合作伙伴一起，将整个市场做大做强。

（二）商业模式的转变

1. 组织关系的重构

不得不说，互联网是改变组织关系的重要变量，它的介入使组织（企业）从传统的大而全、独立且完整的形式朝着小而精、模块化、模块规模化和个体轻量化的方向转变。互联网重构了个人之间、个人与集体之间，以及集体和集体之间的互动关系和形式，它有效融合了交换中的契约关系及企业内部的产权关系，并利用自身连接、通达、互助、互惠的特性，把个体或集体所形成的相关节点有效容纳，形成一个完整的价值网络系统，并给予各节点充分发挥自身核心能力的条件，激活节点的积极性，使系统在各节点的主动运行中实现自转。

在这个完整的价值体系中，宏观层面由价值链上下游的各相关节点（企业）所组成，节点单位围绕着同一个目标行使各自的职能。根据分工的不同，这些节点单位大致可以分为模块执行者、模块设计者及模块连接者三大类。

①模块执行者分属在价值链的上游和下游，从事正常的经营活动：上游供应企业为生产型企业提供原料保障，它们之间既可能是合作者，也可能是竞争者；下游企业完成价值的最终交付，并努力与最终用户构建良好的客户关系。上下游企业都会面临激烈的市场竞争，都需要发展出独特的核心优势才能存活下来。

②模块设计者处于价值链中游，主要作用是设计一套完整的价值运作模块，并打通上下游之间的关系，通过激励的形式整合上游，赋能下游，调动上下游的积极性，并领导上

下游企业为同一个目标而努力。因此，作为设计者，除了具备优秀的模块设计能力外，还需具备宽广的视野和广阔的格局。

③模块连接者是辅助设计者连接上下游节点，以及上游和下游节点之间联系的角色，它的存在保证了整个系统之间有效的互动，是提升价值系统效率的有力保证。

整合价值体系的微观层面，传统的企业内部有明显的层级关系，管理层次分明，激励员工的双因素理论发挥着明显的作用。互联网介入之后，企业内部也出现了去中心化的趋势，个体也是有力量的，这时企业就应该考虑把个体力量发挥出来并有效作用到大系统当中。传统的企业面临优秀人才招不到、平庸人才激不活的尴尬境地，而新兴企业则让员工都成为管理者，把员工变成创业者、"创客"，让员工自己关心经营，而原来的职业经理人则转变成创客合伙人。要做到这一点，企业要进行组织的平台化转变。

2. 组织架构的平台化转变

随着第三次工业革命、信息技术的广泛运用，我们的世界已经变得越来越小。20世纪90年代开始，第三次工业革命的成果——互联网横空出世，在全世界获得了广泛应用。之后，富有时代嗅觉的企业运用互联网，并借助资本的力量，发展出一系列的平台，并通过自动化和智能化的改进，把握住了时代的脉络，从而获得了良好的收益。这在潜移默化中影响着全球经济进行一轮轮转型和变革。21世纪初的前二十年，我们的生活、消费也因平台发生着各种转变：Wintel（即Windows-Intel联盟）所形成的操作系统＋中央处理器的PC（个人电脑）产业不断改变着我们日常的工作和信息处理方式；以阿里巴巴、亚马逊、京东等为代表的电商平台改变着我们交易的方式；微信支付、支付宝一类的支付平台改变着我们的支付方式，现阶段的年轻人很少使用现金，大部分都进行在线支付，从生活购物、电话费、水电费、收视费等一直延伸到工作领域中的各类支付。这样的改变数不胜数，越来越多的企业采用平台战略并有效促进了创新绩效。平台企业在领导和推动经济社会变革的同时，自身也依靠资本的力量获得快速的发展并取得产业主导地位，成为平台商业生态系统的重要部件。

从当前的市场环境来看，平台已经成为一种普遍的市场形态或行业组织形式，拥有一个成功的平台是企业获得竞争优势的重要途径。传统的企业竞争，遵循波特的三大战略，分别从差异化、成本和集中化三个方向入手，而引入平台概念后，企业的竞争战略也发生了转变，差异化向定制化方向转变，集中化向平台化战略转变，而成本领先则向价值领先转变。平台能够优化和整合多种业务价值链共有的部分，使之成为这些业务必不可少的最佳成分。在运营过程中，能够组建平台的内容十分丰富，产品、员工、企业、用户、供应链、产业、多边市场都能做成平台，充分激发出各节点的效率。

3. 组织边界弱化

企业成为平台后，其行业间的边界便逐渐弱化，甚至成为无边界组织，这种形态便是互联网开放共享、与世界互联特质的体现。借助互联网思维，依靠技术和平台，传统企业打破了固有的经营、管理和操作边界，从而实现从破界、跨界到无边界的转型。企业的无边界可以从运营层面、管理层面和操作层面体现出来。运营层面的无界包括产品、时间、空间的无边界，它帮助企业在产品功能释放、运行空间突破、行业跨界等方面获得成果。管理层面的无界包括打破企业管理的垂直边界，促进组织扁平化构架建设；破除部门边界，以矩阵式结构进行企业的流程再造，激发员工干劲，使企业获得活力；破除供应链上的企业边界,把以往不同企业之间零和博弈的竞争关系转变为互联网时代下的供应关系。操作层面的无界指企业可以充分利用社会资源,在研发、制造、销售、物流等环节,摆脱自身资源的限制,借助互联网向全球征集智力、资金、业务、人员等,充分利用能够利用的一切社会资源来实现自身的目标,获得超越单体企业体量的社会资源。

4. 全球化整合资源

互联网极具开放性。传统的经营,由于受到地域、行业类型、经营者个体思维的影响,终究会有边界。而拥有互联网思维的企业,其基本素质就是开放的思维。这时企业可以跳出自身的组织边界,将目光投向拥有更多资源、更大利益的"外部世界"。简而言之,就是企业充分运用连接、通达、互助、互惠的互联网新思维,以极致化的创新和创造精神,站在全球的视野高度从世界范围内获取自身需要的智力资源、资金资源和业务资源,进行无边界的全球化资源整合,实现思想全球众智、资金全球众筹、业务全球众包。

(1) 思想全球众智

企业不再单纯依靠自身力量去解决研发、制造、营销、营运等方面的技术或管理难题,而是将其放到相应的网络平台上,以多种方式吸引企业之外的个人或团队来为这些问题提供解决方案,从而使世界不同地域和时区的人都成为企业"智囊团"的一员。

(2) 资金全球众筹

项目发起人借助互联网平台快速传播的特性,向数量庞大而分散的普通大众筹集资金,用以开展项目、创办企业或进行生产活动。这是一种基于互联网的新型融资方式,其主要特点是"众付+预付"。资金全球众筹模式有效化解了初创企业和中小企业的融资难题,为它们提供了多元化的资金获取途径,大大降低了企业的融资成本,提高了融资效率。

(3) 业务全球众包

企业专注于打造最核心的业务能力和竞争优势,而将外围和边缘业务通过互联网平台分包给能够满足项目要求的个人或企业,调动全球市场的资源协作完成企业目标。这一模式将非核心业务外部化,企业可以调动更多资源为自身的生产经营服务,有效降低了运营成本,并将更多资源和精力放在建构和完善核心价值上。其实,不只是非核心业务,企业的部分核心业务也可以采用全球众包模式。

(三) 全新的用户价值

本书所谓"全新的用户价值",是指用户隐性价值,并非继续挖掘用户对于产品深层次的需求,而是打破用户的传统角色边界,让用户参与企业价值创造过程,用户在消费的同时,也为企业创造财富,同时获得财富创造的回报,把用户与企业从被动的黏性转化为主动的利益绑定。这一方式也可以叫作"用户员工化",即将用户视为能为企业创造价值的"编外"员工,通过多种方式使用户参与企业的价值创造活动,既满足用户的参与感,又可节约企业的人力成本,使企业得以整合利用更多"社会资源"。用户的员工化可以从以下三个方面来体现。

(1) 让用户成为低报酬员工

将企业的非核心业务,特别是没有价值优势(技术、成本等)的内容进行众包,利用远超于自身体量的全球优质资源完成发展目标:让外部出色的研发专家成为企业的"册外"研发人员,让外部出色的营销精英成为企业的"非编"营销员工等。如此,企业不仅能够集中精力运营核心业务，还能够借助外部资源实现非核心业务环节的优质高效运作。同时，业务众包还将全球范围内的优质人才转化成了企业的低报酬员工。这些都大大增强了企业的市场竞争能力。

（2）让用户成为零报酬员工

借助智能设备的普及，将以往由员工服务的环节转换成由用户自助完成，企业则由以往的出设备、出人转变为只出设备，而让用户成为零报酬员工。

（3）让用户成为负报酬员工

让用户完成本该由企业完成的服务环节虽然可以降低企业的人工成本，却需要大量自助设备的投入，且用户还会受到地点的制约（例如设备一般都须安置在人流量大的地区）。而随着移动互联时代的到来，这一状况得到了改变：企业不仅可以让用户成为零报酬员工，甚至可以通过产品设计让用户主动购买"设备"，自带设备、自我服务，从而变成企业的负报酬员工。

六、品牌的商业模式创新：可持续能力

如何实现可持续盈利是任何企业在任何发展阶段都需要考虑的问题。对于初创企业和中小企业来说，这一问题的思考结果决定了它们能否在竞争激烈的行业格局中找到打开市场的最佳突破口；对于大型企业而言，这个问题决定了它们能否"让大船具备自由转向"的能力，改变僵化的企业架构和运作模式，满足互联网时代对企业灵活性、创新性的要求，增强企业对快速变化的外部商业环境的应对能力。除了应对市场变化，应对突发自然灾害带来的市场动荡并存活下去也是企业必须考虑的问题。比如2020年暴发的新冠疫情就要求企业准备一套常态化应对方案，同时，以国内经济大循环为主体、国内国际双循环相互促进的新发展格局，也给各行业带来了新机遇。本书把这一机遇与挑战并存的时期称为"后疫情"时代，这样的形势无时无刻不在考验企业的持续运营能力。每家企业作为一个复杂的个体，在商业环境、市场定位、产品服务、资源占有与配置等方面都不尽相同，如何在充满变化的时代为企业建构出简单实用、可持续盈利的商业模式，并非一件简单的事情。

（一）客户价值与企业价值的整合

在实践活动中，商业模式由商业环境、盈利模式和财务模式三个重要方面构成。商业环境的不断变化既对企业提出了创新变革的要求，也为商业模式的创新提供了机会和条件。而一个具有可持续盈利能力的创新模式，必须有效平衡客户价值与企业价值的关系，并能够经得住财务模型的检验。商业模式的创新需要领导者具备敏锐的市场感知力，能够及时、准确地洞察商业环境的变化，发现和把握这种变化为商业模式创新带来的契机，并对内外部的资源要素进行更为有效的、合理的优化配置。客户价值与企业价值是可持续盈利模式的两个核心内容，即企业的价值创造和收益获取，两者相互依存、互生互荣。客户价值是企业生存发展的基础，能够帮助企业吸引和留住客户，实现业务目标。而企业价值是其能够可持续成长的关键保障，也是企业愿意不断为客户创造价值的内在驱动力量，特别是在经济波动和低迷的时期，如果企业不能为自身创造价值，就很容易陷入发展的困境，甚至无法存续下去。

（二）企业可持续商业模式的创新

企业所处的商业环境会在人口结构、消费习惯、技术发展、资源和环境约束、政府影响五方面因素的驱动下发生变化。商业环境的变化又会带动客户、产品和服务、资源、能力四个要素中的一个或多个改变，并借助整体组织的协同效应引发其他要素的调整、变革，最终实现商业模式的创新。从这个角度来看，可以将企业可持续商业模式的创新划分为四大类型，包括以客户为中心的商业模式创新、以产品和服务为基础的商业模式创新、以关键资源为基础的商业模式创新，以及以关键能力为基础的商业模式创新。

（1）基于客户的中心的商业模式创新

客户要素包括目标群体的规模和需求，一般来说，当商业环境变化时，客户要素的这两方面内容也会发生相应的改变，从而为基于客户的中心的商业模式创新提供机遇。

（2）基于产品和服务的商业模式创新

客户对产品和服务的购买一般要考虑其价值和价格，而商业环境的变化常常会改变既有产品和服务的价值创造能力，甚至完全颠覆传统的商业模式，推动商业模式的创新。

（3）基于关键资源的商业模式创新

关键资源是企业中具有垄断性、排他性的有形或无形资产，是竞争对手无法获得或者需要付出高昂代价才能获取的资源，往往决定着企业能否在市场竞争中占据主导和主动地位。随着全球范围内资源瓶颈的凸显，基于关键资源的商业模式创新变得更为重要。

（4）基于关键能力的商业模式创新

关键能力源于企业围绕商业活动所建构的独特的组织模式和运营安排，既包括技术研发、工艺创新等方面的内容，也包含营销、渠道、供应链等经营方面的状况。关键能力的构建是涉及企业整体组织模式优化提升的复杂工程，不仅是某个人、某项活动的一次性优化，更是多个人甚至多个部门和组织的一系列活动的持续性优化。内生性的关键能力在很大程度上决定着企业对关键资源的获取与掌控能力，因此，企业内部成员和组织应具有强大的持续学习创新能力，即企业要转变成一个学习型组织，塑造出有利于学习创新的内部文化和机制。由于关键能力涉及企业内在的组织、文化等深层次内容，因此它能够成为企业成功发展的独特基石，很难被对手模仿和复制。

互联网信息化时代的到来使企业所处的商业环境发生了巨大变化：消费习惯不断改变，技术创新层出不穷，资源瓶颈日益凸显等。商业环境的这些变化必然要求企业根据自身发展情况和需求，基于客户、产品和服务、关键资源和关键能力等要素，打造出更具竞争力的可持续盈利商业模式。

七、推进品牌发展的政策环境

品牌是衡量一国综合国力的重要指标，高附加值的品牌是国民经济的增值剂。改革开放四十多年来，我国各领域也深刻体会到了品牌优势所带来的红利，尤其是近十年，我国政府对国家品牌以及民族自有品牌的发展都格外重视。早在2012年，国务院印发的《质量发展纲要（2011—2020年）》（国发〔2012〕9号）就提出，质量发展是兴国之道、强国之策，到2020年要形成一批拥有国际知名品牌和核心竞争力的优势企业，并且明确提出了"品牌建设重点措施"。2016年《国务院办公厅关于开展消费品工业"三品"专项行动营造良好市场环境的若干意见》（国办发〔2016〕40号）、《国务院办公厅关于印发消费品标准和质量提升规划（2016—2020年）的通知》（国办发〔2016〕68号）、《国务院办公厅关于发挥品牌引领作用推动供需结构升级的意见》（国办发〔2016〕44号）、《国家创新驱动发展战略纲要》等中央文件提出了一系列增强制造业产品质量，提升品牌软实力，推动中国优质品牌国际化的品牌发展政策、工程，以及远景规划。自2017年起，我国将每年的5月10日确定为"中国品牌日"。在2019年5月21日的推动中部地区崛起工作座谈会上，习近平总书记指出："扩大高水平开放，把握机遇积极参与'一带一路'国际合作，推动优质产能和装备走向世界大舞台、国际大市场，把品牌和技术打出去。"2020年10月29日，中国共产党第十九届中央委员会第五次全体会议通过的《中共中央关于制定国民经济和社会发展第十四个五年规划和二〇三五年远景目标的建议》中指出，未来要增强消费对经济发展的基础性作用，顺应消费升级趋势，提升传统消费，培育新型消费，适当增加公共消费。以质量品牌为重点，促进消费向绿色、健康、安全发展，鼓励消费新模式新业态发展。2021年4月26日，习近平总书记在广西考察时提出："发展特色产业是地方做实、做强和做优实体经济的一大实招，要结合自身条件和优势，推动高质量发展。"党的二十大报告所提出的中国式现代化为中国品牌的发展开创了无限可能。

云南省人民政府在《云南省国民经济和社会发展第十四个五年规划和二〇三五年远景目标纲要》中指出，未来云南省要全力打造世界一流"三张牌"，即绿色能源、绿色食品和大健康产业。云南省未来的发展要主动服务和融入新发展格局，坚持深化供给侧结构性改革这条主线，注重需求侧管理，充分发挥云南省区位优势，找准云南融入新发展格局的发力点和突破口，全面提升云南在"大循环、双循环"中的嵌入度、贡献度和价值链地位。要全面促进消费，增强消费对经济发展的基础性作用，顺应消费升级趋势，提升传统消费，培育新型消费，合理增加公共消费，以质量品牌为重点，促进消费向绿色、健康、安全发展。在"绿色食品牌"上，还要求创名牌，提升品牌培育创建能力，形成一批独具特色、绿色生态、优质安全的特色农产品品牌，打好"区域公共品牌＋产品品牌＋企业品牌"组合拳。持续开展云南省"10大名品""10强企业""20佳创新企业"评选。充分利用新媒体，加大线上线下推广，不断提升云南名品的美誉度和影响力。以上这些目标和政策对云南省的品牌发展起到了重要的指导与支持作用，而云南品牌的发展又促进了这些目标的实现。

从以上的论述我们认识到，中国的品牌发展遇到了一个好时代。品牌发展有坚实的文明基础、社会基础、经济基础，遇到了第四次工业革命的东风，也面临着互联网时代下商业变革所带来的挑战。国家出台了相关政策，支持中国品牌的发展。这些要素相互交织在一起形成了机遇与挑战并存的品牌生态，能否把握住机遇，充分发挥自身优势，整合相关资源，在风云变幻的市场环境中生存下来，走向更广阔的世界舞台，是中国品牌无法绕过的问题。与中国品牌一样，云南老字号品牌也面临着相应的问题，如何发挥自身优势，在继承优秀传统的同时继续焕发生机，走向全国，走向世界，发扬光大，是云南老字号品牌企业应该思考的现实问题。本书以云南老字号品牌为研究对象，探究提升云南老字号品牌认知度和核心竞争力的方法，寻找老字号品牌"下一个百年"的发展路径，力求为云南老字号品牌的发扬光大作出贡献。

第二章 认识百年品牌

一、品牌溯源

品牌塑造是企业获取竞争优势的一个重要手段。在实践中,品牌作为经营者差异化产品的一种标识,展示着自己的价值成果。在人类社会经济不断向前推进的过程中,人们的观念也在进步,商业模式和价值创造的方式更加丰富多彩,品牌在市场中的有效反应也使人们对品牌概念的认知沿着从无意到有意、从简单到复杂、从碎片到系统的方向转变。因此,现代意义上的品牌,其内涵极其丰富。

(一)商标的形成

追溯"商标"的概念,可以从了解"标记"开始。商标(Trade mark)是用以区分不同经营者之间所属经营的产品或服务的标记,《中华人民共和国商标法》规定:任何能够将自然人、法人或者其他组织的商品与他人的商品区别开的标志包括文字、图形、字母、数字、三维标志、颜色组合和声音等,以及上述要素的组合,均可以作为商标申请注册。在我国,商标最早可以追溯到史前人们对标记、符号或图腾的使用,其历史与人类的历史一样久远。当我们的祖先还处于不会用火的原始人类时期,他们群居在森林,每天都要冒着生命危险在极度凶险的自然环境中求得生存,过着饥即求食、茹毛饮血的日子。那时,分工尚未出现,他们一起采食野果,一起狩猎,一起分享劳动成果,几乎没有什么剩余,没有私人物品,更没有证明私有所属的"商标"概念。"人类有私必有争,有争而私心愈炽",在私有制产生以前,标记符号是伴随着个体观和私有观的产生应运而生的形式[2]。在河南舞阳县贾湖村裴李岗文化遗址的墓葬里,考古学者发现了不少刻有或绘有符号的陶器和陶片,以及少量刻有符号的龟甲、骨片和石器等物,距今 8000 年左右[3]。在郭沫若先生看来,这些符号的意义虽然至今尚未阐明,但可以初步判断应该是区分部落与部落之间的族徽之类。标记被用以区分的功能在殷商时期得到了验证,这一时期出土的青铜器中,印有长短不一的铭文,据郭沫若先生的研究,除了指代人名外,这些文字均为名词,指的是国家或民族的名称[4]。贵族阶层在商代、西周和春秋时期经常会为了炫耀某件值得纪念的事情而铸造铜器,并在上面刻上纪念性的文字,生产的产品主要是为了满足贵族的需要,较少用于交换。这种现象称之为"物勒主名"[4]。随着西周时期商品经济的逐步发展,统治阶级为维护正常的市场秩序,对商品的交易进行了一系列严格规定。《周礼·掌节职》中规定,对出入市场的货物,要"以玺节出入之",即货物只有加盖通关用的印章才可以出入,玺节上要注明是什么货物,以此来表示官府已经检验过此货物,对于伪饰和欺诈等行为,要追究卖者的责任,甚至追溯到制造者。"玺节"虽然能证明货物的市场来源,但对于生产者的证明却较为困难,因此,春秋中叶以后,随着商业和手工业的发展,形成了一整套保证产品质量的"物勒工名"管理制度。"物勒工名"是当时的统治者为了保证商品质量而创立的制度,却在实践过程中阴差阳错地具备了广告商品的功能,引来了大量买者。商标法学者认为,"物勒工名"已经具备了指示不同产品来源及其稳定质量的功能,与后来的商标有很大的相似之处[5]。当时还在"物勒工名"制度的推广过程中形成了"物勒地名"的习惯[6]。从秦朝到西汉前,从出土的秦汉及以前的漆器铭文戳记可以看出,大多数漆器都是在本地制作的,并以当地的名字命名。汉文帝和汉景帝时期生产的出土漆器上,常常会有"成市草""成市饱"及"市府草"的标记,表明这些漆器是由蜀郡成都市府作坊生产的,这显然是我们今天所讲的地理标志。除了"物勒地名"之外,当时还有在店门口悬挂牛头一类象征物以标识其营业的商贾,但是悬挂实物不太方便,后来有一些酒家便开始悬挂旗帜。对比后来酒肆所使用的酒旗,"帜"也算是酒类行业的通用标记,姑且称之为"行标"。从实物的悬挂发展到旗帜的悬挂,应该是标记符号一次巨大的飞跃,此时人们已经意识到应该将营业的标记与商品或服务本身分离。汉代已经开始在商品上标记除工名、地名之外的其他符号,以便区分不同商家生产或销售的商品,这样的方式传承了"物勒工名"和"物勒地名"的传统。东汉时期出口到欧洲的瓷器上,也有类似的被称为"钤记"的标记。处于公有领域的标记与商品结合起来,实际上就起到了现在所称的商标的作用。宋代以前,商品上使用的标记赋予了商品声誉,商人的交易极大地依赖这种声誉,因为这些标记有助于商品的销售。随着商业一路发展至宋代及以后,这些标记发展成为图文并茂的完整商标,为商品的销售提供了有力的支持[7]。

(二)品牌概念的形成

品牌是不同商品之间进行区分的标志,代表了商品的独特个性,它囊括了产品、商标、服务、文化、信誉等要素,还有知识产权作为其价值的背书。品牌的概念伴随商标的发展逐渐从买卖交换的过程中衍生出来,它超越了商标,被赋予了更多的内涵,承载了人们对产品质量的认可。商周时期出现的篆刻在青铜器上的铭文,可以被认为是我国古代品牌的萌芽。大约春秋战国时期,是我国品牌的雏形期,在河南登封告成镇出土的这一时期的陶器上就刻有"阳城"的篆文字迹,被认为是我国最早的文字广告,标志着品牌的传播逐步开始走向标准化、规范化和商业化。商品经济发展到了唐朝和宋朝,对外交流广泛,商贸繁荣,造纸和印刷术的广泛应用,加速着品牌传播向着自觉化的阶段发展。这一时期,各都督、路、府、州、县的城市或乡村中,各类招牌、广告琳琅满目,这在我国品牌史上具有非常重要的意义。宋时,山东济南有一家刘家针铺[8],制造和经营功夫细针。这家针铺门前有一尊石兔,经营者便以"白兔"作为商品的品牌标记,白兔的造型被印到了其产品的包装纸上,同时还刻有"认门前白兔儿为记"的字样,可以说是中国最早的防伪标签。在这份包装设计中,"细针"是商品属名,"白兔"是品牌,"刘家针铺"是厂牌,这样的设计基本上具备了现代品牌的全部外在元素。明朝和清朝时期,商品经济伴随着资本主义的萌芽较之前朝更加发达,张小泉、六必居、同仁堂这类知名品牌也相继出现。为了防伪,"六必居"酱菜园在成立之初(1530年)请到了当朝宰相严嵩为其品牌题名,开创了中国品牌史上商家寻求品牌保护的先河。清政府于光绪三十年(1904年)颁布的《商标注册试办章程》,标志着中国历史上第一部保障企业权益的法规就此形成,从此,品牌的注册管理被纳入法制轨道,品牌开始成为具有法律效力并受到保护的商业属性[9]。1840年鸦片战争以后,中国沦为半殖民地半封建社会,西方列强大举瓜分中国领土,妄图大规模地控制中国的经济与政治,并企图摧毁中国的民族工业和民族品牌,其间,大量

"洋货""洋广告"进驻中国市场,民族品牌举步维艰。第一次世界大战期间,帝国主义国家无暇东顾,这为民族品牌的发展赢得了一定的空间,此时期涌现的品牌如"美丽牌"香烟和"三星牌"牙膏等。抗日战争爆发后,全国上下发起了"抵制日货""用国货最光荣"的民族品牌运动,中国品牌也第一次和中国的政治命运结合在一起,参与了轰轰烈烈的抗日救亡运动,并成为社会生活和国力象征的一部分。中华人民共和国成立后,中国的品牌发展得到了恢复。到了改革开放初期,现代意义上的大规模品牌发展开始兴起。这一时期,中国品牌发展先后经历了启蒙阶段(20世纪80年代)、品牌发展阶段(20世纪90年代)、品牌国际化酝酿和融入阶段(2000年至今)。中国品牌从无到有,从少到多,从弱小到逐渐强大,从无人识到走向国际社会,社会对品牌的认识也从一知半解到积蓄沉淀,从学习外国再到自主创新。如今品牌不仅是企业获取竞争力和盈利能力的一种产品或服务标识,它还汇集了广大消费群体对质量值得信赖的产品、全面优质的服务、便利的操作、舒适的体验、良好的产品形象等诉求。同时,品牌也是创造社会财富、推动社会进步、传播时代精神、树立时代风貌的融合了企业、消费者、社会所形成的一种综合评价和认知。这就要求运作品牌的企业既要具备优秀的管理水平,还要具备服务顾客、服务大众的意识,具备高度的社会责任感,最终构建起企业与大众的互信关系。当下,中国已开启了全面建设社会主义现代化国家的新征程,中国品牌的发展再一次与国家经济建设紧密联系在一起,社会主义现代化强国需要自主品牌的崛起,在世界知名品牌全面进入中国市场的同时,中国民族品牌也应以开放包容的态度,去迎接这个机遇与挑战并存的风云年代。

(三) 商标与品牌

1. 商标与品牌的联系

商标与品牌,二者有着深厚的历史渊源与紧密的联系,它们都是物件(产品、牲畜)上的某种标记,有识别和区分的功能,无论是东方国家,还是西方国家,这类现象都普遍存在。卖得好的产品,顾客愿意回头再次购买,记住商品的标识,顾客才能找到之前所购买过的商品。这些卖得好的商品,由于信得过的质量、较高的信誉,逐渐形成了口口相传的良好口碑。但同时,假冒的"搭便车"现象也就随之产生,这使正品品牌深受其苦,比如北京同仁堂就曾经公告天下,"同仁堂"为北京独有的唯一正宗,无分店。但这种昭示在巨大利益面前显得有些力不从心,假冒仍然猖獗,无法避免。近代工业高度发达的欧美国家,也深受假冒伪劣产品的困扰,法国、美国、英国都曾制定并通过了相当于"商标法"的法规以保护那些老实做生意的品牌。柯达、可口可乐便是最早一批诞生的商标,它们受到了法律的保护。因此,商标是基于品牌和标识而发展出来的,是受到法律保护的品牌标识。从这个逻辑来讲,现代意义上的品牌,都是商标。企业并非为产品起个名字就能成为商标,但也并非注册了商标之后就能发展成为品牌,品牌和商标不能完全画上等号。

2. 商标与品牌的区别

(1) 内质范围不同

《中华人民共和国商标法》规定,能够被注册为商标的内容,既可以是文字,也可以是图案,或者可以是文字和图案的结合,但不包括独立的颜色、声音或某种物质主体形象。品牌则在囊括了商标内质范围的基础上,还有范围之外的东西,如声音(如Intel、和路雪标志性的音乐旋律)、特别的设计(如宝马汽车标志性的双肾进气口)、颜色,甚至是人员（如被称为日本"寿司之王"的小野二郎，因为有他，他那方寸之地的寿司店才变得世界闻名，还被评为"米其林"三星餐厅）。商标的内质一旦注册成功，便具有独立使用的权利，而品牌如果未注册成商标，则可能会被他人冒用。

（2）权限范围不同

各个国家商标法都确定了一定范围内的地域性，在某国注册的商标，只能在这个国家享有排他的使用权，超越国界之后，就失去了排他性。曾经就出现过我国的一些驰名商标，由于没有及时到出口国注册，当该品牌在当地赢得了一定声誉后，便被外国的一些投机商人抢先注册，致使该品牌在后期若要持续在出口国销售，必须更换商标，重新注册，并重新开拓市场。而品牌没有国界限制，无论在哪个国家都可使用，只是无法保证一定能受到当地法律保护。

（3）使用过程和权限不同

商标排他性的权利，需要经过法律程序的审批，在某个符号或标识未注册成商标之前是不具备排他属性的，在此期间，他人也可以使用这一符号；一旦注册成商标，他人若未经商标所有者允许就使用这一商标，则构成侵权。品牌则不同，某人随便取个名称，或者做个标识，便可以宣称是自己的品牌，使用自由，不需要获得批准；与此同时，他人也可以使用这一品牌。

（4）延伸的方式不同

当某一品牌发展到一定的知名度后，可能会为了新业务的开辟进行品牌延伸，比如海尔从电冰箱发展到各类白色家电。品牌延伸没有改变品牌，因为其品牌名称、标识或图案没有发生变化。但是当品牌延伸到另一种全新的产品时，需要为新商标重新办理商标登记注册。

（5）发展方式不同

品牌要享有独立使用的权利，成为为企业创造财富的资产，不被别人冒用，就需要对品牌进行商标注册，寻求法律保护。商标虽然给予了品牌排他的权利，但是要把品牌发展成享誉世界、富有价值的资产，就不是"商标"能够解决的事情了，而需要企业巨大的投入和潜心的经营。在激烈的国内国际商业竞争中，企业要发展品牌，需要"商标"来保驾护航，同时要遵循市场规律，顺应时代潮流，这样才能乘风破浪，勇往直前。

（四）品牌在国外的发展

"品牌"的英文名是 brand，这个词来源于古斯堪的那维亚语 brandr[10]，含义为"烙印记"，意为生产者燃烧印章烙印到产品上，其最初的含义是指在牲畜身上烙上标记，以标明自己家的牲畜和其他家牲畜的区别。"品牌"一词在《牛津大辞典》中的解释为：展示所有权，标志着质量或其他用途。换句话说，品牌是品质的区别与证明。最古老的通用品牌出现在印度。吠陀时期（距今 9000—10000 年前）被称为"Chyawanprash"，广泛应用于印度和许多其他国家，以受人尊敬的哲人 Chyawan 命名[11]。在纸上使用品牌水印的形式出现在 1200 年前后的意大利。13 世纪的欧洲，商人中盛行一种用以区别个人、行会财产，同时也能够接受商会监督的标记[12]。欧洲中世纪的陶器上有类似中国古代"物勒工名"或"物勒地名"的形式，陶器底部也发现了陶工的名字或产地的标记。在 16 世纪早期的英国，为了防止他人的仿冒，威士忌酒的生产商在包装威士忌酒的木桶上烙上自己的名字。到了 1835 年，苏格兰的酿酒者采用了"Old Smuggler"品牌，以确保他们采用特殊蒸馏程序酿制的酒的质量和声誉得到保护[13]。17世纪的英国,乐器商人会在乐器上做标记,标记既可以让顾客辨析乐器的出处,又是乐器质量的保证。因此Brand原义的核心其实就是一种用来以与他物进行区分的标记或烙印,没有品牌的影子。品牌现代含义的形成,则是伴随着19世纪工业革命的兴起和商业格局的变化而产生的。1867年,宝洁公司的员工为了让各家客商识别自己的货物,为自家的产品设计了一个独特的标记,别人不能简单地模仿,这样便有利于产品的销售和传播。当时的宝洁公司作出了历史性的决定,即不让公司生产的所有产品都叫"宝洁"(P&G),而是让每一件产品都拥有自己独立的名字,以体现产品的个性。因此,宝洁公司的IVORY成为世界上第一个拥有自己品名的产品。自此以后,品牌的概念在人们的意识中逐渐清晰起来。随着经济的发展、商业竞争的加剧、商业模式的变革、业态的多元变化,以及营销方式的升级,品牌承载的含义也变得丰富起来,甚至形成了专门的研究领域——品牌学,从此,关于品牌的研究逐渐在西方国家发展起来。

二、品牌的内涵

(一) 理解品牌

品牌是所有者标记自己所有物的一种方式,以宣示物品所有权或展示其物品。在商业活动中,品牌可以是名称、标记、符号或设计,用来与其他销售者或销售群体的产品或服务进行区分。它是一种状态,也是一种过程;它是一个识别系统,也是一项展示过程。现在企业所说的品牌,其实是一种具备高溢价能力,能够为企业现在及未来发展创造价值的要素,也就是我们所说的"名牌"。按照这个思路,品牌的发展至少可以经历三个阶段。

(1) 名称阶段

即命名和区分功能阶段,如"红塔山""一心堂""昆明机床"等。这一阶段的品牌可以用"牌子+产品"来代表,一方面是便于识别,另一方面是必须要有某种价值载体(香烟、药品、机床等)作为支撑,这种载体是交换的基础,是产品或服务实现经济效益的基本层面。

(2) 品牌阶段

即商业组织通过提供产品或服务给人们生活带来本质转变的阶段,也可以把它看成"消费者剩余"被有效实现的部分。比如感冒药治疗了患者,生产设备的使用提高了工人的劳动生产力,消费者在百货大楼买到了自己想要的东西等。

(3) 名牌阶段

即品牌在具备了前面两项基本属性之后,继续被赋予了包括知名度、美誉度、信誉度、不可被替代的价值、高质量产品等属性的集合,在市场领域、经济领域、社会领域都具备较强能力的一个高级阶段,富有极高的价值,这也是企业对品牌的终极追求。

品牌进化的三个阶段,也为企业的发展指出了方向,即三流的企业做产品,二流的企业做品牌,而一流的企业做标准。

(二) 品牌内涵

品牌从本质上讲,是价值传递者向接收者长期提供的一组高品质价值。其表现可以是产品、服务、观念等,价值传递者可以是个人、企业或其他组织,接收者可以是消费者、组织消费者，或者是更广泛的受众群体。这个过程是传递者对接收者的承诺，知名品牌其实就是优良品质的保证。对企业来讲，品牌是长期努力经营的结果，是企业的无形载体。深入理解品牌的内涵，可以从以下六个角度来入手。

（1）品牌属性

即承载品牌背后的商品、服务或解决方案所具备的特定属性，这是品牌最基本的含义。例如丰田汽车所表现出的卓越性、可靠性、精益化等属性。

（2）品牌利益

即品牌属性背后所代表的利益，是顾客更深层次的追求，这种追求可以转化为顾客的功能和情感利益。例如丰田的可靠性可以转化为功能利益，即车主在购车之后，在较长时间之内不需要到4S店进行汽车的重大维修，所花费的资金成本和时间成本都较低。某些商品昂贵的属性可以转化为情感利益，即在顾客购买后，有"一分钱一分货""物有所值"的感受。

（3）品牌价值

指品牌展示了生产者的价值观念。例如华为的"以客户为中心，以奋斗者为本，坚持艰苦奋斗"的价值观；红塔集团"山高人为峰"中体现的以人为本、人的价值高于物的价值观念。

（4）品牌文化

指品牌附加和象征了一定的文化。普洱茶象征了尚仁、尚义、重礼、中庸等中华传统优秀文化。同时，在云南这样一个多民族省份，茶叶的饮用方法也融入了不同的民族文化之中，各民族之间，以茶待客、以茶联姻、以茶经贸、以茶入诗等，这表现出普洱茶文化更丰富的"和"的内容，即不仅是人与人的和谐，而且是文化与文化的和谐，这种和谐已成为社会文明进步、人民友好的象征。

（5）品牌个性

即品牌是企业产品人格化的表现，可以代表一定的个性，具有鲜明个性的品牌才具有吸引力，能给人留下深刻印象。例如农夫山泉会让人想到一个默默奋斗、朴实的劳动者。

（6）品牌用户

指品牌暗示了购买或使用产品的消费者类型，例如碧桂园塑造出的入住者大多是接受过良好教育、具备较高素质的人群。

了解以上六个层次有助于全面把握品牌的含义，防止认识和宣传上的偏差。品牌不仅仅是名称、标识、颜色、设计等的集合，它也是企业产品内在素质的外在表现，是顾客对一个企业及产品的综合评价。

三、百年品牌

百年品牌，顾名思义，就是企业拥有发展超过百年的品牌，而要拥有这样的品牌，需要有发展了百年以上的企业；即便没有百年企业，也要有传承品牌精神的接班人。成为百年企业，是企业一个美好的愿望，那么百年品牌，应该是这个美好愿望之上的一颗明珠。俗话说，十年树木，百年树人，品牌更是如此，它需要好几代人的精耕细作。百年品牌，并非是表面上存活了一百年的品牌，"百年"不是一个简单的时间刻度，百年品牌象征着经久不衰的质量，象征着知名的国际国内形象，同时也象征着社会责任感。自改革开放以来，我国经济保持长期快速增长，2010年以后，中国经济总量超过了日本，跃居世界第二，我国的品牌数量也大幅度增加。但是，我国是品牌大国的同时也是品牌弱国，我国每年有大量新注册的商标（图2-1），但是能够发展成世界顶级品牌的，却较为稀少。据有关统计，中国每万户市场主体的商标拥有量只有1000多件，其他发达国家如美国，每万户企业拥有3000多件商标。

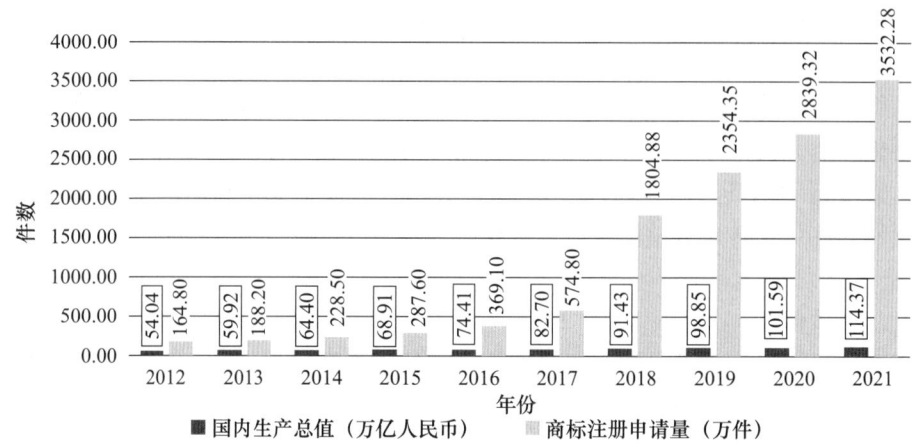

图2-1 我国商标申请量与国内生产总值对比（2012—2021）

资料来源：依据国家统计局、国家知识产权局商标局、中国商标网数据整理

此外，在国际市场上，中国民营品牌的价值也有待提高。品牌咨询机构世界品牌实验室（world brand lab）发布的2022年《世界品牌500强》中，有45个中国品牌入选[14]。但若说起中国的民营品牌，另一家品牌咨询公司Interbrand，2022年发布的"2022年全球最佳品牌报告（Interbrand Best Global Brands 2022）"中，更是鲜有中国品牌[15]。Interbrand的入选条件更加苛刻，其中有一条是"入选品牌要有30%的收益来自国际市场"。2022年，虽然经济充满了各种不确定性，但品牌之间的竞争仍然激烈。世界顶级品牌知道如何结合环境变化部署自己的品牌策略，恰如其分地出现在消费者的生活中。今天，助推诸多企业成功的要素不仅是企业的产品，还有品牌，品牌是企业保持增长的资产和内生动力。2022年入选的世界百强品牌中，中国的华为和小米荣登了榜单。华为2014年起登上了该榜单，并在榜单中一直保持至今，联想曾在2015年至2017年间进入过该榜单，之后的四年里，榜单中又只剩下华为，直至2022年，我们再一次看到了新的中国品牌——小米。

从Interbrand 2022入选品牌的国家分布（图2-2）来看，将近一半的品牌仍然是美国品牌，其榜单的前10名（苹果、微软、亚马逊、谷歌、三星电子、丰田汽车、可口可乐、梅赛德斯-奔驰、迪士尼、耐克），美国的品牌占到70%。与世界强品牌公司相比，中国民营企业仍旧缺乏世界级的品牌，相对于14亿人口与位居世界第二的国内生产总值而言，用"第三世界"来形容中国民营品牌的发展阶段还是较为中肯的。因此，企业所关心的，应不仅仅是生存问题，还应考虑如何长久地发展，在存活的时间里能实现哪些社会价值。我国民营企业的目标应该不仅仅只是活过百年，还应该包括塑造知名度、美誉度、信誉度与存续时间同步增长的高质量百年品牌。

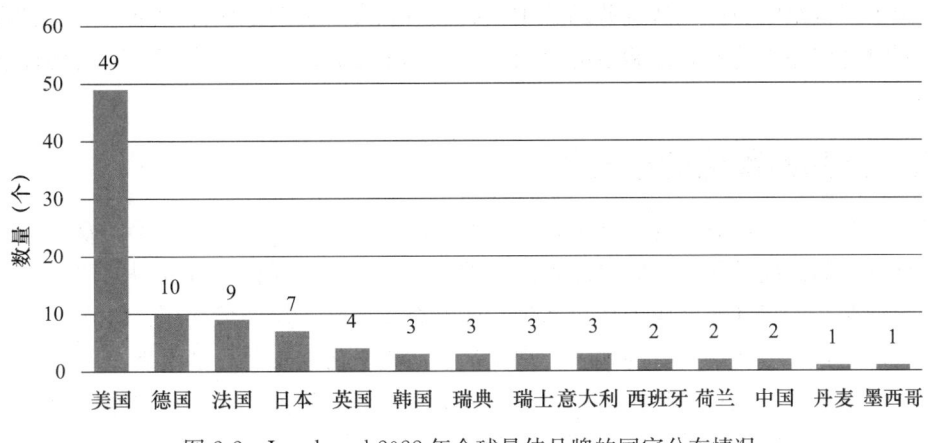

图 2-2　Interbrand 2022 年全球最佳品牌的国家分布情况

四、老字号品牌与百年品牌

老字号品牌是中国式的概念，官方给出了较为明确的概念（详见第四章）。老字号品牌是经官方认可的品牌，其产品、工艺、信誉、历史在名义上都受到了官方的认可。百年品牌是民间的概念，长期扎根在老百姓的生活中，并在民间广为流传。在民间，无论是老字号还是百年品牌，其认知上最明显的因素是都关注到了品牌的"老"，这是大家对于这两类品牌认知的共性部分，因此，积极的层面上，由于品牌年份久远，又传承了一定的历史文化，民间对于"老"具有一定的尊重，而且对它们产生了一些美好的期待；消极的层面上，民间对"老"也有因循守旧、故步自封、循规蹈矩、一成不变等认识。本书认为，无论是老字号还是百年品牌，在范围上都存在交集，但重要的是，"百年"可以作为一个衡量企业生命力、品质和文化积淀的指标。老字号企业当中，有超过百年的品牌，也有未到百年的品牌；而百年品牌当中，也有未被认定为老字号的品牌。无论是什么样的品牌，都应该树立积极的价值观念，见贤思齐，向着好的方向去发展。未达到百年的老字号品牌要有"百年"意识，未被认定为"老字号"的品牌要不断"自省"，而过了百年的品牌也要谋划"下一个百年"的发展策略。只有这样，我们的品牌才会富有生命力，优秀的产品才能源源不断，生生不息。

五、本土品牌

本书所认为的本土品牌，是发源于某一特定地区，由该地区的人员所持有，并在长期的经营和发展过程中为该地区创造经济收益的品牌；也可以是来自某一特定地区以外，却被该地区的人持有，在往后的经营过程中为该地创造经济效益的品牌。基于以上论述，云南本土品牌，是指在云南省范围内所创造的品牌，品牌由云南本土的商人或企业家所有，在长期经营发展过程中为云南地区创造经济效益，如云南本地的孔雀珠宝、宝翰轩、桂美轩等品牌；也可以是来自外地，但随着在云南的发展，品牌所有权逐渐转到云南本地人手中的品牌，如上海冠生园，在抗日战争时期迁入云南，后来发展成为昆明冠生园。为探究和归纳云南地区百年品牌的发展规律，本书选取了在云南地区具有长期发展史的云南老字号作为研究对象。现有的 123 个云南老字号品牌中，最古老的有 640 多年的历史，最年轻的也有半个多世纪的历史。从这些品牌中，我们可以发现云南地区品牌百年发展过程中的特点，同时这些品牌的发展经验也能为当前云南本土品牌的"下一个百年"发展提供借鉴和参考。

六、产品品牌化的必要性

品牌是有形和无形兼备的一种存在，将产品品牌化，能够使产品变得与众不同。品牌化不仅是将产品做成品牌，我们要理解品牌的深度含义，不要让品牌变得肤浅。在深度理解品牌的理念后，将其发展成为百年品牌，就是企业更高一层的境界了。如今，大多数消费者只认识品牌，也就是产品的牌子。现代消费心理学研究表明，消费者只愿意为自己中意的品牌付出更多，也只有品牌能给予消费者更多更高的价值。而这种中意，有时是盲目的，又是模糊的，同类产品，哪个牌子更响亮，消费者就选择哪款产品。在品牌初创期，消费者和企业彼此之间的认识尚未成熟的时候，消费者选择品牌主要是依据牌子本身所代表的产品或服务显著的差异。因此，产品品牌化，其根本就是在于创造区别，让自己变得与众不同。

就企业而言，如果要更好地发展，在市场竞争中站稳脚跟，品牌化是必经之路。但是，做品牌并不简单，更不等于随便注册一个商标。在对品牌的管理上，领导者主要负责的是品牌战略、品牌资产及品牌投资。所有产品在品牌建设上都需要注意以下几个问题。

第一，不能一味强调品牌属性。欲望是消费者的本性，对消费者而言，他们更加关心品牌的利益而非品牌的属性，要占领市场，最重要的就是掌握消费者的诉求点。

第二，过分强调品牌的某些优势，则容易忽略其他环节。比如新能源汽车，过分宣传其纯电动属性，就会弱化汽车的其他功能。目前纯电动汽车的一个劣势在于充电时间较长，充电桩在一些偏远地区未能全面普及，在乡、村一级的地方使用率较低。此外，由于技术原因，电动车的电池还未实现规模效应，更换成本偏高，用户在购买时所享受的价格优惠又会被更换电池的成本覆盖。油电混合或燃油汽车，要么通过加油就能实现充电，要么纯加汽油，在燃料补充和充电的等待时间上，纯电动汽车呈现出劣势一面。因此，品牌的核心利益塑造应该扩大范围。

第三，在品牌营销中须体现出品牌的价值、文化与个性。比如奔驰轿车走的是高端路线，而如果以奔驰的名字推出一款新型但廉价的汽车，就会使奔驰公司的品牌价值及个性大大减弱。

产品品牌化已经是一个大趋势，世界上的很多企业都已经实行了品牌化战略。一般来讲，对某品牌形成了一定的依赖感之后，消费者就会特别偏爱这一品牌。最易产生这种效应的就是手机、服装等品牌。比如1951年，戴比尔斯公司请智威汤逊芝加哥公司塑造形象，留下了一句"钻石恒久远，一颗永流传"的广告语，这也成为广告语的经典案例。

产品品牌化有其存在的重要意义。首先，品牌化便于消费者辨识产品。如今，人们区别产品的标志就是品牌，品牌象征着质量、企业文化，以及风格等。其次，品牌化能够对销售起到促进作用，并且能够增加利润。品牌有着很大的心理暗示作用，会让消费者对产品产生好感，尤其是国际知名品牌，取得消费者的信任是轻而易举的，这将促成消费者的重复购买，甚至会出高于同类产品的价格去购买（如法拉利限量版汽车）。最后，品牌化便于营销沟通。就企业形象而言，品牌起到了很大的作用，在进行营销沟通时，企业宣传其名称与产品技术的时候也更加方便。在我们的日常生活中，很多人都能快速说出产品的品牌与标志，可是对于产品的生产厂家却可能完全不知道。产品品牌化是一个系统且具有挑战性的工作，需要长期经营。但产品品牌化是非常有必要的，成功的案例也有很多，企业可以从成功的品牌中学习经验，从失败的品牌中吸取教训，总结前人的发展历程，为今后的品牌发展找到适合自己的道路。

七、品牌价值的源头是质量

品牌并非只有华丽的外表，它不是靠过分的吹嘘"吹"出来的，而是凭借脚踏实地、真刀真枪干出来的。质量是品牌的载体，是产品价值的体现，没有质量基础，品牌就沦为空谈。很多企业追求不断创新，创新可以化被动为主动，但是，如果没有质量作支撑，那么即便企业的产品形式再独特，也只是昙花一现，最终会被淘汰。这不利于产品品牌的建立。

对于企业而言，想要支撑起市场，那就必须有过硬的质量作依托。质量是企业的生命，它为企业的可持续发展提供保证，也直接影响着企业的形象，对企业的品牌效应起决定性作用。

在对产品质量与品牌的认识上，很多企业都存在以下几个问题。

第一，认为产品质量与品牌没有直接关系。很多企业在品牌建立之初认为最关键的不是质量，而是觉得只有当品牌具有了一定的影响力后才需要关注产品质量。其实，产品质量与品牌就如同树根与树干的关系，产品质量是根，品牌是树，如果根基不稳，那么大树也很难存活。

第二，认为企业规模决定了对品牌和质量的要求。其实，无论企业大小，其品牌内核是相同的，正所谓"麻雀虽小五脏俱全"，不能因为是小企业，刚刚起步就忽略质量的存在，大企业也是从小企业成长起来的，如果从创立之初就没有质量观念，那么很难做大做强。日本有很多小微企业，存活了上百年，其生命力的根本是对于品质的专注，有的时候甚至不惜成本，再加上对品质观念的传承，这些企业才发展到现在。

第三，认为品牌比产品品质更加重要。很多企业过于关注品牌外在的声誉，而忽略了品质这一基础保证。正所谓"皮之不存，毛将焉附？"一个企业想要打响自己的品牌，核心在于质量，少了质量，品牌就站不住脚了，企业应该认识到品质与声誉之间唇亡齿寒的道理。

第四，认为品质比品牌重要。有些企业仅关注产品质量，认为质量好，其他问题不重要，过分极端。而不注意培养自己的品牌，那么企业发展的前景最好不过是一个优秀的加工工厂罢了。

第五，对质量的认识只停留在表面。很多企业忽略了质量的外延，很难形成真正的品牌。质量应该是环环相扣的，不仅是指产品的使用没有问题，还包括其功能、特点、耐用度等，考虑得越全面，质量就越高，品牌形象也就越好。

第六，品牌的定位与实际质量存在较大差异。在很多消费者的意识里，品牌就代表着质量好，当产品质量无法达到消费者的期望时，消费者就很容易对产品失去信任。

第七，总是忽略产品的技术创新或成本。企业需要不断创新才能有更好的发展，产品总是一成不变，最终只能被市场淘汰。还有，如果忽略产品本身的生产成本，过于重视产品的技术含量，那么也是难以适应市场的。

产品质量不能只依靠监督，应该建立一个较为完善的质量管控体系，对企业进行科学管理，使产品质量趋于稳定，这样才能打造出真正的品牌。现在很多企业只看眼前利益，产品粗制滥造，能卖出一个是一个，甚至有的企业抱有侥幸心态——"就是要让消费者把产品用坏，这样他们才会买新的"。如果企业都抱着这样的心态来传递价值，最终只会让消费者丧失对于产品的信心，进而对品牌失去信心，这样品牌口碑会变得越来越差，进入恶性循环，对企业发展造成不可挽回的损失。

企业要想做大做强，最重要的就是重视产品质量与品牌。今天，很多企业都面临产品质量问题，比如电器，很多消费者倾向于日本制造，就并非因为单纯的崇洋媚外。其实，品牌的创造主要取决于产品的质量。产品质量与品牌之间的关系是相辅相成的，体现在以下几个方面。

第一，有质量没品牌，产品销路受阻。一件产品，质量上乘，但没有品牌，那么再好的质量也无人问津，好的东西永远被藏在箱底，消费者只了解产品的质量好，但对其他信息一无所知，如产品的名字、厂家、产地等，那么这件产品的价值永远得不到宣扬。产品不能广为所知，主要的原因在于品牌的建设和宣传跟不上。品牌就相当于一个人的名字，如果一个人都没有名字，那么人们该如何称呼他呢？

第二，有品牌没质量，产品会遭到淘汰。如果产品只有品牌这么一个空壳，那么该产品就会被自动归类为劣质产品，久而久之，消费者一听到这个品牌就会产生不好的印象。对产品的印象都不好了，那谁还会出钱去购买呢！

第三，好的质量为品牌增强公信力，而好的品牌为质量提升地位。比如同种质量的酒，即便只是销售十几元，但是没有牌子，仍然没有多少人愿意购买。如果这瓶酒是名牌，即使售价几百元，还是有不少人趋之若鹜。不可否认，相较于普通品牌或没品牌的产品，品牌产品要好卖得多。消费者对品牌的信赖主要是因为，名牌就是高品质的代表。名牌没了高品质，那就是一个空壳，也不可能是名牌。

八、中国发展百年品牌的意义

改革开放 40 多年，中国的品牌建设总体上取得了很好的成绩，从图 2-1 中我们可以明显看到，自 2018 年起，中国申请注册的商标数量明显增长。但面对这些可观的增长数据时，我们也应该思考，这些新注册的品牌是否如同每年新增商标的数量一样充满活力？究竟有多少品牌存活下来并笑到了最后？有多少品牌在历经成长之后成为引领行业发展的重要力量？这些是需要在实践当中检验的。俗话说"攻城容易守城难"，这句话对于品牌的发展同样适用。可口可乐、福特、云南白药、张小泉、同仁堂这些品牌能够发展百年，如今仍然能够保持活力，与它们优秀的经营管理是分不开的。

"百年品牌"的含义，恐怕远不止一个商品的名称或商标这么简单。中国人所理解的"百年"，不光只是数字上的"100"年，它还可以指一生、终身，甚至是世代，这是对人或事物超越时间限制的一种期盼，象征着永恒。有的时候，细数生活中的点滴，我们会发现有很多超过百年的企业在为我们服务：家里厨房或洗手间所使用的宝洁公司清洁用品，剃须用的吉利，保存食物所使用的西门子电冰箱，手中的可口可乐，街上奔跑的福特、丰田、奔驰汽车等。一年企业靠运气，十年企业靠营销，百年企业靠文化。一个超过百年的品牌，必然需要经营主体具备聪明的才智，进行不懈的奋斗，还需要用超越人类个体寿命的长远规划去一代代薪火相传，才能生生不息，最终凤凰涅槃，成为经得起时间推敲和现实考验的经典，其间的各种滋味常人难以体会。然而，正是这种坚持不懈、开拓进取、不怕困难的精神才积累和孕育出丰厚的物质和精神文化财富。因此，在审视"百年品牌"的时候，我们除了要看到它在商业活动中获得的成就与回报之外，也应看到它历经百年所积累下来的优秀文化，这种文化会以不同的形式融入大众，造福一方。中国自古以来讲究尊老，尊的是历经磨砺之后所形成的丰富经验，以及从中提炼出的智慧。"百年品牌"历经沧桑后应该具备稳重、踏实的作风，值得人们去信赖；它应该成为人们的一段记忆、一种文化的代表，也应该成为业界的标杆，指导后来者，甚至推己及人……

在国家层面上，以品牌为核心的品牌经济整合经济要素，促进经济发展，反映出一个国家或地区的综合实力和竞争力。发展百年品牌，能有效驱动中国制造向中国品牌转变，推动我国产业价值链的升级和完善，增强我国经济发展的内生动力。从企业自身发展角度来讲，企业打造百年品牌，是塑造企业核心竞争力，提升企业市场价值，增强企业生命力、创新力的体现。从社会层面上看，发展百年品牌，能够弥补传统文化在商业领域的缺失，有助于提高中国传统文化的民族认知水平，推动中国传统文化的继承与创新。因此，发展百年品牌，势在必行。

九、中国在行动

综上所述，我们可以清晰地认识到，品牌代表着国家软实力，是国家的名片。随着市场经济的发展，在当今全球激烈的竞争环境下，无论是发达国家还是发展中国家，都把发展品牌事业作为一项重要的战略任务来抓。品牌发展关系着创新，关系着产业转型升级，关系着企业的高质量发展，关系着文化传承，更关系着国家未来的发展，具有重要价值。目前，中国已开启全面建设社会主义现代化国家的新征程，中国经济已由高速增长阶段向高质量发展阶段转变。改革开放四十多年，中国的民营企业迅猛发展，但企业品牌力与国际知名品牌相比仍存在差距。全球最具价值的百强品牌，美国拥有的超过半数，而中国自主品牌却鲜有，这与当前中国在世界经济中的地位严重不匹配。随着中国人口红利的消失，其他发达国家高端制造业回流，低端制造业转移到成本更低的东南亚等新兴国家，资源、资本成本的升高，中国企业自主创新，打造高质量产品，塑造高附加值品牌的任务已刻不容缓。随着新技术的出现、科技成果转化效率的提高、移动互联以及智能化时代的来临，当今世界已经进入了竞争的新阶段，竞争不仅存在于同行之间，还存在"跨界"竞争，中国制造以及中国品牌面临着一个纷繁复杂、机遇与挑战并存的市场环境。

发展中国品牌，党和国家领导人向来高度关注和重视。2014年，习近平总书记在河南考察中铁工程装备集团时提出了"推动中国制造向中国创造转变、中国速度向中国质量转变、中国产品向中国品牌转变"的"三个转变"，为中国制造、产业结构转型升级、中国品牌的发展指明了方向。第十二届全国人民代表大会第五次会议政府工作报告指出，"……要大力弘扬工匠精神，厚植工匠文化，恪尽职业操守，崇尚精益求精，培育众多'中国工匠'，打造更多享誉世界的'中国品牌'，推动中国经济发展进入质量时代"。为加强中国自主品牌在国内和国际的宣传力度，讲好中国品牌故事，提高自主品牌影响力和认知度，2016年《国务院办公厅关于开展消费品工业"三品"专项行动营造良好市场环境的若干意见》（国办发〔2016〕40号）、《国务院办公厅关于印发消费品标准和质量提升规划（2016—2020 年）的通知》（国办发〔2016〕68 号）、《国务院办公厅关于发挥品牌引领作用推动供需结构升级的意见》（国办发〔2016〕44 号）、《国家创新驱动发展战略纲要》等中央文件提出了一系列增强制造产品质量，提升品牌软实力，推动中国优质品牌国际化的品牌发展政策、工程及远景规划。2017 年，我国将每年的 5 月 10 日定为中国品牌日，助力自主品牌，树立消费信心，发挥品牌影响力，扩大自主品牌产品消费。党的十九大报告确立了建设现代化经济体系的发展战略目标，指出"我国经济已由高速增长阶段转向高质量发展阶段，正处在转变发展方式、优化经济结构、转换增长动力的攻关期，建设现代化经济体系是跨越关口的迫切要求和我国发展的战略目标"。党的十九届五中全会提出，把科技自立自强作为国家发展的战略支撑。在国家层面首次提出"科技自立自强"，符合国际形势，契合我国国情。习近平总书记对各个领域都提出了高质量的发展要求。2021 年 4 月 26 日，习近平总书记在广西考察时提出："发展特色产业是地方做实、做强和做优实体经济的一大实招，要结合自身条件和优势，推动高质量发展。"这一系列的国家战略为中国品牌的发展指明了方向，提供了政策支持。

针对百年品牌建设问题，我国政府也发布了一系列相关政策，主要以"老字号"的形式体现。2006 年商务部发布了《关于实施"振兴老字号工程"的通知》（商改发〔2006〕171 号），开始在全国实施"振兴老字号工程"，研究制定了具体的实施方案，并根据《"中华老字号"认定规范（试行）》的规定条件，重新对"中华老字号"的品牌进行认证。2008 年，商务部等 14 个部门联合发布了《关于保护和促进老字号发展的若干意见》（商改发〔2008〕104 号），提出"通过全社会的努力，建立保护和促进老字号发展的支持体系，挖掘整理传统产品和技艺，增强老字号企业自主创新和市场竞争力，培育一批发展潜力大、竞争能力强、社会影响广、文化特色浓的知名老字号"的工作目标，以鼓励老字号创新，加强对老字号的宣传、保护和传承。2011 年，商务部发布《关于进一步做好中华老字号保护与促进工作的通知》（商改发〔2011〕22 号），要求"加大力度，保护老字号特色"，以加强对中华老字号商标的保护，鼓励和支持中华老字号在国内外进行保护性商标注册，依法严厉打击各类侵犯中华老字号商标权益的行为。这一系列的政策支持，满足了广大人民对中华老字号产品和服务的需求，推动中华老字号企业不断调整和改进，并通过充分发挥老字号的榜样示范和引领带动作用，有效促进商业诚信体系建设和服务水平的提升，推动老字号在创新发展中创造更多的社会、经济和文化价值。

2021 年 7 月 1 日，中共中央总书记、国家主席、中央军委主席习近平在庆祝中国共产党成立 100 周年大会上代表党和人民庄严宣告："经过全党全国各族人民持续奋斗，我们实现了第一个百年奋斗目标，在中华大地上全面建成了小康社会，历史性地解决了绝对贫困问题，正在意气风发向着全面建成社会主义现代化强国的第二个百年奋斗目标迈进。这是中华民族的伟大光荣！这是中国人民的伟大光荣！这是中国共产党的伟大光荣！"中国共产党成立以来的一百年，是中国人民根本改变历史命运的一百年，是中华民族走向伟大复兴的一百年，也是中国品牌从弱到强的一百年。中国品牌走过的历程，是用鲜血、汗水、泪水写就的。中国品牌走过了万水千山，还要继续奋斗、勇往直前，创造更加灿烂的辉煌。现在，我们站在新的起点上，推动中国制造向中国创造转变、中国速度向中国质量转变、中国产品向中国品牌转变，书写定义品牌未来的一页。

第三章　百年品牌的生命力

品牌是一个包含了企业产品、商标、企业服务、企业形象、企业文化、商业信誉、用户评价等要素的集合体，这些要素相互融合形成品牌价值，当一个优秀的品牌沉淀了百年后，它的韵味就像陈年老酒一样扑鼻而来。

一、百年品牌源起百年企业

产品与品牌，好比皮与毛，皮之不存，毛将焉附？产品是品牌的载体，但丰富多彩的产品又是企业所创造的，企业是产品的主导者。打造百年品牌，还是得先做好百年企业。

铸就百年品牌最理想的温床，是百年企业，没有百年企业，难成百年品牌。当然，从所有者的角度来说，也存在百年品牌在不同的所有者之间更替的情况，但无论如何交接，若接手者继承了光大品牌的初心，那么这一品牌仍然具备顽强的生命力。也有一些品牌，随着交接的进行，在下一任的经营活动中逐渐淡出我们的视线。本书将重点围绕前一种情况，展示企业与品牌在百年的成长过程中互相促进，相互融合，共同成就百年辉煌。基业长青、长盛不衰，是企业对自己未来发展的美好愿景，但对于绝大多数的企业来说，这绝非易事。根据美国《财富》杂志的调查结果，美国中小企业的平均存活时间不足5年，而极少数企业能够持续存活50年以上[16]。波士顿咨询公司的研究表明，20世纪中叶建立的世界500强企业，到了20世纪90年代只剩下二分之一；20世纪70年代建立的企业到了20世纪90年代只剩下三分之二。相较于前者，我国中小企业的发展周期更加短暂。有统计数据显示，民营中小企业的平均寿命，中国是2.5年[17]，日本是12.5年[18]；大企业的平均寿命，中国是7～9年，欧美是40年，日本是58年[19]。若论及百年企业，与其他发达国家相比，中国超过一百年的企业数量屈指可数。为推进老字号品牌的创新和发展速度，传承和弘扬中国优秀传统文化，打造中国的自主知识品牌，2006年，根据中华人民共和国商务部颁布的《"中华老字号"认定规范（试行）》，首批"中华老字号"品牌获得国家认证，2010年公布了第二批，两批共认证了1128个"中华老字号"品牌，其中，超过百年的品牌共434个[20]。但是，根据日本东京商工研究机构的研究结果，日本有两万多家企业的寿命超过了150年[21]。在全球范围内，拥有200年以上发展史的企业，日本有3000多家，德国有800多家，荷兰有200多家，法国有196家[22]。

我国百年品牌数量上的不足，从客观上说，有一定的历史原因。首先，中华民族虽然历史悠久，但对于品牌认定和法律保护的实施时间较晚，在清代以前更多是运用道德手段来约束不正当的商业行为；其次，中华民族在近代遭遇了沉重的苦难，西方帝国主义列强对民族经济的打压，使民族品牌的发展一度受挫；再次，在20世纪50年代，我国对民族资本主义工商业进行社会主义改造，私营企业逐渐消失。因此，中国百年品牌数量较少是必然的。直到改革开放，中国经济才再一次进入蓬勃发展时期，品牌的创立、培育，直至享誉盛名需要一个健康、稳定的经济环境。同时，许多老字号品牌面对时代变迁，存在因循守旧、按部就班、缺乏主动适应等问题，再加上品牌保护措施不够健全、管理模式陈旧等多种因素，导致曾经的辉煌被时代的洪流所淹没。反之，百年品牌之所以能长寿百年，它的成长经验、解决新问题的方式，以及主动适应市场变化所做的优化或变革等，也是值得新生品牌研究和学习的。

二、百年企业的生存之道

与自然界中的生灵一样，企业也有本能的求生欲望。每一家企业都希望能够长期稳定地发展，但时代在变，市场在变，人们的需求也在变化，面对变化莫测的环境，企业不仅要活下来，还要发展壮大，这需要企业付出极大的努力。

（一）文化力

Interbrand 每年都会评选当年的全球最具价值的前 100 名品牌，尽管每年的排名会有些许变化，但一些常驻的品牌，如可口可乐、肯德基、宝马、梅赛德斯—奔驰等都有百年以上的发展史，这些企业及品牌没有因时间的推移而衰落，反而随着时间的沉淀不断强大。世界品牌实验室（World Brand Lab）每年也会评选"世界品牌 500 强"，并从中挑选出最古老的 10 个品牌。2021 年"世界品牌 500 强"中最古老的 10 个品牌[23]，包括圣戈班（法、建材、356 年）、英杰华（英、保险、325 年）、茅台（中、食品与饮料、317 年）、葛兰素史克（美、制药、306 年）、马爹利（法、食品与饮料、306 年）、人头马（法、食品与饮料、297 年）、苏格兰皇家银行（英、银行、294 年）、酩悦香槟（法、食品与饮料、278 年）、苏富比（英、拍卖、277 年）和江诗丹顿（瑞士、钟表与珠宝、266 年）。其行业主要集中在食品饮料领域，其他有金融保险、制药、钟表和拍卖行业。百年企业能够几经风雨而屹立不倒，绝非运气，企业文化为其长久生命力的赋能，才是企业跨越百年，持续发展，生生不息的经商之道。文化是企业的基础，也是企业的灵魂，缺乏了灵魂支持，企业会在前行之中失去动力，最终解体，走向灭亡。这是因为企业的行为不仅是纯粹的经济行为，正所谓"钱包鼓鼓，六神无主"，企业也是组成社会生态系统的微观部分，企业文化是引导企业融入这一生态系统的重要因素。"百年企业"并非单纯的历史文化风景线，它的形成是以独特的企业文化为基础的。

（二）利润观

商人是追求利益的，为了实现利益，不惜路途的遥远，也不顾其中的艰难险阻，长途跋涉，冒着风险都要实现商品的交换，换回利益。这是我国春秋时期著名政治家、经济学家管仲对经商活动的看法，但是对"利"的追求过程中，存在的各种诱惑会让人迷失，因此中国古代先贤们强调要通过"仁""义""礼""智""信"等道德方式来约束逐利过程，辨别"利"与其中的"害"，追求正当的"利"。中国古代对求财的过程有"富与贵，是人之所欲也，不以其道得之，不处也""君子爱财，取之有道""以义制利"等论述。首先承认追逐利益，是人之本性，然后以道德力来纠正这一过程中错误的行为，以实现正当的价值交换，这便是儒家所提倡的"以义制利"。司马迁把求富的过程区分为"本富""末富"和"奸富"，提倡依靠正当的农业、商业活动谋求财富，反对以偷奸耍滑、不正当的手段致富，因此，商人也有"诚贾"与"奸贾"之分。

做企业也应该树立正确的利润观念，这样才能走得更远，发展得更好。企业对自己的终极目标应该有一个清晰的认识，对自己的利润目标有正确的理解，当企业的利润目标与社会目标发生冲突时，应该怎样处理企业、消费者、社会这三者的关系？这些问题的答案指向的正是企业的利润观，而系统科学、有引导意义的利润观，是企业迈向百年企业的坚实基础。兰德公司花了近20年时间研究了世界上的500家大型企业，得出了百年企业的一个共性，即"不单纯追求利润，而是确立科学合理的社会目标[24]"。这一共性背后反映了企业坚持的三个基本原则。

（1）以人为本，人的价值高于物的价值；

（2）集体的利益超越个人的利益；

（3）社会利益高于企业利益。

这说明百年企业，虽然其经营方式与营销手段会随着外部环境的变化而转变，但亘古不变的是其始终坚守的价值观念。这些超越企业利润的观念构成了百年企业的精神内核。这些内核驱动着企业不断发展，其间也内化为企业的相关制度，以规范化、透明化、责任化的态度履行好这些原则，最终成就百年基业。

（三）百年企业的"道"

罗马不是一天建成的，百年企业的辉煌也不是一朝一夕所成就的，想要成为享誉世界的长寿品牌，还要寻求其百年发展的"道"。

1. 历史的传承

使命是一盏明灯，为企业的发展指明了方向。最初，可能源于企业家的一个梦想，企业家为实现这一目标，组织了一群志同道合的人，与他一起追逐梦想，并肩前行。因此，企业家是企业的灵魂，是企业成败的核心要素，企业的兴衰也与企业家个人的生命周期密不可分。但当企业易主之后，新上任的高层管理者可能会由于各种原因改变原有的理念，使企业整体风格都发生转变，甚至改变企业本身的性质，这种一旦易主就面目全非的企业难以成就百年基业。例如可口可乐是传承了上百年的跨国企业，它能够乘风破浪、一路走来，其极强的历史传承功不可没。

2. 品质可靠与标准可控

企业要获得长远的发展，应该把塑造优异、高质量的产品或服务作为自己的永恒使命，但是在面对利益的诱惑，公司规模急于扩张，追求上市的短暂收益时，不是每个企业都能守住产品质量的底线。同样，没有严格的品控体系与制度，企业就难以维系它的价值水平，失去等价交换的这一基本原则的同时，也就走上了一条缘木求鱼、舍本逐末的不归路。欧米茄是钟表行业中拥有百年历史的品牌，它的品名"Ω"传达出一种"终极"的概念（"Ω"是希腊字母中的最后一个），在"终极"的品牌理念指引下，其产品质量也要求达到完美、极致、卓越的标准。百年企业始终坚持不懈地追求产品品质，严格执行产品标准，因此才能在商海中勇往直前，一路领先，经久不衰。

3. 独特的品牌定位

正所谓"出奇制胜"，独特的品牌定位是百年企业发展的秘诀之一。品牌定位的独到性彰显着品牌的个性与魅力，能让企业声名远播、历久弥新。品牌定位应该兼顾持久、个性、真诚等元素，一旦定位形成应该坚定执行，企业也能根据品牌定位来塑造自身。迪士尼历经百年，始终秉持着"制造快乐"与"传播快乐"的初衷，围绕着这一目标，它们的产品，无论是动画、电影，还是游乐园都是"合家欢"的快乐产品定位，把欢乐传播到了全世界,让自己成为深受各国孩子喜爱的好朋友。沃尔沃"安全"的产品定位,使其产品也"安全"走过了近百年,在世界范围内树立了"沃尔沃是最安全的车"的消费者共识。

4. 科学的品牌延伸

企业但凡成长到一定的规模,都会考虑产品线及品牌的延伸。延伸能拓宽企业的价值传递渠道,使产品满足不同的市场,保持活力。但过度或盲目的延伸,也会带来负面影响。盲目扩大生产线,胡乱进行品牌延伸会使品质得不到保障,过分延伸还会造成母品牌的品牌稀释,进而影响品牌的商业价值与企业口碑,最终影响消费者对品牌的信任。成功的企业失败的品牌延伸也不少,如海尔的 PC 业务,以及对药品(采乐)的延伸,都是失败的例子。百年品牌来之不易,每一步延伸都要倾注巨大的汗水,付出研发、技术、人力、资金等成本,同时还要忠于企业品牌,致力于打造长久、鲜活、有价值的品牌,以质量取胜,而非数量。IBM 在近百年的发展史上,只向用户推出了不到 10 个品牌,每个品牌都做到了严谨细致、对用户负责,最终这些品牌都获得了成功,为企业带来了巨额的利润。

5. 稳定的核心人才保障

企业的发展要靠人,企业管理、技术创新、运营发展各个环节都需要人,人的质量决定了企业的质量,各类有进步思想、积极上进的人才推动企业走向更高的巅峰。而人才是流动的,开放的人才政策,在为企业注入新鲜血液的同时,也从中选拔出核心管理人员为企业的运营与布局协同作战。要做到这一点关键不是人的选择,而是企业品牌价值所形成的文化内聚力对人员的吸引力。企业的发展与传承应像不断涌出活水的清泉,良好的人才传承机制才能使企业之泉永久清澈、永葆活力。

6. 风格保持与市场创新

企业的产品制造需要工艺与技术的支持,旧与新、传统与现代、保守与革新之间常常会出现矛盾,对待这些矛盾,应该有一个正确和理性的态度。百年企业在工艺风格上的坚持也是其品牌长久发展的重要依托。有时在某些领域(餐饮、钟表、刺绣等行业),工艺风格的保持不是对新技术的闭塞与排斥,而是对产品传统技艺的传承与保护,让企业的产品具备厚重的文化底蕴,难以被模仿。在制造领域(汽车、飞机等行业),工艺则需要不断创新,技术也需要不断地提升,这样才能保持产品的时代性,以符合市场的需要。不重视创新,即便是生存了百年的企业也会一落千丈,如柯达。因此,对于这些矛盾,我们要用辩证的方式来看待。中国的企业,尤其是制造型企业想要发展成为百年企业,就要有足够的耐心,在积极配合国家质量监管的同时严于律己,在质量上秉持"进无止境"的理念,在忠于自己品牌的前提下,对企业品牌精准定位,配以稳定中兼具传承的管理团队文化,积极创新,为成为百年企业打下坚实的基础。

三、百年品牌的存活之理

在全球各行各业,最顶尖的品牌往往是极具生命力的,存活时间也较长。例如奢侈品品牌爱马仕起源于 1837 年,豪华汽车品牌布加迪创立于 1909 年,为英国皇室提供高档餐具的品牌 Wedgwood 则始于 1759 年。这些品牌不但历史悠久、基业长青,而且能在经济不景气的时候保持稳定增长。比如,爱马仕在全球经济萎靡的情况下,销售还能保持一定的增长；1990年日本经济危机期间，破产倒闭的企业有20万家之巨，而在历史悠久的品牌中，30%的品牌销售保持增长，80%的品牌经营良好。

这些百年品牌往往有着自己独到的经营策略，能够紧跟时代的变化，快速更新换代。正如亨利·福特所说："人们只想要一匹更快的马，而我却给了他们一辆车。"紧跟时代的同时，还要不忘初心。可果美公司从1899年成立至今，只生产与西红柿相关的产品；同一年成立的日本牛肉饭品牌吉野家则做了一百多年的牛肉盖饭；IBM从穿孔卡片设备、商用打字机到个人计算机的生产，再到软件服务咨询，这些成果都是IBM在"智慧生活"理念的引领之下一步步实现的。从全球范围来看，日本和欧洲的百年企业数量较多，其他地区相对较少，长寿品牌屹立不倒的生存之道，值得我们学习。

（一）初心不改

"兵熊熊一个，将熊熊一窝"，这是电视剧《亮剑》里李云龙的经典名言。企业的经营活动也是如此，品牌内涵的塑造和培养受创始人的影响十分深远，创始人的风格、人生态度、兴趣爱好等都会注入品牌中。香奈儿的创始人可可·香奈儿，其鲜明的个性和传奇般的人生经历为香奈儿品牌赋予了独特的魅力，她著名的口头禅"流行稍纵即逝，但风格永存"，现在仍被香奈儿的管理者奉为经典，其著名的设计总监卡尔·拉格菲尔德以标志性的装束时刻践行着这一理念。如果一个品牌能够不忘初心，将初始理念代代相传，那么品牌创始人所确立的品牌定位与文化便能沿袭下去。例如世界十大名表之一的百达翡丽就拥有流传上百年的价值观，历任掌门人都坚守传承下来的理念，他们对表本身的钟爱远甚于金钱。

（二）专注

很多百年品牌只有一个核心点，就如同百达翡丽的前董事长菲利普·斯登杜绝为其他公司做配套的钻石、香水，不再专注的百达翡丽就不是百达翡丽。这些企业的专注使他们品牌的精细程度与科技含量不断提升，从而在行业竞争中拥有了绝对优势。法拉利创始人恩佐·法拉利从品牌创始之初就坚持只做双门跑车，保持着纯正的赛车血统。法拉利全球首席执行官费立萨，在面对以保时捷为代表的车企所推行的SUV浪潮冲击时，坚定地宣称"法拉利不会生产SUV和四门轿车"。法拉利大中华区执行总裁范艾闻曾经对此进行过解读："不断满足人们对于跑车的需求是我们的唯一目标，而且永远不会结束。"专注使消费者能够更清楚地了解品牌定位，正如范艾闻所说："当我们去一家以鱼为主题的餐厅时，我们不会去点猪肉之类的菜，我们只想吃到味道最纯正的鱼。这和法拉利只生产顶级跑车是一个道理。"

（三）营造专属感

爱马仕与百达翡丽等顶级奢侈品品牌推出新品的时间往往比其他品牌要长得多，他们为了保证质量宁愿放弃一部分利益，这不仅是为了保证产品品质，更是为了让消费者对购买到的产品拥有专属感。法拉利的消费者有时为了购买到心仪的汽车要等待2年左右的时间，但是这些车主很愿意等待，这一方面源于法拉利的专注，另一方面，车主真心懂车，因为他们知道自己所拥有的将是全球限量的真正私有产品。对于法拉利品牌的粉丝而言，法拉利拥有其他汽车品牌无可比拟的魅力。法拉利所有汽车的生产地是位于意大利马拉内罗小镇的法拉利总部，而拥有超大马力的引擎更是法拉利跑车的一项独特标志。法拉利跑车的引擎来自不同的模具,而这些模具都是通过手工一一打磨出来的,每个配件都是绝无仅有的。这使法拉利的发动机与众不同,绝不是流水线上生产出来的产品所能比拟的。此外,法拉利车身的制造厂可以看作是设计师们的艺术工作室,其流畅美观的车身堪称空气动力学上的佳作。可以说,法拉利汽车本身就是一件艺术品,设计师和工匠们以艺术品的要求,花费很长时间雕琢而成,独一无二,这也呼应了法拉利"高性能,少量生产"的企业理念。产品是品牌的核心之所在,耗费时间及精力制作出来的产品必然值得消费者们去等待。为了维持在行业内的领先地位,爱马仕不惜花费人力物力,前往澳大利亚、巴西等地寻找最优质的原材料,甚至还自己喂养鳄鱼,以确保手袋的质量。

(四)选对 CEO

百年品牌的发展从来都不是一马平川的,会面临许多危机,一些品牌为了渡过难关甚至几经易主。2010 年 1 月,世界第三大的日本航空公司,也是亚洲规模最大的航空公司,正式提出破产申请,时任日本首相的鸠山由纪夫连夜敲响了稻盛和夫的家门。当时稻盛和夫已经 78 岁了,但鸠山由纪夫仍真诚地邀请他出山,表示只有他才能让日航重获新生。同年 2 月,78 岁的稻盛和夫重新披上战袍,出山拯救日航,临危受命担任破产重建的日本航空公司的会长。这是一个不被看好的任务。稻盛和夫秉持着"以心为本""利他""以人为本""思无邪"的哲学思想,在上任之时,实施了以下一系列动作。

①零薪水出任日航 CEO,这不仅给了全体员工很大的精神鼓励,也为他们树立了新的榜样。

②尽量保住了大部分员工的工作机会,带着一种责任感去带领日航发展。

③明确日航的经营目标,并将这个目标反反复复地传达到每一位员工,让他们知道自己要做什么,日航要做到怎样的地步。

④日航的困境,离不开内部官僚主义及自身盲目的扩张,稻盛和夫把自己的经营哲学与人生理念融入企业经营服务意识的改革中,让基层的问题能反映到管理层,管理层与总部的对接更密切。

⑤稻盛和夫担任董事长后,最令他吃惊的是公司总部的各项数据统计不全,且员工工作态度拖沓,有些关键环节的数据甚至要花 3 个月才能收集完整,导致决策滞后。因此,在企业内部改革中,他要求各部门实时报告数据,完成详尽的经营报告,并改革公司内部经营体制,采取航线独立核算制度,并明确指定了各航线的经营责任人。

从 2010 年 2 月 1 日到 2011 年 3 月底,仅仅一年多的时间,稻盛和夫竟然创造了从亏损 23221 亿日元到盈利 1884 亿日元的奇迹。重建的日航重新上市,进入世界 500 强企业,成为一段佳话。后来在专访中,稻盛和夫说:"在我的人生中,我绝不左顾右盼,而是遵循着'利他'之心,一心一意沿着自己相信的道路,笔直前行,义无反顾。"

从上面的案例不难发现,一个企业想要获得长远的发展,应该有一名高瞻远瞩,具有长远目光的领头人。

(五)与时俱进

百年品牌不都是冥顽不化、顽固呆板的,在面临转折的时刻,他们往往会有一番创新性的变革。2012 年 5 月,香奈儿一改其成立以来只选择女明星作为代言人的传统,宣布启用布拉德·皮特作为香奈儿 5 号香水的代言人,皮特也由此成为第一个代言女性香水的男性。不仅如此，香奈儿5号开创了混合型香水、数字命名、瓶身极简设计等香水设计的先例，既传承了经典又与时俱进。克里斯托弗·贝利，这位博柏利的首席执行官也不断追赶时尚潮流，将百年老店改造成了"未来世界时装店"，在英国摄政街上的旗舰店中，用近100块隐形屏幕给顾客送上了超越时空的体验，通过屏幕可以看到手工制作手提袋的影像，通过穿衣镜可以看出超模在发布会穿风衣的效果……该店也没有了传统的收银台，只需要轻松几步，顾客就能在喝咖啡之余同店员完成交易。可以说，这些企业非常懂得如何维持百年品牌，既保持经典而又开创性地加入一些潮流元素。

（六）培育年轻人市场

百年品牌昂贵的价格似乎向我们表明了它们只是有钱人的专属，但事实并非如此。法拉利把自己的用户定位为两类人，即粉丝和顾客，他们对粉丝们所耗费的精力远远超过在顾客上的投入。法拉利从不打广告，但它在世界范围内做到了众所周知，就是缘于它出色的"吸粉"能力。法拉利专注赛车，在拉力赛、F1方程式等比赛中都能见到其身影，通过各类活动，拉近与粉丝之间的距离，各类比赛上，都有大量的车主和车迷涌入赛场。2014年正逢中国的马年，为了与中国传统文化相结合，法拉利发布了"跃马之年·马到成功"的专属徽标，马是法拉利的经典logo，代表了对马力十足的引擎以及动力的永恒追求。此徽标一方面呈现了法拉利延续多年的精神传承，另一方面也体现了中国文化的博大精深（马到成功），得到了中国法拉利粉丝，尤其是年轻粉丝的追捧。另外，该年度嘉年华活动期间，法拉利车手学院还宣布正式签约首位中国年轻赛车手周冠宇。中国年轻赛车手作为法拉利车队的一员，在F1赛场上拼搏的同时也成为法拉利品牌的最佳代言人。虽然以上举措在短期之内很难见到收益，但是这些活动吸引了粉丝群体，培育了年轻客户群体，有利于保持品牌的生命力，为品牌带来光明的前景。

四、国外百年品牌的成功经验

国外百年品牌有几个共同特点，其一是国际形象强。一些国外的百年品牌都是国际知名品牌，国际形象显著。其二是质量卓越。百年品牌也是"品质"的代表，正是由于质量领先，这些品牌才能成就百年。其三是百年品牌有很强的社会责任感，这是由其卓越的市场地位所决定的。

（一）韩国

韩国是一个小国，人口稠密，资源匮乏，市场狭小。"二战"期间，韩国未能摆脱日本的侵略，导致其经济畸形发展。"二战"以后，日本撤回了驻韩的技术人员，韩国经济进入衰退期，通货膨胀、资源短缺等问题越来越严重，此后，持续了3年之久的朝鲜战争也使韩国变得千疮百孔。从1960年4月至1961年5月，韩国政权先后经历了李承晚、张勉和朴正熙，直至朴正熙统治时期，韩国经济才进入飞速发展时代。在朴正熙的带领下，韩国推行以出口为主导的经济发展战略，利用有利的国际环境，及时调整发展战略，并在一系列的政策推动下，紧抓机遇，用不到30年的时间一跃成为中等发达国家，后来更成为亚洲"四小龙"之一。加拿大学者考林·霍金斯在《全球性电视和电影》一书中提出过"文化折扣"的概念，即在国际文化贸易中，文化产品（如电视剧、电影）中的文化元素不被其他民族观众所接受或理解，将导致产品价值的降低[25]。虽然战后得到发展，但韩国制造在国际上与美国、德国、日本等发达国家相比,很长一段时间遭受到类似于"文化折扣"的"品牌折扣"的影响,其价值被人为低估。当时韩国制造的产品,在国际市场上的价格比其他发达国家制造的同类型产品低30%。韩国政府经过跟踪研究认为,韩国产品的技术和设计在世界上已处于先进水平,但是由于外界,尤其是欧美市场对于韩国文化的低认知度和低认同感,韩国制造处于"折价"的尴尬境地,这不符合韩国当时的世界经济地位,因此有必要通过提升国家的整体形象来改变韩国产品在消费者心目中"廉价"的刻板印象,从而扭转这种折价局面。

1. 国家品牌战略

"二战"后的数十年,韩国一直致力于制造业的发展,出现了浦项钢铁、三星电子、大宇、现代重工、现代汽车等一大批制造企业,这些企业为韩国制造业的发展奠定了基础。在韩国政府的支持下,品牌的建设得到了高度重视。随着整体经济的发展与消费的升级,世界消费向着"品牌消费"的方向转变,2006年,韩国提出"国家品牌"的整体营销思路,以应对当时的趋势,并将民族品牌作为国家品牌发展的一部分,引导民族品牌的发展。2009年,时任韩国总统李明博提出成立"韩国国家品牌委员会",通过构建国家品牌,提升世界对韩国的理解与好感度。2014年以来,韩国提出以智能制造和培育融合型产业为主的"制造创新3.0战略",建设智能工厂,使通信、计算机软件、信息服务等新兴产业与制造业相融合,相互促进。政府的扶持增强了韩国品牌的信誉度,有国家的担保,消费者更放心。

2. 文化助力

韩国被日本殖民统治长达30多年时间,本土文化受到日本文化的侵蚀。韩国首先要做的就是通过本土文化唤醒国人的民族文化意识,不仅要继承传统文化,更要进行文化创新,以开放包容的心态吸取外来文化,让国民认识到文化产业的发展可以创造财富,实现国家的复兴。20世纪90年代后,韩国更加意识到了文化产业对于国家的重要性,政府进一步加大了对文化产业的扶持。在韩国政府"文化立国"战略的引导下,电视剧、电影、音乐、游戏、漫画、出版等一系列文化产品进入繁荣期,其中电视、电影尤为突出,通过电视剧、综艺节目、电影、音乐等向海外输出韩国文化,形成了一股席卷亚洲的"韩流"。

3. 国家营销

韩国从国家层面出发,针对不同地区制定不同的文化宣传与推广方案。针对美国,推行美韩同盟战略,维护两国人民的利益;在东亚地区,基于文化一致性的原则,以韩剧、美食、穿衣潮流、娱乐明星等形式进行渗透,增强韩国文化的影响力;在东南亚,韩国文化在韩国经济的带动下进行传播,同时广泛开展各类宣传活动提升韩国文化的影响力。此外,韩国知名企业和品牌还在韩国政府的大力支持下广泛参加世界性的大型展会。例如2010年的上海世博会期间,三星电子、SK电信、LG等12家韩国知名企业联手打造了韩国企业联合馆,该馆以绿色、美丽的形式宣传国家形象,提升了本土品牌影响力。

4. 全民国货

韩国政府在2001年开始着手韩国企业出口国家队计划,采取分类指导的方式,积极鼓励民族品牌的发展,每年向评选出的企业源源不断地提供技术支持。经过多年的发展,到2010年,该计划培育出1000种世界一流品牌。这一方面源于国家的技术支持,另一方面则源于韩国民众"全民国货"的意识。在韩国,国产品牌占用率达到90%之多,国外产品仅占10%的份额,韩国民众"全民国货"的爱国精神推动了韩国品牌的成长与成熟。在韩国,这种精神体现在各个方面,日常生活中,韩国本土的产品通常会在背面印上"身土不二"的字样,其原意是"生长在这块土地上的人和土地是分不开的",后来逐渐演变为一种购买本国产品,忠于国家和民族,维护国家民族利益的爱国精神。"身土不二"的字样使韩国人将购买国货视为自己的第一选择,因为这不仅是最适合自己的选择,同时也是忠于国家和爱国的表现,例如使用三星电子的各类产品、开现代汽车、穿本土品牌的服饰等。由于常年受到"身土不二"爱国精神熏陶,韩国民众十分关心国家和民族的命运。1997年亚洲金融危机时,韩国外债风险超过国家财政能力的承受程度,韩元急剧贬值,韩国民众纷纷自发拿出自己的金银首饰、金制品到国际市场上变卖,然后捐献给自己的国家以帮助国家走出困境;有的韩国人宁愿走路上班也不愿意花钱,大家都提倡少花钱、多储蓄。这种爱国情怀促使韩国民众极度重视本国产品,支持本国经济的发展。正是源于这样的爱国情怀,韩国在本土形成了一个持续循环的经济闭环,促进了经济的腾飞,并且迸发出强大的生命力。

(二)日本

日本是第二次世界大战的战败国,40%的国民财富毁于战火,经济凋敝,但战后恢复迅速,用短短几十年时间就跻身"亚洲四小龙"行列,其品牌也从粗制滥造向着精致时尚的方向发展。20世纪50年代初,日本产品质量极其低劣,在国际市场上毫无竞争力。出口的玩具、灯具等可靠性较差,在大多数西方人眼中,"日本制造"的含义几乎可以与"粗制滥造"画等号。中国人认为"东洋货"是假冒伪劣产品,而日本人则钦佩中国的"上海货"。但是到了20世纪80年代,人们开始争相购买日本企业的产品,甚至到了近几年,仍然还有中国旅游团出游日本集体采购马桶盖的现象,日本货成了优质产品的象征。总结日本经济与品牌发展的历程,我们可以得出以下几点经验。

1. 夯实经济基础

从1955年到1973年,日本全员劳动生产率提高了300%,而美国提高了56%,英国提高了59%,加拿大提高了67%,法国提高了121%,意大利提高了165%[26]。日本国民劳动生产率的提高,首先取决于劳动人口教育程度及国民素质的提高。从明治维新到20世纪70年代,日本用100年左右的时间,由一个文盲占多数的国家变成普及高中教育的国家,国民整体素质获得大幅度提高。教育与经济的发展是相辅相成的,高质量教育的普及使得日本的科研、技术水平走在世界的前列。在普及科学文化的同时,日本注重培养民族精神,宣传爱国思想,教育国民要忠于企业,为经济增长贡献个人力量,因此日本人乐于为企业牺牲自己的个人利益。良好的国民素质与民族精神的厚植,为战后日本的重建奠定了广泛的人才基础。

日本地域狭窄,自然资源匮乏,国内市场同样狭小。要振兴日本经济,就不得不走向国外市场,因此日本政府制定了以对外贸易和对外开放为主旨的"贸易立国"政策。从1949年起,日本先后推行了固定汇率制改革、加入国际货币基金组织和世界银行、加入关贸总协定等举措,制定了严格的贸易保护政策和积极的出口振兴政策,在资本流动方面制定了《外汇及外贸管理法》以限制资本外流,避免国际收支恶化。这一系列的举措刺激了出口,保护了国内制造业,培育了主要产业的后备力量,保证了发展国内经济所急需的原料和技术设备的进口。20世纪60年代后，日本经济对外依存度不断提升，本国企业实力大大增强。随着世界贸易向着自由化方向发展，日本也推行贸易自由化，国内企业扩大了海外市场，有效刺激了日本经济的高速发展。

20世纪70年代，日本提出了"科技强国"战略。受到石油危机的影响，日本开始把发展重点转向新能源、新技术的开发。日本在重点发展工业和机械制造业的时候，面临设备陈旧、技术落后等一系列问题，经历了从学习模仿到研发创新的坎坷之路，引进和吸收创新技术，吸引大量外资和先进技术，同时通过技术人员不断创新，对引进的技术精心研究，形成了拥有自主知识产权的新技术，通过新技术增加出口创汇。1975年日本技术的出口与进口比例已达到1∶4[27]，科研经费的投入仅次于美国。在一系列积极主动的发展举措的推动下，日本经济在战后短短20年便超越西欧各国，跃居世界第二。

2. 匠心保证品质

"二战"后日本的崛起，源于日本政府正确的发展战略和国民精神的引导。在战后的废墟上，日本人用了几十年时间塑造了日货的高质量口碑，这与他们的"匠人精神"是分不开的。瑞士手表以其高超的工艺，以及制造商对每一道工序、每一个零件精心琢磨、追求极致卓越的态度赢得了消费者的青睐。同样在日本，"精益求精、代代相传"的工作信仰成就了其高品质产品的良好口碑，这是日本制造的发展源泉。日本很多中小企业都有非常出色的工匠，只有五六个人的螺丝钉工厂，能做出大到宇宙飞船，小到显微镜上的螺丝钉。工匠精神不仅铸就了日本制造业的品质，也传承了企业精神，产生了一批历史悠久的百年企业。前文说到，日本超过200年的企业有3000多家，其长寿的原因便是对工匠精神的传承。大阪金刚组公司是世界上最长寿的企业，专营寺庙建筑的金刚组，创建于578年，距今已有1400多年的历史。在百年企业已属稀有的今天，金刚组却屹立了千年，1400年来只做建筑行业。无论是经济繁荣还是衰退，它始终专注于自己的业务。对技艺的精益求精、孜孜不倦的追求，是支撑金刚组乃至整个日本制造业屹立于世界的重要原因。其次，企业的负责人做工匠型企业家。丰田公司创始人丰田佐吉，不仅是杰出的企业家，更是一名工匠、发明家，他发明的织布机至今仍对纺织行业影响深远，丰田汽车的拉杆管理思想也来自丰田佐吉对织布机功能的改进。丰田佐吉的儿子丰田喜一郎也是一个发动机迷，从小就对机械有浓厚的热爱。他的孙子丰田英二则是潜心钻研管理方法的工作狂，我们熟知的准时化管理（Just in Time，JIT）、零库存管理方法均出自英二之手，三代研究狂人造就了丰田帝国。这种工匠精神，打造了精益省油的丰田汽车。丰田在20世纪70年代进入美国后，受到美国消费者的欢迎，赢得了美国市场，随后走向世界，进入世界一流家庭轿车品牌行列。

3. 文化走向世界

日本是一个善于学习和善于传播文化的民族，7世纪中叶通过"大化改新"全面学习大唐进行体制改革，19世纪后半叶"明治维新"大规模吸收西方文化，同时输出本国文化。日本政府高度重视文化产业，从国家战略发展的高度进行培育、扶持，以文化产业立国、强国。20世纪70年代初期，日本政府大力弘扬精神价值追求，全面发展文化产业。日本将大众对精神文化的需求作为发展动力，营造具有文化产业的社会环境，增强民众对本国文化的认识，同时，日本文化产业发展与科技紧密联系在一起，把东方传统文化与现代文化完美融合，创造出更加符合潮流的新文化。文化产业繁荣所形成的良好氛围，使

"文化立国"的国家战略成为全民参与的活动。日本的文化消费在家庭消费中占有很大的比例,各大城市中,书店、美术馆、剧场等都是文化消费的场所,尤其是动漫和漫画所形成的"二次元"产业更是受到人们的青睐。在日本,动漫的发展较为成熟,不仅能够满足儿童,也有适合不同年龄段群体的动漫作品,形成了卡通文化,并延伸出完整的产业链条。一部漫画热卖后,动漫、电影、游戏、原创剧、舞台剧、cosplay、同人、玩具等产品或服务,以及与此相关的产业链条便应运而生。文化软实力的提升是一国发展动力的源泉,长此以往,民众文化意识的理解不断加强,并且文化意识扎根于每个民众的内心。当国内的文化需求饱和的时候,文化便向外输出。例如,日本电视连续剧《阿信》,在国内创下62.9%收视率后,20世纪80年代后期由日本国际交流基金会通过文化交流项目收购了这部电视剧的版权,并先后在中国、新加坡、中国香港等五十多个国家和地区免费播放[28]。20世纪90年代中期以后,以描写日本城市年轻人情感和生活为主的日本青春偶像剧《东京爱情故事》在亚洲地区掀起收视热潮。日本早期的动漫《龙珠》《光明战士阿基拉》《美少女战士》《哆啦A梦》(当时在中国被译为"小叮当")等,以及后来的《火影忍者》《死神》《银魂》《进击的巨人》等动漫风靡全球,甚至《黑客帝国》《杀死比尔》两部经典的好莱坞电影也是借鉴了日本动漫的一些要素而拍摄的。日本影视、动漫和电子游戏等流行文化产品在亚洲乃至世界引起了人们的广泛关注。

日本动漫所塑造的二次元IP(Intellectual Property,知识产权)最为独特,且具备国际性。"二次元"一词源于日本,指的是由ACGN(动漫、漫画、游戏、小说)所组成的二维平面虚拟世界。二次元IP的塑造来源丰富,其灵感除了来自日本本土以外,还取材于世界各个国家的文化,以赢得更多海内外读者的支持。事实证明,这种交融式的IP创造,的确对日本动漫的发展起到了积极作用,成为日本动画走向世界的重要因素之一。例如漫画《龙珠》(又名《七龙珠》),在较长一段时间内都是全球漫画单行本销售最高纪录的保持者,该作至今在全球的销量累计超过3亿6千万本,并改编成电视动画在全球60多个国家(33种语言)播出,而动画电影(剧场版)也推出了20多部。在法国,其收视率最高时达到了67%;在美国该作的热度甚至超过了日本国内。《龙珠》被誉为日本的"国民漫画",所创造的纪录至今为止没有其他任何漫画可匹敌。《龙珠》的作者鸟山明结合中国四大名著之一的《西游记》中的一些元素,编著了深受读者喜欢的故事,获得了成功,并让世界记住了他,《龙珠》成为许多80后抹不去的一份时代记忆。另外一部广受欢迎的作品——《圣斗士星矢》,作者车田正美以希腊神话为背景,融合了佛教神话、北欧神话、印度神话等世界神话元素,把执着的信念、生命的探索、友情的真谛等主题融入故事之中,配合上唯美的画风,形成了一部在那个时期少有的青春励志动画,其宏大的世界观及多元的文化元素,体现了作品的开放性与包容性,赢得了海内外市场的支持。除了在动漫领域获得成功,日本在被称为"第九类艺术"的游戏领域也有不少成功的案例。中国的"三国"历史,在日本被塑造成了一个庞大的IP集成。日本光荣株式会开发了一系列以"三国"为背景的游戏,于1985年在PC平台推出了名为《三国志》的战争策略游戏,游戏制作团队对三国历史的考据严谨细致,人物肖像设计十分传神,同时将三国时代庞大的政治军事构架完美地融入游戏模式中,给玩家极强的代入感。该游戏上市后受到了广泛的好评,荣获当年日本BHS大赏第一名及最受读者欢迎产品奖。从1985年至今,《三国志》已推出了14代游戏产品。同样以"三国"为背景,光荣株式会的另一款产品《真·

三国无双》系列也深受广大玩家欢迎。该游戏最早在索尼公司的 PlayStation 游戏机平台上运行,游戏玩家选择操作一名《三国演义》中的人物,参与三国时代中的各大著名战役,体验"一夫当关,万夫莫敌"的畅快感。《三国无双》系列从第一代发行至今,共迭代了 8 代产品,在一个 IP 身上挖掘出了不同的文化价值,从游戏机、音乐创作、配音到软件等与游戏相关的产业链也被构建起来,甚至有的玩家,在接触过《三国无双》后,激发起深入学习三国历史的兴趣,可见其文化影响力的深远性。美国哲学家穆尔认为,日本文化是"所有伟大的传统文化中最神秘、最离奇的"。任何时代,无论何种商业模式都必须重视创意,而日本的独特之处就在于它众多独特的 IP。

4. "精致"品牌印象

小到寿司大到汽车,日本的产品都给人一种精致的感觉,随着人们对日本企业和品牌认知度不断增强,"精致"也成为日本产品的代名词。精致,即精巧细致、细密,做工细腻、产品质量优异、样式精美及服务态度良好成为世界对于日本产品和日本品牌的认知。精致体现出日本人对生活的热爱,这是在点点滴滴的生活中形成的习惯,如精致的日本料理,我们常说日本料理文化,一半是品尝美味,一半是欣赏环境,精致而别具情调的环境为顾客带来了良好的用餐环境。有"寿司之神"之称的小野二郎,他的寿司店"数寄屋桥次郎",开在东京办公大楼的地下室,没有洗手间,地方不大,只有 10 个座位,但十分有名,来自世界各地的饕客慕名而来,只为体验"寿司第一人"超过 50 年的寿司功夫。然而,若要光顾"数寄屋桥次郎",食客需要提前一个月订位,一餐的享受时光只有 15 分钟,人均消费数百美元,但吃过的人还是会感叹,这是"值得一生等待的寿司"。小野二郎用严谨、自律、精准、追求极致的工作态度来要求自己,对食材的选取、制作的流程、员工的打磨、上菜的顺序等都非常讲究,小野二郎会认真观察客人每一次的用餐过程,根据性别调整寿司大小,甚至当出现左撇子客人时,会根据客人的用手习惯及座位顺序,调整寿司摆放的位置。正是这种追求极致的匠人精神,使这家小店连续两年被评为米其林三星,同时也成为世界上最难预约座位的餐厅之一。千疋屋是日本东京的一家水果连锁店,最早成立于 1834 年,距今已有 180 多年的历史。起初,千疋屋只卖便宜打折的水果,类似今天的水果批发商,后来逐步走上了优质高价的道路。因为产品过硬、公关得法,千疋屋一跃成为德川幕府的御用供货商。到了现代,千疋屋真正为世人瞩目,是因为其号称"卖全日本最贵的水果"。有多贵呢?四角西瓜 2.1 万日元(约合人民币 1300 元),1.25kg 甜瓜 12960 日元(约合人民币 830 元),8 枚装水果果冻 3996 日元(约合人民币 260 元)[26]。虽然和中国相比,日本的水果本来就贵,但即便如此,千疋屋的水果也堪称天价。其实严格来说,千疋屋并非一家水果店,而是一家礼品店,因为来这里买水果的,八九成都是将水果用作高档礼物送人。千疋屋的定位十分明确,即专门针对高端礼品市场,走奢侈品营销路线,出售来自世界各地的顶级珍稀水果。从饮食谈到垃圾管理,日本每个社区都实行垃圾分类,每户家庭的生活垃圾,首先要在自己家中分成六七种,然后分别装进不同的袋子里。如果有瓶子,要把瓶子和盖子分开,瓶子里残留的饮料要冲洗干净,然后在指定的日子里,把垃圾送到社区的垃圾收集点,再由专业人员分类运走。强调从细节入手、不断积累的经验及态度为日本品牌的发展带来了重要影响。

除了经营者的精致自律,政府也为品牌质量的保证做各种助力。"二战"后,为了推动日本本土品牌的发展,日本政府制定了"G 商标选定事业"制度。"G 标志"象征着

"高质量、高可靠性、高耐用性"，它是政府为支持和激励日本品牌源源不断地创造精致、时尚的价值而设置的。时至今日，日本有六成以上的民众认识"G标志"及它所表达的内涵，三成以上的消费者在购买商品时，商品上是否印有"G标志"会成为他们购买决策的主要影响因素[29]。日本的G-Mark、德国的IF和Red Dot，以及美国的IDEA，这四个评选被称为世界著名的四大设计大奖，G-Mark大奖的评选极其苛刻，对产品的设计、质量、外观、性能、安全、独特性、便利性、人体工学、环保、性价比等各项指标都有极高的要求，产品只有一关一关地通过以上各项考核，才有可能获得最终的大奖。虽然考核苛刻，但是一旦评选上"G标志"，那就意味着你的产品在日本民众心目中变成了"魅力设计"与"高贵品质"的代表，具备较高的口碑，除了有稳定的收益外，还能成为引领未来的潮流和行业先驱。"G标志"大奖从1957年创立至今已有60多年的历史，无论时代怎样变化，其初心始终是评选出类拔萃的产品和杰出的设计，从而改进生活品质，提升工业发展水平，扩大出口和贸易量，促进经济发展。"G标志"的评选是高质量产品的象征，同时，"G标志"作为全球四大标志设计，得到世界的认可，这有利于相关产品的出口和全球范围品牌的推广。日本作为"二战"的战败国，从"二战"后的经济凋敝、国家和民族的破落逐渐发展到今天的世界强国，日本政府的"精致化"产业政策以及本土企业的不懈努力，起到了不可或缺的作用，其中有许多经验值得我们不断探求。中国与日本具有相近的文化理念，我们应当研究日本品牌政策的发展历程，吸取成功和失败的经验教训，从而少走弯路，推动我国品牌的快速和高质量发展。

（三）德国

谈到德国，大部分人的印象都是其高度发达的制造业，如汽车和精密机床等，还有就是德国人严谨的态度，做个饭都像搞科研、做试验。消费者脑海中对德国制造的第一反应就是质量好。好到什么程度呢？民间流传着各种故事：2008年汶川地震期间，德国的救灾帐篷受到灾民们的广泛欢迎[30]；中国游客去德国旅游都要买一口德国制造的锅，因为一口锅可以用三代人；甚至还有已被证实为谣言的"青岛下水道封存百年的德国油纸包""兰州铁桥百岁时收到来自德国的提醒信和维修配件邮包"等故事。虽然这些故事在内容上有所不同，但宣扬的主题基本一致，即"德国制造"是独一无二的神话。不仅德国产品备受追捧，德国的质量认证也十分权威。德国标准化学会是一个负责制定德国行业标准的学会，几乎所有领域，如建筑、采矿、冶金、化工、电工、安全技术、环境保护、卫生、消防、运输和家政等的标准都由这个学会制定，该学会每年都要发布上千个行业标准，而其中有近90%都会被欧洲及世界各国所采用。德国强大的制造业为德国的经济打下了坚实的实业基础，当其他国家还在全球经济大衰退的环境中寻求出路时，德国已经在雄心勃勃地谋划工业4.0的宏伟篇章，准备全面进入以智能制造为核心的智能经济时代[31]。但大家不知道的是，"德国制造"并非一开始就质量上乘，它也曾经历过一段"粗制滥造"的黑历史。

1. 走出"劣质"深渊

与如今高端大气的形象不同，"德国制造"在一百多年前几乎就是"低劣"的代名词，其产品质量因技术落后和工艺粗糙而饱受诟病。18世纪，在英国和法国轰轰烈烈地搞第一次工业革命的时候，德国还是一个农业国。通过工业革命，英国成为世界科技的领头羊，经济获得了质的飞跃。德国看着眼热，但是与英国相比，德国缺乏技术和资源，其科学技术和工业生产能力落后了至少半个世纪。为了摆脱贫穷落后的状况，德国开始积极向英国"借鉴"。19世纪上半叶，德国企业向英伦半岛派出工业间谍，以及所谓进行"旅游学习"的学徒工，通过各种手段窃取英国的核心技术，然后顺手牵羊，把英国的好产品带回德国，进行假冒仿造。由于缺少核心技术，生产也偷工减料，德国人自然只能模仿到皮毛，产品质量不好，只能靠低价策略赚取一些微薄的利润。一些比较精明的德国企业家走访英国，就是为了模仿产品和偷学技术。比如名噪一时的德国钢铁大王克虏伯，便是作为一名"工业间谍"潜入英国的工厂，悄悄地刺探当时英国最为先进的生产流程和核心技术，回国之后，他把偷学来的技术和工艺加以改造，发明了众所周知的克虏伯大炮。当时一些德国企业还不择手段地冒用英国商品的品牌，借助英国品牌的影响力销售自己劣质的产品，形成了劣币驱逐良币的局面。如今被外界称为"刀具之城"的德国城市索林根，在成名之前也经历过一段偷偷摸摸的伪造期，那里的刀具制造商将自己的产品伪造成当时英国知名品牌"谢菲尔德"，并将这些伪造的"谢菲尔德"刀具出口至国外。这些伪造的刀具虽然乍看与正品出入不大，但在用料上，德国厂商所使用的低劣铸铁远不及英国厂商所使用的优质铸钢。德国产品以其低廉的价格大行其道，这"恬不知耻"的行为彻底激怒了英国人，他们痛斥德国人卑劣的同时发起了抵制德国货运动。英国人普遍认为，"德国制造"是低价货次和假冒伪劣的象征。1887年8月23日，英国国会最终通过了《商品法》，规定所有从德国进口的商品必须标明"Made in Germany"，以此来区别恶劣的"德国制造"商品与优质的英国货。

正所谓"知耻而后勇"，曾经的"德国制造"虽然是刻在德国人额头上的耻辱印记，但1887年也成为"德国制造"告别低劣走向卓越的分水岭。德意志民族有着极强的民族自尊心，英国《商品法》的颁布激发了德国人的民族意识，英国人的抵制和"德国制造"的耻辱，让德国人开始彻底自我反省，决定振兴自己的制造业。从那时起，德国企业将"以质量竞争"作为首要任务，积极学习技术，重视科研和人才培养，在设计上大力创新，在质量上严格把关，德国制造开始逐渐走出低谷。十年之后，让英国人惊讶的是，德国商品已经渗透到他们生活的方方面面，成为了英国人生活的必需，德国制造从服装、钟表、相机、家具、啤酒、香水、铅笔、玩具、钢琴、水泥、药物制品、玻璃制品、钢铁制品、切削刀具等民用产品一直延伸到军工产品的武器和子弹，这些商品不但质量上乘，售价也不贵。1914年，德国的钢铁产量还超过了英、法、俄三国的生产总量，达到了1760万吨[32]。在电器、光学和化学的新兴产业方面，西门子和AEG极具竞争力，短时间内就占据了全球一半市场份额。曾经粗制滥造的局面被扭转，实现了从假冒伪劣向质优创新的根本转变，英国人再也不能拿德国产品的质量说事儿了，而且从那时开始，到之后的一个世纪，直至现在，德国依然保持着世界制造强国的地位，而一直固守第一次工业革命成果的英法制造业却开始衰落。19世纪下半叶，领导工业革命的大旗从英国转向了德国。1886年德国人西门子成功制造了世界上第一台大功率发动机，标志着第二次工业革命的开始。19世纪80年代，德国人卡尔·本茨成功制造出第一辆启用内燃机驱动的汽车，创立了奔驰公司。此外，许多德国品牌，如阿司匹林、ODOL漱口水、Faber-Castell铅笔、Beck啤酒等甚至开始成为质量保证的代名词。在这个全新的"德国制造"品牌构建过程中，宝马、西门子、博世等一批声名显赫的国家巨头百年企业诞生了。基础设施的保证也为德国经济的发展添砖加瓦，1923年，德国修建了世界上第一条高速公路，以汽车企业为龙头的制造业迅速发展起来。铁路方面，早在1870年，德国铁路里程就已经达到19000多千米。四通八达的铁路脉络将各个城镇联系起来，有效疏通了各类物资，任何一个城镇与最近的高速公路相距都不超过6千米，这也使德国各区域能够均衡发展，资源没有扎堆在大城市，即便在德国偏僻的山区，也能碰到现代化的工厂。德国制造在第二次世界大战中遭到毁灭性的打击，战后德国之所以能够在废墟中迅速站起来，一方面得益于马歇尔计划的资金输血和战后经济体制改革，另一方面则得益于密集的交通道路网络，道路的发达保证了物流的高速运转，从而让德国稳固健康地恢复经济。

2. 制造立国

第一次工业革命起源于英国，但德国奋起直追，成功主导了第二次工业革命。虽然是欧洲的后起之秀，但随着产业革命的推进，德国在国际上的地位得到显著提升。经历了两次世界大战的战败，德国仍旧能在废墟上建立起强大的工业帝国，这样的成功离不开德国制造立国的国家战略。

(1) 国家品牌意识的觉醒

早在19世纪，德国的国家品牌意识就已经开始觉醒。被英国《商品法》刺激后，德国人深刻意识到只有品质才可以创造品牌，只有品牌才能让国家在国际上抬起头来，因此德国实行了一系列举措，助力德国制造业升级。其一，明确提出"理论与实践相结合"的国家品牌战略。德国有基础科学上的雄厚根基，不缺乏技术基础。1886年，德国人西门子发明了发电机。19世纪80年代，德国人卡尔·本茨成功制造出第一辆用汽油内燃机驱动的汽车，奔驰汽车公司的创立比美国的福特汽车还要早。德国依托技术和吃苦耐劳的精神，很快建立起科学理论与工业实践之间的联系，加强了德国制造的产品及服务质量。其二，学习先进国家的企业管理技术。虽然克虏伯作为"工业间谍"偷学英国的钢铁制造技术，但是他的确在英国人那里学到了不少东西，还学到了英国人的一套企业管理方法，把它们带回了国内。回国后，他在自己的工厂里制定了一套严格的管理制度，包括严格的规章、严格的产品质量检查，以及对工人行为的严格监督，他相信只有严格的管理才能够保证生产有序地进行，从而保证产品质量，因此，克虏伯大炮远销海外，当时清朝的北洋水师就装备了300多门克虏伯大炮。其三，德国制造业的崛起，与德国人的专注也有关系。德国人不仅对产品专注，对制造业也很专注。他们喜欢干实业，不喜欢玩金融，也不炒房，而是一心一意做制造。

(2) 制造优先的战略

20世纪70年代开始，世界发达国家进入金融时代，制造业退居二线，但是德国依旧坚守"制造第一"这一原则。德国人不喜欢通货膨胀和资产泡沫，他们不屑于虚拟经济和投机活动，而是把注意力放在实体经济上。2008年美国次贷危机爆发，全球经济陷入资本泡沫泥沼，大家回过头来看，发现还是德国人高明。20世纪90年代，美英等西方国家纷纷把制造业外包给发展中国家，但是德国坚持把生产制造留在本国，这一点对质量的把控尤为重要。大多数国家房地产泡沫泛起的时候，德国房市却十分淡定，即使这些年受通货膨胀的影响房价有所上浮，但增长幅度未超出德国老百姓工资所能承受的范围。楼市稳定、经济基础扎实，所带来的好处不胜枚举，他们是如何做到的？首先，地产、医疗和教育在德国仅仅是具有福利性的服务型产业，人们购置新房是为了必要的居住需求，政府必须落实保障居民有房可住的政策目标；其次，政府通过税收、提高首付金额等严谨的房产政策杜绝了炒房者的投机行为；最后，德国租房相关法规制度注重维护租客的利益，所以租房的安全不亚于买房，而且德国人也没有中国人那种对住房的执念。这样德国人就能把更多的精力放到制造领域，发展精工制造。

(3) 良好的科研氛围

德国人十分重视科研，德国大学也非常注重科学教育。英国在第一次工业革命后，虽然社会经济得到显著提升，但是国家并没有加强对科技实业的重视程度。英国主流社会提倡优雅的贵族精神，大学教育以古典学科为主，技工受到冷落。德国工业科技强调独立发展，尔斯鲁厄工业大学（1865年）、慕尼黑工业大学（1868年）、亚琛工业大学（1870年）、柏林工业大学（1879年）等高等工业学府相继建立，为工业化发展提供了大量优秀人才。实验室、研究生指导制度、研究生院、研究所等现代科学研究制度都是德国首创。在19世纪末，德国已经成为世界科学技术教育的中心。此外，德国十分重视科研成果的转化，且分工明确，科研人员专注科学研究，企业做好资金保障，国家制定政策并做好企业、科技界的沟通协调。所有的科研经费中，企业承担2/3，剩下的1/3由联邦政府和地方政府买单。德国企业在研发上十分舍得花钱，据统计，欧盟企业研发投资排名中，前25位有11家是德国公司，排名第一的德国大众汽车公司年度研发费用高达58亿欧元。政府的扶持、企业的研发投入，有效保证了德国制造的质量。由此可知，德国制造的神话其实也是在脚踏实地、踏实肯干、步步为营的过程中修炼而成的。

(4) 外部因素：马歇尔计划

"二战"后欧洲经济一片狼藉，德国更是满目疮痍。美国对此很是忧心，因为冷战时期欧洲大陆具有重要的地理和战略意义，美国希望通过扶持欧洲各国，来防止苏联对欧洲的渗透。为团结欧洲各国一致对抗苏联，马歇尔计划于1947年4月正式启动，并整整持续了4个财政年度。在这段时间内，美国向参加经济合作发展组织的西欧各国（OECD）提供了金融、技术、设备等各种形式的援助，总计131.5亿美元。美国是"二战"的受益者，德国却是美苏冷战的受益者。德国借助马歇尔计划集中精力进行战后重建，联邦德国经济得以较快恢复和发展。德国在1955年加入北约，依靠美国保护其国家安全，这使联邦德国在很长时间里军费开支很少，为战后经济快速发展提供了保障。

3. 德国匠心

德国品质表现在两个方面，即实用性和耐久性。大到汽车、水轮机、钢铁，小到厨具、钢笔，当然还有啤酒，德国都有立足于世界的品牌。德国产品不仅好用，还能经受住时间的检验。产品其实是人品的体现，什么样的人做出什么样的产品。德国能够持续输出高品质产品，与他们背后的工程师文化和工匠精神密不可分。

(1) 工程师文化

德国自然资源相对匮乏，只有少量的煤矿、盐等，能源基本靠进口。在英、法大搞第一次工业革命的时候，德国还是一个农业大国。德国的经济腾飞主要靠人的创造力，他们专注于生产品质如一的好产品。德国有着历史悠久的工程师文化，德国工程师崇尚踏实、稳重、严谨，以及对质量的执着。德国能够几代人只做一件事，这种传承精神与日本相似。德国迈世勒银行历史长达332年之久，是世界上罕见的古董品牌。他们的祖训是"欲速则不达"，不求速度，但求稳健。为此，家族不涉足任何自己不熟悉的业务，只做自己最擅长的事情，这就是这家百年老店横跨4个世纪而不倒的原因。在中国，家族企业总被人联想到"裙带关系""豪门争产""富不过三代",但实际上大部分成功的百年老店都源于家族企业。德国人还崇尚自己动手,这种文化融入了他们的日常生活中。他们喜欢工具,每件事都有专门的工具,哪怕是螺丝刀、水龙头这种小事物,德国人也要把质量做到极致。忠于职守是德国工程师的一大特点,在自由雇用制度下,职场员工跳槽频繁,但是在德国,一辈子只在一家企业工作到老是常态。大部分企业都自己亲自培训技工,把人才培养当成一种长期战略。企业有良好的学习氛围,学徒拥有平等的岗位晋升机会,再加上福利待遇好,员工跳槽的心思自然少。在德国企业,工程师是最优价值的企业资产,他们宁可少盈利或缩短工作时间,也不会轻易裁员,可见德国对工程师的重视。

(2) 重视研发

德国人崇尚科学,喜欢发明创造。蒸汽火车头、电话、汽油发动机、电动机车、排字机、汽车、柴油发动机、飞机、X射线、雷达、微型照相机、电子显微镜、直升飞机、太空火箭、传真机、扫描机、磁带随身听、MP3播放器、阿司匹林和磁悬浮列车,都是德国人发明和原创的,很多企业的老板就是工程师或发明家出身。在现代企业中,德国人对研发也十分重视,且德国对科研的扶持更是不计成本。德国联邦政府发布的《2016联邦研究与创新报告》显示,2016年,联邦政府的研发预算达到158亿欧元,较2005年的90亿欧元增长75%,再一次创下历史新高。如此高的科研经费占比,让世界各国叹为观止。德国政府还联合银行为中小企业提供低息贷款,就是为了让那些在资金上捉襟见肘的中小企业毫无后顾之忧地去搞科研。

(3) 不打价格战

德国人很清楚想要做出好产品,就得靠人。培养人才需要花费大量成本,这些都要计算到产品的价格里去。德国产品普遍昂贵,这是因为产品生产制造背后有大量的科研投入。即便如此,购买德国产品的人仍然趋之若鹜。有强大的质量作为保证,德国的国家品牌被树立了起来,消费者给德国制造贴上了高品质标签,自然也就愿意为产品的高溢价买单。德国人并不偏重短期利益,而是品质为上,所以他们拒绝价格战。在1999年欧元问世之前,德国马克一直都是欧洲最强势的货币,致使企业出口必须保持高价位。核心制造在本国,不外移,是德国制造产品质量的保证,也为德国品牌创建打下了坚实的基础。在美国、英国等西方国家把工厂迁到中国、印度的时候,德国坚持在本国生产产品,如美诺洗衣机的大部分弹簧、钢槽,以及其他配件都是美诺自己开发的,甚至连控制洗衣机的电路板也是美诺自主研发的,以此来确保最高的品质。

4. 学徒制

欧洲的学徒制最早可以追溯到中世纪。其实不只是欧洲,中国古代的木匠、中医等都实行了学徒制。随着工业化的兴起,在很多国家学徒制逐渐被职业教育所取代,而德国却以全新的形式让学徒制焕发出了新的魅力。

(1) 双轨制职业教育

很多德国企业为了保证产品拥有始终如一的品质,拒绝把工厂搬迁到廉价的第三世界国家,而是坚持培养本国技工。保证德国制造有丰富的熟练工人的制度,便是德国的双轨职业教育体系,俗称"学徒制"。所谓双轨职业教育体系,就是接受职业教育的学生一个星期里有一半的时间在学校学习理论知识,另一半的时间在企业接受技能培训。学生不用操心学费,职业教育的费用由国家承担,每个学生一年可以获得4100欧元的教育经费。

企业实习培训费用由企业承担,每月支付600~800欧元的学习津贴。德国的中学分为普通中学、实验中学和文理中学。文理中学是给将来想上大学的孩子准备的,孩子可以根据自己的实际情况选择未来的发展。职业教育的生源来自普通中学,也就是学徒制教育,约半数德国学生选择学徒制教育。招进来的学徒并非只是简单打杂,而是真的去学本事的,且学徒制的要求都很高,从人才选拔、培养,到就业都十分严格。如果不能顺利毕业,接受职业教育的学生则很难就业,因此学生对待学习的态度都是很认真的。此外,在实习实践环节,企业对学生的要求也非常高,一项技能要不断重复练习,不能出一点点失误。就是这样的高标准高要求,成就了德国大量的熟练工人。并且,为了保障学徒的权益,让学满合格的学徒毕业后能够如愿以偿地留在企业工作,德国政府自2004年开始引入学徒税,规定那些没有接受足够数量学徒的企业要缴纳一定的罚款作为补偿。政府的支持,让学徒们的工作获得了稳定的保障。

(2)蓝领的自我实现

熟练的技工在德国受到尊重,他们有很高的社会地位。在工厂就业,成为一名手艺工人并非没出息,恰恰相反,这些正是学徒制培养出来的社会中坚力量,他们在企业内部同样拥有广阔的发展和晋升机会。1995—2005年担任奔驰集团总裁的约尔根·施伦普就是一名机械工程领域的学徒,在集团的实践和学习过程中一步一步走上最高领导的位置。而且,刚毕业的蓝领工资也不比从大学毕业的学生低。在德国人看来,每一份工作都是平等的,并没有高低贵贱之分,修马桶的和公务员没有本质上的区别,孩子上职业技术学校跟上大学一样值得骄傲。这种宽容的社会氛围为德国蓝领工人的壮大提供了良好的成长土壤,喜欢钻研和创新的人在德国尤其受到尊重。德国常见的姓氏中有相当一部分是与职业名称相关的,舒马赫、施密特、穆勒、施泰因曼……这些姓氏分别代表了制鞋匠、铁匠、磨坊主、石匠……这类姓氏伴随着中世纪手工业的发展而产生。当时德国经济构成中,学徒制已经很流行了,师傅的社会地位很高,再加上德国人严谨、崇尚纪律的性格,就使得工匠精神一代一代传承下来。

(3)学历不是万能的

在德国人的观念里,高学历并不是万能的,他们并不盲目崇拜高学历。德国手工业协会发言人延斯·克里斯托弗·乌尔里希斯说:"德国有将近130个蓝领工种,他们给经济带来了活力。""对整个社会的健康发展而言,大学生并非越多越好,很多职业根本不需要那么多的高学历。"从中可以看出德国有对职业结构的正确认识,学徒制很好地满足了企业对于职业工人的需要。此外,德国的教育较为注重工作与学习相结合,并非填鸭式的教学,学生在校学习的时间有较大的弹性,学生在上学期间,如果觉得某一个阶段学业压力大,则可以选择到校外打零工,干够了随时可以回学校继续学习。虽然看起来任性,但相比其他国家,德国年轻人能够更好地理解劳动力市场,做好职业定位与规划,因此很少出现毕业之后没有人生方向等问题。无论是在国家政策层面,还是历史文化积淀上,德国都为学徒制的成功做了良好的积淀。德国企业不图短期利益回报,踏实把学徒培养放在首位,政府积极支持,为学徒制的运行提供政策保障和资金保障。德国人喜好钻研的性格和尊重手工艺者的历史传统,也为学徒制的发展提供了宽容的社会基础和文化底蕴。

（四）美国

品牌能够体现国家的核心竞争力。美国有很多"Made In China"的美国产品，而在中国，更多的是"Made In China"的美国品牌。比如说可口可乐、肯德基、麦当劳、苹果等。在前面第二章当中谈到，在当前世界各类顶级品牌的排名中，美国品牌几乎占据世界顶级品牌的半壁江山。图3-1统计了Interbrand 2022年美国入选全球最佳品牌行业分布的情况，从图中得知，美国这近一半的品牌，所属的行业分布广泛，且科技行业占比较高，如苹果、微软、亚马逊、谷歌、英特尔、通用电气等。

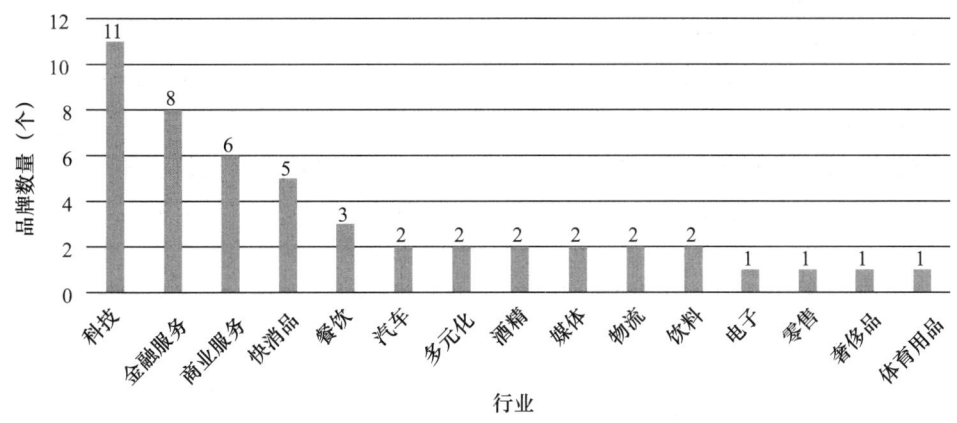

图3-1　Interbrand 2022年美国入选全球最佳品牌行业分布

这是一个以高新科技立足的国家，不但拥有以上的科技巨头，而且具备较高的科学技术转化率，这些技术被广泛运用到装备制造业、航空运输业、现代农业等领域。紧随科技产业之后的是金融服务行业，以摩根大通、美国运通、高盛、花旗为代表的金融机构共同组建了美国完备的金融服务体系，为各类产业的发展创造了发达、多样化的金融支持，有效地"润滑"了产业的投融资过程，国家自由的市场经济体系得到了保障。商业服务领域排行第三，这一领域为科学技术的市场化过程提供了丰富的解决方案，加快了科学技术的转化，也是重要的领域。此外，快消品、汽车、多元化、酒精等其他行业的发展，丰富了该国经济发展中的行业构成，各行各业的顶级品牌所形成的高额溢价，提升了国民收入的总量和品质。虽然说Interbrand世界顶级品牌的排名只是一项形式，但却从侧面反映出国家高附加值产业的集中情况，美国的主要行业都有高溢价的品牌企业，行业的组合使得该国形成较为完备且具备高附加值的品牌和产业生态系统，形成了较强的国家品牌竞争优势。美国品牌几乎在每个年代都能主导市场，因此，研究美国品牌的崛起历程，对中国品牌经济发展之路有重要借鉴意义。

1. 规则制定者

"三流的企业做产品，二流的企业做品牌，一流的企业做标准"。这应该是一家企业从弱小到强大，从默默无闻到引领世界的美好憧憬及壮志雄心。美国的企业在推行全球化战略的过程中也不是一帆风顺的，世界各国均有不同的历史文化，尤其是东西方文化的差异为其品牌的发展带来了一定影响。然而，诸多美国知名品牌，如可口可乐、麦当劳、通用电气、IBM等却在世界范围内赢得了尊重和消费者的认同，这源于美国的"游戏规则"至上的品牌建设观念。长期以来，美国文化以自由程度高、个人主义强的特征展现给世界，其企业的发展也带有一定的自由主义色彩，美国政府并非通过国家层面去引导品牌发展，而是通过立法创造秩序化、规范化的营商环境，给予美国品牌以巨大保障与发展空间。美国的立法权、行政权、司法权是相互独立的，其制定和行使都有着严格的界限，同时，美国又是一个联邦制国家，联邦和各州根据宪法享有和行使各自的权利，州与州之间可以有不同的法律，国会和州议会分别是行使联邦制和州立法权的主体。美国通过其在世界经济秩序中的主导地位，以及跨国企业在世界范围内的影响，建立了以维护西方观念，尤其是本国企业为主的经济秩序。

2. 立法保障权益

美国大力保护本土企业及拥有自主知识产权的品牌的发展。伴随着中国改革开放进程的推进，经济全球化、区域经济一体化程度的深入，不少中国企业进入国际市场，部分有实力的企业还展开了大规模并购海外企业的活动。并购可以提升中国品牌的国际知名度，但这个过程遇到了很多障碍。例如 2005 年联想集团收购 IBM 个人电脑事业部时，美国外国投资委员会对其进行了漫长的审查，联想一字不漏地、深入地学习了美国法律法规及国家安全方面的内容，收购以后，美国有关部门对联想电脑产品的采购实行了更加严格的审核制度。由于特殊的立法，品牌的意义转变成企业知识产权的集中体现和最终成果，它是技术、商标、服务、文化、无形资产、知识产权等要素的系统集成。美国有成熟的知识产权保护体系，而且十分健全，早在 1789 年所实施的《宪法》中就有对作家和发明人知识产权的有关规定，1870 年又颁布了《商标法》；此外还有其他《专项立法》《反不正当竞争法》《版权法》《互联网法》和《软件专利法》等一系列法案，这些法案形成了全面的知识产权保护体系。其中，就品牌发展的意义而言，影响巨大的是 1980 年颁布的《贝赫—多尔法案》（Bayh-Dole Act），该法案规定美国的大学可以享有联邦资助取得的科研成果的知识产权。在美国，大学进行基础研究所获得的成果可以合法授予企业，助力企业创新。《贝赫—多尔法案》的这一规定，使大学的研究成果在受到保护的同时，还能与市场接轨，有力促进了美国"校—政—企"的产学研体系构建，激发了大学的研究热情，促进了知识创新，以及产品价值和竞争力的提升，计算机的诞生、波音公司的产品研发都是这一法案所带来的积极效果。同时美国制定了国家出口战略，并辅以企业和品牌在科研和创新上的税收减免、金融帮助、补贴等政策，使得美国国内包含专利、商标许可在内的无形资产交易稳速增长，直接带动了美国品牌和美国企业在国际市场的竞争优势。

3. 在多元市场经受历练

众多具有世界影响的品牌出自美国，而非其他国家，最重要的原因是美国市场的独特性。美国市场广阔，多元复杂，竞争极为激烈，美国的企业面对的是不同民族、文化、宗教等背景下的多元化用户。在走向国际市场并取得成功之前，美国品牌都在本土市场上经过了一系列的摸爬滚打和千锤百炼，具备了应对各种复杂情况及多元用户的丰富经验，这是它们可以在国际市场大行其道的一大有利条件。要在这样复杂多变的市场环境下站稳脚跟，企业不能靠一味地模仿，而是要奉行标新立异的理念。在美国，如果某个企业的产品取得了成功，他的竞争对手考虑更多的不是模仿前人走过的道路，而是考虑如何去打造不一样的产品，创造差异化的价值，在全新的领域获得更大的成功。个性化的市场倒逼着企业去不断挖掘新技术，发明新产品，用创新的方式发展用户。推陈出新是美国企业发展品牌的策略，即做前人没做过的产品，开拓一片未知的领域，做前无古人后无来者的事情。苹果公司就是一个致力于创新突破的典型，它推出的智能手机、平板电脑、穿戴设备等产品都有独立于其他产品的操作系统，其简约的设计、超前的极致体验，让用户在使用的时候有强烈的未来感，产品重塑了行业，震撼了市场，赢得了消费者的青睐。而在苹果的产品成为人们趋之若鹜的商品之前，消费者对智能手机和平板电脑的接受度都比较低。

4. 创新是长盛不衰的秘诀

美国人骨子里的创新精神也融入了他们的企业文化之中，从特斯拉、爱迪生、福特，到后来的乔布斯、比尔·盖茨、埃隆·马斯克，都是通过创新书写了他们传奇品牌的故事。创新为品牌注入了新的活力，依靠创新，美国科技品牌的强势地位得以稳固，保持长盛不衰，其整体价值增长速度领先于其他行业品牌。脸书、推特、领英这样的科技品牌虽然只有10～20年的发展史，但也能迅速崛起跻身世界顶级品牌百强，反映了美国科技品牌在消费者心目中获得了较高的信任度，同时也反映出近年来美国数字技术的快速发展。此外，美国有着大量寿命超过50年甚至一个世纪的世界顶级品牌，这些美国版的"老字号"品牌，经过岁月的洗礼，依旧容光焕发，没有一丝"廉颇老矣"或英雄迟暮的态势。为了跟上潮流，继续保持经典品牌的鲜活力量，美国的这些"老字号"品牌依靠技术创新，大胆转型，及时改进产品和经营管理，顺应新时代消费者的变化。如耐克投身可穿戴设备的开发，迪士尼拥抱新媒体技术，福特研发汽车自动驾驶，微软转向云和移动技术的开发等。21世纪，国家与国家之间比拼的是基于经济实力的综合国力，企业是保证国家经济正常运转的发动机，而保证这台发动机持久、高效运转的核心竞争力便是品牌，所以归根结底，国家之间的竞争就是品牌的竞争。美国成为"世界第一"，不仅是因为其世界第一的经济总量，更是GDP背后那些具备高附加值、高品牌溢价的苹果、谷歌、IBM、可口可乐等诸多超级品牌所形成的品牌竞争力所塑造的结果。

5. 企业要树立正确的价值观

顾客对美国品牌的接纳，不仅源于品牌过硬的产品质量和与众不同的产品创新，另一方面，也源于对品牌背后所代表的企业价值观念的认同。有些消费者甚至把诚信、守法、负责、公平等商业价值观视为美国品牌的同义词。正所谓"不将辛苦意，难得世人财"，价值的创造需要付出辛苦的努力，而艰辛过后才可能换来财富，这就是等价交换的基本原则。不把赚钱与做对的事视为对立，这是企业智慧的体现，这意味着企业在赚钱之前要遵守法律法规，恪守道德底线，维护消费者的权益，参与公益活动等，最终在创造企业价值的同时，做到企业、消费者、社会三者利益的统一。许多成功的美国企业，在经营国外市场时，除了专注于主营业务，还会注重企业的社会责任，参与生态保护、慈善公益，还会为当地的经济、文化、教育等事业的发展投入人财物。这些活动能够维护和提升企业的社会形象和声誉，助力品牌推广。例如苹果投资发展清洁能源；可口可乐在菲律宾的灌装厂帮助当地社区改善清洁饮用水供应，资助贫困地区儿童上学。

6. 宽松的政策环境

品牌除了依靠产品品质、不断创新、优质的服务、巧妙的营销等赢得市场之外，还需要良好的政策环境，正所谓"天时、地利、人和"，各个要素都很关键。美国品牌能够独步国际市场，除了自身强大的创新能力，政府的作用也非常重要。前文说到，美国政府虽然没有推行统一的引领国家品牌发展的战略政策，但是它为本土品牌的发展创造了规范化、法制化的营商环境，政府是规则和制度的维护者，不过多干预企业的经营和发展，不设定太多限制，放宽政府管理，充分发挥市场这只"无形的手"调节经济的作用，企业根据市场发展的趋势和动向自主决策。比如美国的民用航空业有近15家公司在运作，面对激烈的市场环境，各家都在为提升服务质量、发挥自身优势而绞尽脑汁，政府只为这些企业的发展创造良好的营商环境和条件，不干涉企业的经营管理，例如实行各类税收上的减免，打通各类渠道之间的限制以方便商品流通，制定有利于经营的法律法规等。

第四章 云南百年品牌发展现状

经过时代的洗刷之后存活下来的百年品牌，其本身的经历就实属不易。为保留历史记忆，传承中华传统优秀儒商文化，让百年品牌在新时代继续焕发生机，国家出台了以"老字号"振兴百年品牌的相关政策。因此，本书以"云南老字号"为研究的切入点，以"云南老字号"企业商号所对应的品牌为主，研究具有百年发展史，以及不足百年的"云南老字号"和云南的"中华老字号"品牌，以了解云南百年品牌的发展状况。

一、云南百年品牌发展总体情况

（一）云南百年"中华老字号"品牌

本书中所提及的百年老字号，分别根据中华人民共和国商务部（以下简称"商务部"）和云南省商务厅（以下简称"商务厅"）所公布的"中华老字号""云南老字号"名录进行整理，民间组织所认定的老字号品牌均未涉及。商务部流通发展司发布的《"中华老字号"认定规范（试行）》[33]中，对"中华老字号"品牌的认定做了如下规定。

名称：中华老字号 China Time-honored Brand。

定义：历史悠久，拥有世代传承的产品、技艺或服务，具有鲜明的中华民族传统文化背景和深厚的底蕴，取得社会广泛认同，形成良好信誉的品牌。

认定范围：中华人民共和国境内的有关单位（企业或组织）。

认定条件：

①有商标所有权或使用权；

②品牌创立于1956年（含）以前；

③传承独特的产品、技艺或服务；

④有传承中华民族优秀传统的企业文化；

⑤具有中华民族特色和鲜明的地域文化特征，具有历史价值和文化价值；

⑥具有良好信誉，得到广泛的社会认同和赞誉；

⑦国内资本及港澳台地区资本相对控股，经营状况良好，且具有较强的可持续发展能力。

目前，商务部分两批共认定1128个"中华老字号"品牌，第一批在2006年，第二批在2010年。其中，有26个云南品牌入选该名录，占全国老字号品牌的2.30%。根据品牌的发展及创立的时间因素，本书从以上1128个"中华老字号"品牌中筛选出我国百年品牌（1921年及以前创立的品牌）434个，云南省过百年的"中华老字号"品牌有14个，占全国老字号百年品牌的3.22%。总体来说，云南省"中华老字号"品牌及百年"中华老字号"品牌的数量都较少，且两类称号品牌在全国范围内的占比都较低（图4-1）。

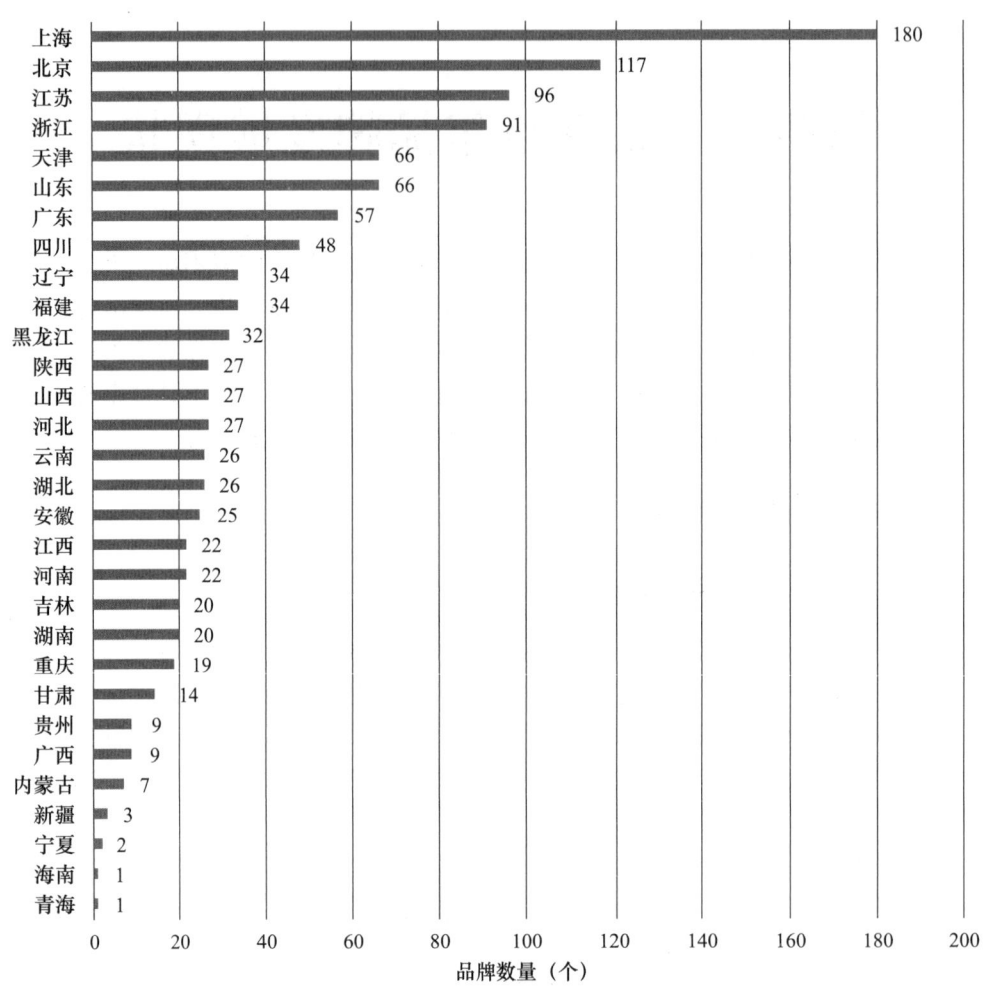

图 4-1 "中华老字号"品牌数量在全国各省份分布图

从地区分布上看,"中华老字号"品牌在云南省内的分布也不均匀(表 4-1)。云南省 16 个地级行政区、17 个市辖区中,有 9 个城市或地区拥有"中华老字号"品牌,占云南省行政区或辖区总数的 56.25%,换句话说,云南有近一半的地区没有"中华老字号"品牌。这 26 个"中华老字号"品牌中的 57.7% 都集中在昆明。昆明属于云南省内较大的坝区,集中了云南省的大量人口,同时昆明也是云南省的政治和文化中心,经济发展居于云南省首位,因此绝大多数的"中华老字号"品牌都云集在这一地区。其次,拥有 2 个及以上"中华老字号"品牌的地区是玉溪和昭通,其他地区各有 1 个品牌。总之,云南省"中华老字号"品牌在各地区的分布数量与当地的经济发展状况有关,经济发展水平较高的地区,"中华老字号"品牌的数量较多,发展较为充分;而经济发展水平欠佳的地区,"中华老字号"品牌的数量较少,其发展也受到不同程度的限制。在这 26 个"中华老字号"品牌中,百年"中华老字号"品牌的数量超过 50%;百年"中华老字号"品牌,昆明地区拥有 10 个,占总量的 71.4%,其他有百年"中华老字号"品牌的地区分别是玉溪、昭通、大理和曲靖,各有 1 家。

第四章 云南百年品牌发展现状

表 4-1 云南省"中华老字号"品牌地区分布情况

地区	数量（个）	占比（%）	百年品牌数量（个）	占比（%）
昆明	15	57.7	10	71.4
玉溪	3	11.5	1	7.1
昭通	2	7.7	1	7.1
保山	1	3.8	0	0.0
楚雄	1	3.8	0	0.0
大理	1	3.8	1	7.1
临沧	1	3.8	0	0.0
曲靖	1	3.8	1	7.1
西双版纳	1	3.8	0	0.0
合计	26	100	14	100

从行业分布上来看，"中华老字号"品牌在云南地区所占行业种类也不算丰富（表 4-2），主要集中在食品制造行业，占 38.5%；其次是医药行业，其中专营中药类的品牌有 6 个，占 26 个云南"中华老字号"品牌总数的 23.1%，中西药兼营的品牌有 1 个（云南保元堂药业有限责任公司），占 3.8%；此外，还有 3 个从事茶叶生产的品牌（占 11.5%），2 个从事零售（眼镜、银饰）的品牌（占 7.7%），其他行业各有 1 个（3.8%）。从"中华老字号"品牌在云南省的行业分布情况可以看出，一方面，食品制造行业作为传统行业，经营成本较低，民间资本相较于重工行业易进出，在历史潮流中更容易坚持发展；另一方面，正所谓"民以食为天"，食品行业有广泛的群众基础，易存活。云南的普洱茶在全国乃至世界都有较高的影响力，这一方面取决于云南悠久的茶叶种植历史，另一方面取决于云南地区的地理优势，但云南并非各个地区都适合种植茶叶，各地的工艺水平也不一样，因此生产和加工优质茶叶的企业较之食品制造行业的要少。"百年品牌"也集中在食品制造业，有 6 个"中华老字号"品牌，占全省百年"中华老字号"品牌总量的 42.9%；其次是中药行业，有 4 个"中华老字号"品牌，占 28.6%，其他的百年"中华老字号"品牌则分布于茶叶生产、零售、白酒制造和餐饮业，各有 1 家。

表 4-2 "中华老字号"在云南地区的行业分布情况

地区	数量（个）	占比（%）	百年品牌数量（个）	占比（%）
食品制造	10	38.5	6	42.9
医药（中）	6	23.1	4	28.6
茶叶生产	3	11.5	1	7.1
零售业	2	7.7	1	7.1
白酒制造	1	3.8	1	7.1
餐饮业	1	3.8	1	7.1

续表

地区	数量（个）	占比（%）	百年品牌数量（个）	占比（%）
金属制品	1	3.8	0	0.0
文化艺术	1	3.8	0	0.0
医药	1	3.8	0	0.0
总计	26	100	14	100

（二）百年"云南老字号"品牌

为全面贯彻和落实党中央、国务院加强文化遗产保护的相关文件精神，保护云南自主商业品牌，传承传统文化，提高对"云南老字号"的保护意识，充分发挥"云南老字号"在展示云南地方特色文化、繁荣云南商品市场等方面的重要作用，营造有利于老字号发展的良好环境，促进"云南老字号"健康发展，按照商务部等14部门《关于保护和促进老字号发展的若干意见》（商改发〔2008〕104号）和2011年商务部"中华老字号"工作会议精神，云南省商务厅于2011年8月启动了云南老字号保护与促进工作。从2011年起至2022年，云南省商务厅先后分7批，共推出了123个"云南老字号"品牌，包括26个"中华老字号"品牌。

云南省质量监督局发布的地方标准DB 53/T 508—2013《"云南老字号"评定规范》[34]对"云南老字号"品牌的认定做出如下规定。

名称：云南老字号。

定义：拥有传统的产品、技艺或服务，具有鲜明的云南民族传统文化背景和深厚的文化底蕴，得到社会广泛认同，赢得良好信誉并经"云南老字号"评定专家委员会评定和确认的商号、商标。

认定范围：未获得"中华老字号"称号企业及商号、商标的品牌持有人。

认定条件：

①拥有商号、商标的专用权；

②商号、商标创立至今50年或以上；

③传承特有的产品、技艺或服务；

④具有良好信誉，得到社会的广泛认同和赞誉；

⑤在云南省地域范围内工商登记注册的、经营状况良好且具有较强的可持续发展能力。

根据以上认定标准，云南省经过7个批次评选出的123个"云南老字号"品牌名录如表4-3所示，该表的"状态"栏中，"百"即过百年的品牌，"中"即"中华老字号"；"创始年份"栏是品牌的创始年份或企业的创始年份。另外，要说明的是，由于企业改制或重新成立，表中存在部分年份较近的商号或企业，但其相应的品牌已存在百年或近百年，故本书也归纳其中。表4-3根据品牌来源、企业名称、注册商标、主营产品、行业分类、创始年份对云南省现有的123个老字号品牌做出汇编和整理，本书此后提到的百年"云南老字号"品牌指以上123个品牌中创牌年份在1922年及以前的品牌。

第四章 云南百年品牌发展现状

表 4-3 "云南老字号"品牌名录

序号	地区	企业名称	注册商标	主营产品	行业分类	状态	始创年份（年）
1	昆明	昆明虹山面粉有限责任公司	如愿	面粉、面条	食品制造	—	1981
2	昆明	昆明市斑铜厂	孔雀	雕塑工艺品	文教/工美制造	—	1958
3	昆明	昆明市官渡区杨艳贞依仁堂诊所	鸡鹿	内科/中医科	卫生（私）	百	1856
4	昆明	昆明市向阳食品有限责任公司	双塔	糕点	食品制造	—	1986
5	昆明	昆明云香斋食品有限公司	金碧	清真糕点	食品制造	—	1990
6	昆明	宝翰轩字画装裱店	宝翰轩	装裱	文教/工美制造	—	1933
7	昆明	五华文古堂装裱店	文古堂	装裱	文教/工美制造	百	1872
8	昆明	昆明吉庆祥食品有限责任公司	吉庆牌	滇式糕点	食品制造	百/中	1907
9	昆明	昆明冠生园食品有限公司	梅花牌	糕点	食品制造	百/中	1915
10	昆明	云南拓东味业食品有限公司	昆湖牌	酱菜/调味品	食品制造	百/中	1684
11	昆明	昆明桂美轩食品有限公司	桂美轩	糕点	食品制造	中	1936
12	昆明	昆明福林堂药业有限公司	福林堂	药业	医药（中）	百/中	1857
13	昆明	昆明老拨云堂药业有限公司	老拨云堂	药业	医药（中）	百/中	1728
14	昆明	昆明饮食服务有限公司	建新园	过桥米线	餐饮业	百/中	1906
15	昆明	昆明精益眼镜有限公司	瑞明	钟表/眼镜	零售业	中	1956
16	昆明	云南杨林肥酒有限公司	杨林	酒/饮料/茶	白酒制造	百	1880
17	昆明	昆明德和罐头食品有限责任公司	德和	火腿罐头	食品制造	百/中	1921
18	昆明	云南白药集团股份有限公司	云南白药	中药/中成药	医药（中）	百/中	1902
19	昆明	昆明中药厂有限公司	云昆牌	中药/中成药	医药（中）	百/中	1381
20	昆明	云南无敌制药有限责任公司	王子荣	中药/中成药	医药（中）	中	1929
21	昆明	昆明北门书屋	北门书屋	博物馆	文化艺术	中	1942
22	昆明	云南保元堂药业有限责任公司	洪光保元堂	中西药制剂	医药	中	1951
23	玉溪	玉溪市红塔食品有限公司	红塔牌	山野菜/野生菌	食品制造	—	1998
24	玉溪	云南玉林泉酒业有限公司	玉林泉	酒/饮料/茶	白酒制造	百	1741
25	玉溪	云南通海宏斌绿色食品有限公司	调鼎斋	酱菜/调味品	食品制造	中	1999
26	玉溪	云南通海民族银饰制品有限公司	孔雀牌	珠宝	零售业	百/中	1851
27	玉溪	云南省通海县酱菜厂	通海牌	酱菜/调味品	食品制造	中	1956
28	曲靖	曲靖市石林瓷业有限责任公司	石林	陶瓷产品	非金属矿物制造	—	1999
29	曲靖	曲靖市麒麟蔬菜集团有限责任公司韭菜花厂	阿诗玛	蔬菜制品（酱腌菜）	食品制造	—	1998
30	曲靖	曲靖市麒麟区粮油工贸开发有限责任公司	吉祥斋	粮油/粮油制品	食品制造	—	1999

续表

序号	地区	企业名称	注册商标	主营产品	行业分类	状态	始创年份（年）
31	曲靖	云南宣威火腿集团有限责任公司	宣字	肉制品	食品制造	百/中	1727
32	普洱	普洱市怡友茶业有限公司	恒和元	茶叶	茶叶生产	—	2009
33	普洱	普洱景谷李记谷庄茶业有限公司	李记谷庄	茶叶	茶叶生产	百	1900
34	保山	腾冲县赢兴商贸有限责任公司云腾饵丝厂	云腾	饵丝	食品制造	—	2004
35	保山	腾冲市晓红食品加工厂	栗树园	酱菜	食品制造	—	1996
36	保山	腾冲市天锡昌珠宝店	天锡昌	珠宝	零售业	—	2004
37	保山	腾冲市宝益茂珠宝店	宝益茂	珠宝	零售业	—	2003
38	保山	云南省腾冲制药厂	腾药	药业	医药（中）	中	1956
39	临沧	云南滇红集团股份有限公司	凤牌	茶叶	茶叶生产	中	1939
40	昭通	昭通市张蝴绵蚕丝制品有限公司	张蝴绵	蚕丝被	纺织业	—	1925
41	昭通	昭通月中桂食品有限责任公司	月中桂	糕点	食品制造	中	1925
42	昭通	昭通万和食品有限公司	万和	调味品	食品制造	百/中	1910
43	大理	剑川县华艺木雕有限公司	华艺	木雕	文教/工美制造	—	1956
44	大理	云南下关沱茶（集团）股份有限公司	下关沱茶	酒/饮料/茶	茶叶生产	百/中	1902
45	红河	弥勒市天久旅游服务有限公司天久彝家宴	天久彝家宴	彝族宴席	餐饮业	—	2004
46	红河	开远市果酒厂	泸江六果	酒/饮料/茶	饮料制造	—	1958
47	西双版纳	西双版纳同庆号茶业有限公司	同庆	茶叶	茶叶生产	百	1724
48	西双版纳	西双版纳易武车顺号茶庄	车顺号	茶叶	茶叶生产	百	1839
49	西双版纳	勐海茶厂	大益牌	茶叶	茶叶生产	中	1938
50	文山	富宁县金泰剥隘七醋有限公司	剥隘七醋	醋	食品制造	百	1621
51	楚雄	云南禄丰剪刀厂	禄丰	剪刀	金属制品	中	1957
52	玉溪	云南易门大龙口酒业有限公司	大龙口	酒/饮料/茶	白酒制造	—	2000
53	红河	铜厂供销社酒厂	铜厂	酒/饮料/茶	白酒制造	—	1990
54	玉溪	云南省澄江藕粉厂	仙湖	藕粉	食品制造	—	1992
55	玉溪	云南省通海斯贝佳食品有限公司	豆末世家	面包/面粉/调料	食品制造	—	2001
56	保山	保山市永子文化产业有限公司	永子	围棋	非金属矿物制造	—	2010
57	西双版纳	云南易武同庆号茶叶有限公司	易武同庆号	茶叶	茶叶生产	百	1724

第四章　云南百年品牌发展现状

续表

序号	地区	企业名称	注册商标	主营产品	行业分类	状态	始创年份（年）
58	西双版纳	勐海县杨聘号茶叶有限公司	杨聘号	茶叶	茶叶生产	百	1912
59	文山	广南那榔酒业有限公司	莲云	酒/饮料/茶	白酒制造	—	2000
60	曲靖	会泽县正星楼羊八碗	羊八碗	土八碗	餐饮业	—	2005
61	昆明	昆明百货大楼（集团）股份有限公司	昆百大	百货	零售业	—	1959
62	昆明	昆明潘祥记工贸有限公司	潘祥记	糕点	食品制造	—	1941
63	昆明	云南鸿庆号茶叶有限公司	鸿庆号	茶叶	茶叶生产	—	1924
64	迪庆	迪庆市民贸大楼有限责任公司	MIN MAO DA LOU	百货	零售业	—	2011
65	大理	鹤庆县走夷方文化传播有限公司	母炳林	手工业制品	文教/工美制造	—	2011
66	楚雄	楚雄云泉酱园有限责任公司	云泉	酱菜	食品制造	—	1958
67	楚雄	大姚县利英特色食品股份有限公司	映塔	粉丝/粉条	食品制造	—	2003
68	楚雄	云南禄丰鼎鑫醋业有限公司	双梅	醋	食品制造	—	1984
69	昆明	昆明电缆集团股份有限公司	昆电工	电线/电缆/普通机械	设备制造	—	1936
70	昆明	昆明饮食服务有限公司	端仕	餐饮/冷热饮	餐饮业	—	1956
71	昆明	昆明饮食服务有限公司	南来盛	餐饮/冷热饮	餐饮业	—	1956
72	昭通	水富市贺尔康保健品厂	贺尔康	蜂产品/百货	零售业	—	2010
73	红河	云南省蒙自市年糕厂	鹤苑	年糕	食品制造	—	1980
74	文山	文山郑保骨伤科医院	郑保	医疗	卫生（私）	—	2006
75	大理	鹤庆乾酒有限公司	鹤庆乾	酒/饮料/茶	白酒制造	—	1957
76	大理	云南大理洱宝实业有限公司	洱宝	话梅	食品制造	—	1995
77	丽江	丽江百岁坊银器有限公司	百岁坊	银器	零售业	—	2001
78	丽江	丽江永胜瓷业有限责任公司	丽永瓷	瓷器	非金属矿物制造	百	1869
79	丽江	永胜县清香斋糕点食品加工厂	福寿桃	糕点	食品制造	—	2003
80	迪庆	云南迪庆藏龙生物资源开发有限公司	藏龙	畜产品/野生菌	零售业	—	2000
81	昆明	红云红河烟草（集团）有限责任公司	云烟	香烟	烟草业	—	2008
82	昆明	昆明曲焕章药业开发有限公司	曲焕章	中药/中成药	医药（中）	—	2003
83	昆明	云南拓东味业食品有限公司	永香斋	调味品	食品制造	—	1998
84	昆明	石林县陈香酱菜有限公司	陈老奶	调味品	食品制造	—	2006

续表

序号	地区	企业名称	注册商标	主营产品	行业分类	状态	始创年份（年）
85	楚雄	云南双柏妥甸酱油有限公司	"TD"牌	酱油	食品制造	—	1958
86	大理	云南大理瑞鹤药业有限公司	瑞鹤	中药/中成药	医药（中）	—	1984
87	保山	云南省腾冲市东方红制药有限责任公司	东方	中药/中成药	医药（中）	—	1958
88	楚雄	云南牟定金塔经贸有限责任公司	天台羊泉	卤腐	食品制造	—	1999
89	玉溪	云南云曲坊生物科技有限公司	云曲坊	生物技术的开发	科技服务	—	2006
90	昆明	云南药材有限公司	延寿堂	中药/中成药	医药（中）	—	1955
91	昆明	云南省盐业有限公司	白象牌	食盐	食品制造	—	2016
92	昆明	云南安宁温泉宾馆	安宁温泉宾馆	住宿/温泉	餐饮业	—	1991
93	文山	广南县跃升民族银饰工艺有限公司	莲湖	金银首饰	文教/工美制造	—	1981
94	普洱	普洱澜沧古茶股份有限公司	澜沧古茶	茶叶	茶叶生产	—	2002
95	大理	鹤庆县同兴德饮食文化有限公司	同兴德	马帮火锅	餐饮业	—	2016
96	丽江	丽江毛纺织品有限责任公司	东巴拉	毡制品	纺织业	—	1998
97	丽江	丽江先锋食品开发有限公司	馨香饴	马铃薯/鸡豆/香薷	食品制造	—	2006
98	昆明	云南连云宾馆	云南连云宾馆	住宿	餐饮业	—	1981
99	昆明	云南震庄迎宾馆	震庄迎宾馆	住宿	餐饮业	—	1936
100	昆明	云南六大茶山茶业股份有限公司	俊昌号	茶叶	茶叶生产	—	2002
101	昆明	云南云子文化产业发展有限公司	云子	围棋/陶瓷/玻璃	非金属矿物制造	—	1980
102	曲靖	罗平县云岭蜂业工贸有限公司	云岭	蜂产品/百货	零售业	—	2010
103	玉溪	云南省通海县豆沫糖糕点厂	秀山牌	糕点	食品制造	—	1956
104	楚雄	云南云开电气股份有限公司	云开	低压配电设备/互感器	设备制造	—	1966
105	楚雄	武定县民族服装首饰厂	武狮	铜/银/服装的加工	文教/工美制造	—	2002
106	楚雄	姚安县菖河生态蜜蜂园科技有限公司	菖河	蜂产品加工/销售	畜牧业	—	2009
107	红河	云南乍甸乳业有限责任公司	乍甸	乳制品/饮料/冷冻饮品	食品制造	—	2004
108	红河	云南云河药业股份有限公司	七星虎力	中药/中成药	医药（中）	—	1958
109	大理	大理州苍山饭店	苍山	住宿	餐饮业	—	1958
110	大理	大理白族自治州中药制药有限公司	慎德堂	中药/中成药	医药（中）	—	1969

续表

序号	地区	企业名称	注册商标	主营产品	行业分类	状态	始创年份（年）
111	保山	昌宁县龙润茶业有限公司	宁号	茶叶	茶叶生产	—	1958
112	西双版纳	云南农垦集团勐海八角亭茶业有限公司	八角亭	茶叶	茶叶生产	—	1964
113	昆明	昆药集团股份有限公司	重楼花	中药/中成药	医药（中）	—	1951
114	大理	云南新希望邓川蝶泉乳业有限公司	蝶泉	牛奶	乳制品制造	—	1959
115	大理	鹤庆县李小白文化传承有限公司	李小白	银器	零售业	—	1998
116	红河	云南省石屏县北门豆腐厂	北门豆腐	豆制品系列	食品制造	—	1956
117	丽江	丽江市古城区民族首饰品有限公司	云瀚银湖	银饰	零售业	—	1957
118	丽江	丽江玉泉文化产业发展有限责任公司	沧阳陶艺	民间工艺品	文教/工美制造	—	2006
119	西双版纳	勐腊易武福元昌茶业有限公司	福元昌	茶叶	茶叶生产	—	1879
120	楚雄	楚雄市云龙酱油厂	国宝号	酱菜/调味品	食品制造	—	2014
121	楚雄	元谋老字号凉鸡餐饮有限公司	陈清莲	餐饮	餐饮业	—	2015
122	保山	保山下村胜香斋文化传播有限公司	下村胜香斋	调味品	食品制造	—	2014
123	保山	隆阳区该有口袋豆腐园	金鸡口袋	正餐服务/食品、卷烟零售	零售业	—	2006

二、"云南老字号"品牌的发展现状

根据表4-3以及相关文献，总结云南省"云南老字号"品牌的发展，主要有以下特点：数量有限、地区分布相对不均匀、行业分布集中，以及品牌所属行业两极分化。

（一）数量有限

"云南老字号"中的"中华老字号"企业数量共26家，所对应的老字号品牌在所有"云南老字号"品牌中占23.2%，占全国"中华老字号"品牌总量的2.30%；老字号品牌数量在全国的占比较少。与广袤的平原地带相比，云南地处中国第二级阶梯的云贵高原，山区较多，平坝地区数量稀少，地理位置给云南与外界的沟通及商贸往来带来了诸多困难。除了区位因素，云南老字号品牌的发展也受到历史因素的影响。云南的近代工业发展较晚，1840年之前，云南以地主经济为主，同时交织着封建领主经济、奴隶制经济，以及氏族、部落等[35]。云南资本主义生产关系大约出现于清乾嘉年间的矿冶行业，1884年由云贵总督岑毓英创办的云南机器局标志着云南开启了以机器生产为标志的近代工业经济,是在洋务运动的推动下,以官办军事工业的形式出现的[36]。云南近代工业经济根据所有权划分的企业形态有以下三类。

(1) 官办军工企业和官办企业

官办军工代表性企业有1884年创办的云南机器局、1908年开办的云南陆军制革厂,以及1942年四大家族在滇开办的"53"兵工厂;官办企业是在第二次鸦片战争之后,由清朝官僚中的洋务派以"自强"为口号所创办的,如1884年开办的电报局[37]、1901年开办的印局、1905年创办的造币厂、1909年创办的制革厂等。

(2) 官商合办企业

如1912年成立的亦官亦商的富滇银行、1932年成立的新富滇银行[38]、1910年成立的耀龙电灯股份有限公司、1905年个旧官商有限公司(云南锡业有限公司的前身)。

(3) 民族资本企业

如1910年创办的宣威火腿股份有限公司、1912年创办的云南丽日火柴有限公司、1920年成立的昆明自来水厂、1926年创立的"大道生"布庄等。

官办企业实力较为雄厚,但大多服务于封建政权或官僚统治,其最终的目的还是维护政权及巩固统治。官商合办企业的资本主义性质较官办企业多,经营较好,成就较为突出,但由于是官商合办,一部分所有权和经营管理权操之于官手,官僚性仍然浓厚。当然,在客观上,这两类企业的兴办毕竟是云南近代工业经济的开端,为云南经济的发展带来了一定好处,在落后的地区开办近代企业,使资本相对集中,改变了这一地区的落后状况,同时也产生了产业工人队伍,为后期的新民主主义革命和社会主义建设打下了一定的物质基础。民办企业,虽然资本主义性质强,管理较为独立,但与官办或者官商合办的企业相比,其资本实力较为薄弱,许多资本家与封建土地制度和高利贷活动有着千丝万缕的联系,企业利润经常不被用于扩大再生产,而是流向了土地买卖、高利贷或奢侈性的消费。云南的近代工业经济仍然没有脱离中国近代国资垄断上游资源型产业、民资控制中下游消费生产领域的一般规律。

云南近代企业,开始于洋务运动中期,辛亥革命后,由于连年军阀混战,云南近代企业的发展几乎处于停滞状态。"九·一八"之后,龙云政权巩固,地方相对安定,云南近代企业数量有所增长。"七·七"事变后,华北日军大举南下,京、沪沦陷,武汉失守,侵华日军向南京、杭州等中国近代工业较为集中的地区发动攻势,直接威胁国民政府的经济重心区域,南京政府西迁至重庆,四大家族官僚资本大举渗入云南,官、民营的商业企业也在这一时期西迁入滇。当时入滇的企业有民营昆明东南兴业公司、东南兴百货公司、冠生园,以及中国茶叶公司与云南省经济委员会合作设立的云南中国茶叶贸易有限公司等[39]。迁滇企业的主要特点是:国民政府资源委员会及各部所属的官营企业较多,而民营企业较少;工业企业较多而商业企业较少。有不少民营企业,特别是商业企业,将本部设在重庆,在昆明开设分店或分行,例如冠生园食品厂、中国茶叶公司等。迁滇的官办工业企业又以国防、机械等重工业、化学工业为主。这一时期,企业、资金和人才汇集昆明,为云南地方国家垄断资本的发展创造了资金、设备和技术力量条件。总体来说,近代云南的工商业发展缓慢,固然有省内社会、自然环境等不利因素的影响,但主要还是源于云南省自身基础薄弱,当时的老字号品牌能够存活下来实属不易。中华人民共和国成立后,中共云南省委带领云南各族人民,统一了货币,平抑了物价,国民经济始得到恢复。

1956年年底，全省完成了716户私营工业企业的公私合营；十一届三中全会之后，云南迈入改革开放的发展期，工业、商业获得了全新发展。

（二）地区分布相对不均匀

从表4-3可以看出，"云南老字号"企业在云南省各地区均有分布，但绝大部分集中在昆明地区（40家，占32.5%），这是因为古代云南历史的发展给近代云南社会经济的发展打下了深深的烙印。历史上的云南，早期人类活动及社会经济发展的重心，是沿着"中—东—西—东"的顺序转移的[39]。"中"即滇中地区，是以元谋人为代表的人类早期活动的地区；"东"指以滇池为中心的滇东地区，依据考古发掘和文字记载，东部先后发展出了古滇文化、爨文化，以及元明清时期的滇文化；"西"指以洱海为中心的滇西地区，这一带先后出现了以哀牢国为代表的哀牢文化、唐宋时期的南诏文化和大理文化。史前时期，云南地区就出现了距今170万年的元谋人。公元前3世纪，楚人庄蹻入滇，带来了长江中游的文化和生产技术，促进了云南经济的发展，也推动了云南与内地的联系。随后秦汉在"西南夷"地区设官置吏，标志着云南直接纳入了中国的版图，成为祖国大家庭不可分割的组成部分。尽管此后有着动乱的历程，但始终不能改变历史形成的这个格局。唐、宋的南诏、大理时期，云南的社会、政治、经济和文化中心，由滇池地区转移到洱海地区。元明清时期，云南正式成为一个行省，云南的社会政治、经济文化中心，再次由洱海地区转移到滇池地区，并为近代云南的发展奠定了坚实的基础。清代前期，云南的商业有了较大发展，昆明是云南商业重镇，城市内有许多繁华的街道，包括南正街、三牌坊、四牌坊、马市口、辕门口、东院街、西院街、福照街、长春街、树皮坡、东门正街、粮道街、书院街等，城外有南门外的三市街、云津街、太平铺、盐庙街等，东门外有金牛街，西门外有永平街、庆丰街等，街道集市分布集中，商业贸易已有了相当的发展。此外，大理的三月街、丽江的骡马会，普洱的茶市，永北（今永胜）的茶马市，个旧、东川等地的矿产交易都很活跃。外省的江西、湖南、广东、四川、贵州、陕西、山西、河南等地的商人也多有来云南经商者。康乾时期，云南出现了"盛世"景况，然而，到嘉庆以后，云南商贸逐渐由盛转衰。

1840年鸦片战争以后，中国逐渐沦为半殖民地半封建社会，云南也不例外，社会经济每况愈下，作为封建经济重要支柱的农业、手工业、铜矿业和食盐业等增幅减缓，有的进入衰退期。近代前期，云南集镇的兴衰此起彼伏，部分市镇辐射区域超过所属政区，成长为区域性的商贸中心。这一时期，洱海地区的集市数量，从清初的67个增加到清后期的118个，增长率达到75%；在可比的云南县和浪穹县，清初每市月均开市的次数为5次，清末则增加至7次，增长率达到40%[40]。昭通、曲靖、罗平、大理太和、下关、丽江、腾越、保山、新兴（玉溪）、思茅、蒙自、个旧等集镇，也获得了较大发展。其中，大理太和"为全滇市集之最大者"；罗平以板桥、者黑、富罗厂三市集最为显著；保山"以首善之五城市为最著名"。近代昆明工商业快速发展，特别是1905年自开商埠，1911年滇越铁路通车，进一步促进了昆明的发展。

昆明城市近代化经历了三个台阶。近代前期进入了起步的第一个台阶，开始向第二步迈进[41]。宣统元年（1909年），昆明城内有东、南、西、北、中5个区，城外西区，商埠3个区，丁口总数达到101377人，另有外国人139人[39]。民国中期（抗日战争爆发前），昆明城市近代化迈上第二个台阶，人口发展到了20万人，昆明作为商业都会的地位进一步巩固，面向国内的辐射范围近达川、藏、黔、桂，远至江浙、两湖、两广；国外近达东南亚，远接印度、日本，乃至欧美。由此，形成了以昆明为中心，以昭通、下关、蒙自（个旧）、腾越（保山）等区域中心城市和府州县集镇以及农村集市乡村商贩为节点，以近代铁路和传统驿路、津渡桥梁为纽带，同时面向国内外，互相联系、层次分明的市场网络。抗日战争爆发后，随着大批内地企业的迁入，昆明迈入近代化第三阶段。其中，四大家族国家垄断资本与国家垄断资本合办的十几家企业，除锡业公司、滇北矿务局、宣明煤矿公司外，其他企业都开设在昆明地区；云南地方国家垄断资本先后开办的六七十个企业，绝大多数也集中在昆明地区；民族资本开办的中、小型工厂绝大部分也集中在昆明地区。加之云南地区的大量人口集中在平坝地区，山区居民多为民族杂居，居住分散，山高路远，地广人稀，平坝地区才能形成商业的聚集，这就形成了明显的城乡对立。昆明商业都会地位的确立，促使大量工业、商业云集。这种分布状况，一直延续至1949年以后。因此，昆明地区的"云南老字号"品牌较多。在以昆明为中心所形成的纵贯全省的主要交通要道上，各节点城市在发展中也形成了自己的老字号品牌。但总地来说，其余各节点与昆明相比，老字号的数量偏少，分布相对不均匀。云南省其他地区"云南老字号"品牌分布情况大致如下。

（1）西线

楚雄（11个，占8.9%）、大理（11个，占8.9%）、丽江（7个，占5.7%）、迪庆（2个，占1.6%）、临沧（1个，占0.8%）、保山（10个，占8.1%）。

（2）南线

玉溪（10个，占8.1%）、普洱（3个，占2.4%）、西双版纳（7个，占5.7%）。

（3）东线

曲靖（6个，占4.9%）、昭通（4个，占3.3%）、红河（7个，占5.7%）、文山（4个，占3.3%）。

改革开放后，云南成为中国西南向东南亚、南亚、西亚和欧洲开放的前沿阵地，内接西藏、四川、贵州、广西并延伸至全国，外邻缅甸、老挝、越南，辐射泰国、菲律宾、印度尼西亚、孟加拉国、印度等国。站在全球的角度重新定位云南的世界经济坐标，云南地理位置关键，区位条件优越，战略地位突出。云南的独龙江、怒江、澜沧江、金沙江、元江和南盘江六条大河形成了联通"三亚"的国际枢纽和大动脉。作为国际通道的重要节点和具有重要战略意义的地缘枢纽，云南被赋予了在新一轮的国际外交和地缘政治区域经济、地域文化中的全新使命[42]。

"云南老字号"品牌在云南地区的分布情况如表4-4所示，表内"云南老字号"品牌包含了先前所列出的发展寿命超过百年的"中华老字号"品牌。所列出的123个"云南老字号"品牌中有25个品牌发展历史超过一百年，是名副其实的百年品牌，但数目不多，只占所有"云南老字号"品牌的20.33%。从分布的情况来看，百年"云南老字号"仍然集中在昆明地区，这与昆明拥有相对较多的老字号品牌有关，在这样的基数下，才有可能发展出较多的百年"云南老字号"品牌。除昆明以外，百年"云南老字号"品牌较多的地区是西双版纳，这些老字号品牌主要以从事茶叶生产为主。西双版纳自明清时期开始便有茶叶生产的历史，长期发展下来便形成了百年老字号品牌，这一方面取决于早期吐蕃、东南亚、中亚，甚至欧洲的市场需求，另一方面也取决于当地特有的区位优势，比较适合普洱茶的生长。紧随其后的是玉溪有2个百年老字号品牌，大理、曲靖、丽江、昭通、文山和普洱各有1个老字号品牌，楚雄、保山、红河、临沧和迪庆地区则没有百年的老字号品牌。

表4-4 "云南老字号"在云南地区的分布情况

地区	数量（个）	占比（%）	百年品牌数量（个）	占比（%）
昆明	40	32.5	12	50.0
楚雄	11	8.9	0	0.0
大理	11	8.9	1	4.2
玉溪	10	8.1	2	8.3
保山	10	8.1	0	0.0
西双版纳	7	5.7	5	20.8
红河	7	5.7	0	0.0
丽江	7	5.7	1	4.2
曲靖	6	4.9	1	4.2
昭通	4	3.3	1	4.2
文山	4	3.3	1	4.2
普洱	3	2.4	1	4.2
迪庆	2	1.6	0	0.0
临沧	1	0.8	0	0.0
总计	123	100	25	100.0

（三）行业分布集中

根据表4-3的统计结果，并按照国家标准《国民经济行业分类》[43]对123个"云南老字号"品牌所属行业进行划分（表4-5）。

表4-5 "云南老字号"在云南地区的行业分布情况

地区	数量（个）	占比（%）	百年品牌数量（个）	占比（%）
食品制造	40	32.5	7	28.0
茶叶生产	15	12.2	7	28.0
医药（中）	13	10.6	4	16.0
零售业	13	10.6	1	4.0
餐饮业	11	8.9	1	4.0
文教/工美制造	8	6.5	1	4.0
白酒制造	6	4.9	2	8.0
非金属矿物制造	4	3.3	1	4.0

续表

地区	数量（个）	占比（%）	百年品牌数量（个）	占比（%）
卫生（私）	2	1.6	0	0.0
设备制造	2	1.6	0	0.0
纺织业	2	1.6	1	4.0
畜牧业	1	0.8	0	0.0
饮料制造	1	0.8	0	0.0
烟草业	1	0.8	0	0.0
金属制品	1	0.8	0	0.0
文化艺术	1	0.8	0	0.0
医药	1	0.8	0	0.0
科技服务	1	0.8	0	0.0
合计	123	100	25	100

经统计，现有"云南老字号"品牌共涉及18个行业，其中有9个行业在长年的发展中形成了"百年品牌"。整体来看，"云南老字号"品牌所属的行业分布过度集中。在老字号品牌中，包括：①食品制造品牌40个，其中有8个发展超过一百年的品牌，及10个"中华老字号"品牌；②茶叶生产行业品牌15个，其中7个"百年品牌"及3个"中华老字号"品牌；③医药行业品牌14个，其中13个品牌以中药为主，1个品牌中西药兼制（云南保元堂药业有限责任公司），在13个中药品牌中，有4个"百年品牌"，6个"中华老字号"品牌；④其他行业包括13个零售业品牌、11个餐饮业品牌、8个文教/工美制造业品牌、6个白酒制造品牌、4个非金属矿物制造品牌、2个纺织业品牌、2个设备制造和卫生（私）品牌，金属制品、科技服务、畜牧业、烟草业、饮料制造业均各有1个。由此可见，"云南老字号"品牌主要集中在食品制造、茶叶、医药（中）、零售业和餐饮业（2位数以上）行业。

百年品牌的行业集中有其成因。自古以来，我国一直是以农业为主的大国，开发和利用农副产品，形成地域性饮食文化特色已有千百年的历史。加之我国工业和金融业发展起步较晚，因此食品加工、酿酒、餐饮等行业在我国百年品牌的版图中占据大半江山是正常现象。云南工商业的发展也未脱离这一大背景。与中原地区类似，云南地区有较为悠久的农业发展史，伴随着农业发展，手工业、商贸活动逐渐发展起来。

云南农业发展与商贸发展历程概况如下。

1. 农业发展历程

（1）从新石器时代开始

云南地区的早期居民便学会运用石斧头、石刀等工具，采取旱地作业法种植稻谷，同时也兼营捕鱼、捞螺、狩猎或采集。宾川白杨村、元谋大墩子、麻栗坡小河洞等遗址中发现了饲养狗、猪、牛（黄牛）、鸡等畜牧业的痕迹。

（2）春秋战国时期

滇池地区发展出了较大规模的稻田耕种，农业逐渐成为西南夷地的主要经济部门，至蜀汉时期，南中从事农业生产的地区已经扩大了许多。

(3) 唐宋时期

滇池与洱海地区生产力水平较高，农作物从水稻扩展到了麦、粟、豆等，水利灌溉得到大量运用，其耕种方式、收获产量与中原大体相同。此外，还有各种蔬菜和水果栽培。李京《云南志略》记载："（金齿百夷）交易五日一集，且则妇人为市，日中男子为市，以毡、布、茶、盐互相贸易。"

(4) 元代

忽必烈采取了促进农业生产的一系列政策与措施，农业得到了较好的发展。

(5) 明朝

政府为了巩固云南统治、稳定边防，对云南进行了大量的屯田（军屯、民屯、商屯）。洪武二十一年（1388年），云南的卫所屯田逐渐全面铺开，进入一个新的发展阶段。通过明代的屯田，大量汉族从内地迁入，改变了云南民族的分布状况，促进了民族的融合与发展。此外，屯田还促成大量的水利灌溉工程得以兴修，如宜良坝子的汤池渠、昆明南坝闸、石屏异龙湖等，增加了耕地面积，扩大了明代云南地区的农业发展规模。

(6) 清代前期的两百年（1644—1840年）

新王朝建立后，统治相对巩固，土地所有制的变革、人口的大量增长、耕地面积的空前增加、坝区大力兴修水利、山区和边疆进一步开垦、玉蜀黍和马铃薯等新作物的推广种植等，使云南的农业有了较大发展。在此期间，庄田制废除，军屯制改变，土司制缩小，大力推行地主和自耕农土地所有制，农业生产得到发展，农、林、牧、渔、矿、手工业产品增多。

(7) 鸦片战争后

云南社会经济每况愈下，从19世纪初开始，云南农业生产较快的发展势头消失了，逐步走向停滞和衰退。云南地处边疆，近代前期，随着西方殖民者侵略的步步推进，云南对外贸易发生了重大转变，传统自然经济占主导地位的云南经济，直接与近代世界市场对接。在世界市场的影响下，云南艰难迈出近代化步伐。

(8) 二十世纪二三十年代

农业仍然是云南最主要的经济部门，农业生产方式仍主要是家庭自然经济，但是在这一时期，农业经济的外部环境发生了较大变化，滇越铁路通车后，农村经济商品化趋势加强，决定了国际国内市场与农村经济的必然联系，市场机制在农村资源配置中发挥着越来越重要的作用。粮食种植在受到严重冲击后缓慢回升；云南卷烟工业开始起步，烟草生产有所发展；鸦片种植受到较大限制，促进了农业的发展；畜牧业也有所发展。

2. 商贸发展历程

(1) 云南地处中华汉文化和印度文化的交融地带，自古以来中外在此就有频繁的往来

据《史记》的"匈奴列传"和"西南夷列传"记载，张骞出使西域在大夏（今阿富汗北部）发现了四川的筇竹和蜀布，当地人回道是从身毒（印度）而来。根据这一史料可以推测，在张骞出使西域以前，事实上已经有了一条自今四川成都出发，经过云南而远达印度的由"灵关道""五尺道""博南道"所组成的"蜀身毒道"。这条道路起源于成都平原，当时以其丝绸商贸而闻名，因此被历史学家称为"南方丝绸之路"，这是一条连接我国西南与西欧、非洲、南亚诸国的最短陆路交通线路。

(2) 进入唐代以后，随着中国西南、西北和东南亚地区的社会经济发展，滇藏、川藏、滇川各地民族之间的往来进一步加强，藏区养成了对茶叶的普遍依赖

南中是茶叶的故乡,在镇远、澜沧等县发现了成片的野生茶树。1980年在勐海县巴达乡贺松寨山谷发现的一株野生茶树,原高32.1m,1967年被风折断,现高14.7m,树龄已达1700余年,约相当于生于两晋时期。南中林产丰富,很早就以茶叶和饮料著称。《华阳国志·南中志》记载,平夷县"山出茶、蜜"。大理时期的主要茶叶产地是今滇南一带,即所谓"银生诸山"。李京《云南志略》记载,"金齿百夷"市集,茶叶是其主要贸易货物,这反映了此地区茶叶生产极盛的状况。

（3）20世纪40年代以后,云南依托滇越铁路、滇缅公路及若干县级公路展开贸易

蜀汉至隋,南中的药材已著称于世。《南方草木状》载:"漏蔻树,子大如李实,二月花,七月熟,出兴古。"晋张华《博物志》载:"松脂沦入地中,千年化为茯苓,茯苓千年化为琥珀。琥珀一名红珠。今太山有茯苓而无琥珀,益州、永昌出琥珀而无茯苓。"晋郭义恭《广志》载:"茯神,松汁所作,胜茯苓,或曰松根茯苓,贯着之,生朱提濮阳县。""丹,朱沙之朴也,大者入米,生山中。出牂牁、兴古。"左思《蜀都赋》谓"期间则有虎珀、丹青"。晋刘逵注:"永昌博南县出虎珀。牂牁有白曹山出丹青、曾青、空青也。《本草经》云:皆出越嶲郡。"

（4）云南境内山多路险、地形错综复杂,运输几乎全靠人力,云南盛产良马

因此,集运输与商贸为一体的马帮便在这一路线上活跃了起来。通过马帮贩运形成的远征活动,上述这些区域性的交通网络才得以连接成一个更为广阔的网络,转型为茶马古道,茶叶、羊毛、中药材、宝石、棉纱等商品在这一条路上被运输交易。后来,茶马古道逐渐成为联系沿途各地政治、经济、文化的纽带。

（5）1925年10月10日,云南省第一条公路——昆碧公路通车;1937年,昆明至下关、昆明至玉溪、昆明至贵州盘县公路通车,近代云南的公路运输业有了初步发展

（四）品牌所属行业两极分化

近代云南工业的发展中,官办和官商合办的企业大多从事电力、机械制造、军事设备、邮电、银行等资源型、生产型、军工、通讯及金融产业,这些企业资金雄厚,是为官僚统治服务的;民族资本企业的发展主要集中在火柴、卷烟、制茶、食品、染织、玻璃、制革、造纸、制绳、衣帽、西药加工、面粉、木材加工、五金修造、印刷、自来水、电灯及交通运输（火车、汽车、轮船）等领域。这类企业一般资本细小,生产技术水平不高,在帝国主义、封建主义的压迫下,受官办、官商合办企业的排斥,艰难挣扎求生存。云南近代民营企业绝大部分创办于1906年以后,当时正是近代民族资本的兴起时期。民营资本分布最多的是矿冶业,然后是火柴、食品、卷烟和城市公用事业。与国内其他省区主要分布于纺织、面粉业不同,云南地区近代仅有几家小染织厂和一家面粉厂,这是因为云南矿产资源丰富,不是麦棉产区。同时,此时期大多数企业集中在昆明和滇越铁路沿线,以及几个主要矿区,其他地区分布很少。这种现象是云南社会经济发展的极大不平衡所导致的。事实上,直到中华人民共和国成立之初尚有个别边疆地区处于原始社会末期,这种不平衡是国内所罕见的。近代云南工业企业中,除矿冶业外,无重工业企业。

综上,云南地区具有较为传统的农业发展历程,同时,茶叶、药材的商贸发展历史也较为悠久,老字号的行业受云南自然情况及近现代工业技术的限制,较多集中在以农业为基础的食品制造行业。茶马古道的发展推动了一系列茶叶生产商与茶叶品牌的形成。云南

第四章 云南百年品牌发展现状

的植物多样性为当地药业品牌形成提供了原料基础。云南老字号的行业分布与云南地区的区位和资源密切相关。

三、云南百年中华老字号品牌

以下简单介绍获得"中华老字号"称号中 14 个已过百年的云南老字号品牌的基本情况，按照批次的先后顺序进行介绍，品牌年龄核算以创始年至 2022 年为准。

（一）云昆牌

现任企业：昆明中药厂有限公司。

注册商标：云昆、佰络通、康敬斋、如意花等。

主营业务：中药、中成药。

品牌初创：1381 年。

品牌年龄：641 年。

品牌所在地：云南昆明。

获得"中华老字号"时间：2011 年。

品牌简介

昆明中药厂有限公司（简称：昆中药），品牌最早创于 1381 年（双美药号成立），1826 年，昆明中药起源店之一的"体德堂"正式开工，发展至今已有 600 多年的历史，是我国五大中药老字号之一，2011 年被商务部认定为"中华老字号"企业。除此之外，该品牌还享有高新技术企业、云南省企业技术中心、云南十大历史品牌、云南老字号企业等殊荣，2014 年，"昆中药传统中药制剂"被列入第四批国家非物质文化遗产保护名录。早在 1826 年，昆明中药的先辈们采集了地道的云南药材后，结合《滇南本草》里的配方，配制出了"郑氏女金丹""再造丸""糊药"等精品中药，成为了清道光年间家喻户晓的知名品牌，昆中药的名声就此被打响。昆中药一直秉承"毋减毋糙修精品，勤心勤力志康宁"的经营理念，制造精品中药，发展到了光绪年间，在原有基础上制造出传承至今的清肺化痰丸、阮氏上清丸、感冒疏（苏）风丸等特色产品。民国年间，昆中药推出了名噪全国的翟玉六止咳丸和素有"土盘尼西林"之称的桑菊银翘散。在中华人民共和国成立及 1956 年后，昆中药走上整合发展、规范管理之路。整合后的昆中药实现大发展，成为"中央商业部"直管的"大型企业"，1967 年，公司改名为"昆明市中药制药厂"，到了二十世纪六七十年代，制药厂基本实现了机械化、半机械化生产，处于国内同行领先地位，十一届三中全会后，在国家改革开放战略推动下，公司的各项事业得到了蓬勃发展，1986 年公司改名为"昆明中药厂"，2000 年 11 月公司正式更名为"昆明中药厂有限公司"。现如今，昆明中药厂所生产的止咳丸、舒肝颗粒、感冒消炎片、清肺化痰丸等产品畅销全国，并出口到海外多个国家。六百多年，昆中药从栉风沐雨、春华秋实中一路走来，一代代经营者艰苦奋斗，不断进取，积极求索，稳步发展，在广大消费者心目中树立了"精品昆中药"的良好口碑。

（二）昆湖牌

现任企业：云南拓东味业食品有限公司。

注册商标：昆湖牌、拓东、永香斋。

主营业务：酱油、食醋、酱类、酱咸菜。

品牌初创：1684 年。

品牌年龄：338 年。

品牌所在地：云南昆明。

获得"中华老字号"时间：2006 年。

品牌简介

"拓东"这一品牌最早可以追溯到清代康熙二十三年（1684 年）的永香斋酱园，品牌发展至今已经历了 300 多个年头。作为生产型企业的云南拓东味业食品有限公司，是在 2011 年 7 月，由原来的昆明酿造总厂改制后成立的，而昆明酿造总厂则是由昆明永香斋酱菜厂和拓东酱菜厂在 1998 年资产重组后合并成立的。公司总部设在昆明市，主要生产酱油类、食醋类、酱菜类和食用油类等 30 多个产品，公司旗下有"永香斋""昆湖""拓东"等 8 个注册商标，产品在云南省内外广泛销售，云南玫瑰大头菜还远销至新加坡、马来西亚等海外市场。经过几次变革后的"拓东"品牌，因对原料的精选、生产工艺的严谨控制、工序管理的严密，保证了酱菜的稳定品质，味美醇正、历久弥珍，博得了广大消费者的青睐和良好的口碑，获得了诸多国家、省、市等各级政府部门颁发的奖项及荣誉，被中国国际经济合作学会品牌推广委员会评为"中国品牌调味品走出去指定生产供货单位"。

（三）宣字牌

现任企业：云南宣威火腿集团有限责任公司。

注册商标：宣字。

主营业务：肉制品。

品牌初创：1727 年。

品牌年龄：295 年。

品牌所在地：云南曲靖。

获得"中华老字号"时间：2011 年。

品牌简介

云南宣威火腿集团有限责任公司的前身是云南省宣威县食品公司，始建于 1954 年，注册商标为"宣字牌"。宣威火腿历史悠久，文化底蕴厚重，清雍正五年（1727 年）成名，至今已有近千年的生产史、近 300 年的成名史，是宣威最负盛名的文化形象代表和地方品牌象征。宣威火腿荣获 100 余项殊荣，其中国家级荣誉有"原产地域保护产品""地理标志证明商标""中国驰名商标""中华老字号""国家非物质文化遗产保护"等五项；宣威火腿是用含乌金猪血统肥猪的鲜后腿，按宣威火腿工艺腌制发酵成熟的火腿，味道鲜嫩香甜，含有 19 种氨基酸（其中 8 种是人体必需的）、11 种维生素和 9 种微量元素。这一款火腿因营养丰富、肉质滋嫩、油而不腻、香味浓郁、咸香回甜而备受赞誉，畅销上海、贵阳、昆明等省内外市场。

（四）老拨云堂

现任企业：昆明老拨云堂药业有限公司。

注册商标：老拨云堂。

主营业务：药业。

品牌初创：1728年。

品牌年龄：294年。

品牌所在地：云南昆明。

获得"中华老字号"时间：2006年。

品牌简介

老拨云堂药业最早诞生于现在的云南省玉溪市通海县，县城文庙街的老拨云堂药店所制作的"锭子眼药"流传至今已有近300年的历史，此药由通海人沈育柏所创，他所开的药店在1728年由当地县令题名为"拨云堂"，这就是"老拨云堂"的前身。沈育柏开创老拨云堂后，所生产的拨云眼药锭、拨云珍珠丸、拨云复光散等产品妇孺皆知，其中最赫赫有名的是"锭子眼药"。"拨云见青天，名传数百年"是人民对"锭子眼药"的评价，而且云南民间也流传着"身带拨云锭，走遍天下不受穷"的说法。老拨云堂药业以"拨云"系列产品享誉中国，与北京同仁堂、天津达仁堂、杭州胡庆余堂并称为"中国四大名堂"。1900年，老拨云堂进驻昆明，在武成路开设了一家药铺，随后借助行商与茶马古道，"拨云"系列药品内销至清、陇、新，外销至越、老、缅、泰等东南亚国家。20世纪上半叶，老拨云堂的发展受到重创，中华人民共和国成立后，老拨云堂获得新发展。1985年，老拨云堂第十代传人沈永钢先生献出眼药秘方，创办现代化药厂。办厂初期，沈永钢先生以"理解、平等、成就和自我实现"为"拨云精神"，实施开放的人才、科技、市场等战略，广结有识之士，在研究父祖辈方药、改进生产工艺的同时，注重研制和开发适合市场需求的新产品，使老拨云堂焕发了新春。

（五）孔雀牌

现任企业：云南通海民族银饰制品有限公司。

注册商标：孔雀珠宝。

主营业务：珠宝、首饰零售。

品牌初创：1851年。

品牌年龄：171年。

品牌所在地：云南玉溪。

获得"中华老字号"时间：2006年。

品牌简介

孔雀珠宝品牌肇始于1851年通海"双宝号"银楼，发展至今已有170多年，依靠别具一格、美轮美奂、栩栩如生、货真价实的高品质珠宝饰品而闻名。质量和诚信一直以来都是该企业的立足之本，因此，孔雀珠宝的产品在省内外获得了极好的口碑。此外，企业所生产的百家锁、孔银腰带等产品还出口到日本、泰国、缅甸等国家，部分产品被中央民族文化宫永久收藏。孔雀牌珠宝享有"云南老字号""中华老字号""消费者最喜爱的中华老字号企业""云南省著名商标""中国十大最具历史文化价值百年品牌"等荣誉。孔雀珠宝发展至今已成为集黄金、钻石、翡翠等产品的生产、批发、零售、加盟为一体的现代化综合专业珠宝公司，以"百年品质，经典传承"为品牌内涵，以良好的信誉和真诚的服务铸就百年品牌。

(六) 福林堂

现任企业：昆明福林堂药业有限公司。

注册商标：福林堂、新一代福林堂、FU LIN TANG 等。

主营业务：中药。

品牌初创：1857 年。

品牌年龄：165 年。

品牌所在地：云南昆明。

获得"中华老字号"时间：1995 年。

品牌简介

福林堂是昆明福林堂药业有限公司的品牌，福林堂品牌始创于清朝咸丰丁巳年（1857年），是云南现存最古老的药店，创始人为李玉卿。李玉卿祖籍湖北黄冈，前清时期随父亲来到云南，他精通医术，医德高尚，为穷苦百姓治病不收诊费，只要求重病愈者在后堂植杏树三棵，轻者一棵，时间一长，逐成杏林，故药店取名"福林堂"，意在"福泽杏林"。李氏几代行医卖药，不但医术精湛，而且品性高尚，这也塑造了福林堂重视药品质量和商业信誉的价值观念，受到民间的广泛赞誉。现在的昆明福林堂药业有限公司成立于 2000 年 1 月 7 日，福林堂后人传承着"杏树成林，福泽后代"的创店祖训，严格控制产品质量，讲求商业信誉，严格管理。如今，福林堂的业务涵盖多种中西医药产品、医用保健品的研发、生产和销售，企业以"树立中华民族品牌、发展多元连锁经营"的经营战略，致力成为"地道药材专家"，倡导时尚健康品质生活，旨在将百年"福泽杏林"的传统风范继续发扬光大。

(七) 杨林牌

现任企业：云南杨林肥酒有限公司。

注册商标：杨林。

主营业务：白酒。

品牌初创：1880 年。

品牌年龄：142 年。

品牌所在地：云南昆明。

获得"中华老字号"时间：2011 年。

品牌简介

"白玉瓶装绿液浆，好酒应留与人尝。几藏杨林终自饮，犹对空瓶嗅酒香。"清末诗人王迥的《酒趣》一诗中说的酒就是杨林肥酒——中国唯一现存的绿酒，云南为数不多的百年老酒品牌。透过翡翠般的美丽绿色，杨林肥酒传达着深邃的文化，讲述着悠长而古老的故事。杨林肥酒由清代酿酒商人陈鼎于光绪六年（1880 年）配制而成，酒色翠绿如玉，药味清淡似无，香甜可口，酒味醇厚，一经问世，便广受欢迎，畅销不衰。1956 年，嵩明县政府建立了国营云南杨林肥酒厂，专门从事杨林肥酒的生产和销售，2004 年 10 月 21 日，云南杨林肥酒厂被龙润集团收购，次年 9 月，经嵩明县工商管理局批准注册成立了"云南杨林肥酒有限公司"，完成了国有企业的改制。龙润集团接手"杨林肥酒"后，对原有酒厂进行了全面的升级和改造，加大技术研发，成立了"保健酒技术研发中心"，新产品上市后，深受广大消费者的喜爱。如今，除了云南本土之外，杨林肥酒还打开了山东、河南、贵州和青海等地区的市场。企业把"为人类健康服务"的宗旨融入"杨林肥酒"的品牌塑造,弘扬"健康养身"的理念,旨在打造"中国第一绿酒"品牌,使其走向全国,创造辉煌。

(八) 下关沱茶

现任企业:云南下关沱茶(集团)股份有限公司。
注册商标:下关沱茶、松鹤、宝焰、南诏等。
主营业务:茶叶。
品牌初创:1902年。
品牌年龄:120年。
品牌所在地:云南大理。
获得"中华老字号"时间:2011年。

品牌简介

下关沱茶的起源可以追溯到一百多年前的清朝末年。1902年,大理"喜洲商帮"的茶叶商人严子珍与江西商人彭永昌、北城商人杨洪春合资创立了"永昌祥"商号,当时为了便利运输,他们把产自景谷县称为"姑娘茶"的茶叶改良之后,制成了犹如饭碗形状的圆形茶饼,称之为"沱茶"。"沱茶"问世后,在永昌祥的卖力经营下很快在滇、川、藏等地打开销路,在贩运到四川境内时,泸州地区的茶叶商人为了更好地宣传这种茶叶,把当地知名的沱江编入"广告语":"沱江水,下关茶,香高味醇品质佳",久而久之,下关沱茶也就逐渐被称为"沱茶"。下关沱茶以临沧、保山、思茅等30多个县出产的名茶为原料,经过人工揉制和机器压紧多道工序制成,外形美观,香气清新,冲泡出来的汤色橙黄清亮,滋味醇爽回甘,深受消费者喜爱。在中国,下关沱茶、云南白药、云烟被誉为"滇中三宝"。云南下关沱茶(集团)股份有限公司是2004年由云南下关茶厂改制组建(其前身是康藏茶厂,创建于1941年)的,经过70多年的艰苦奋斗,现已成为云南省乃至全国知名的茶叶加工企业,是云南省唯一的国家边销茶定点生产和储备企业。2002年,公司所生产的"云南下关沱茶"产品获得"国家原产地标记注册",2003年,公司通过ISO 9001国际质量体系认证;2011年,下关沱茶被认定为"中华老字号",同年"下关沱茶制作技艺"荣列国家非物质文化遗产名录。公司产品出口欧盟、日本、美国、东南亚等20多个国家和地区,遍销全国30多个省份;"宝焰"牌边销茶还在西北、西南民族地区受到藏、蒙、彝、回等兄弟民族同胞的喜爱。

(九) 云南白药

现任企业:云南白药集团股份有限公司。
注册商标:云南白药、养元青、金品、千草堂、金口健等。
主营业务:中药、中成药。
品牌初创:1902年。
品牌年龄:120年。
品牌所在地:云南昆明。
获得"中华老字号"时间:1995年。

品牌简介

云南白药创始于1902年,当时著名的中医曲焕章先生研制出了一种具有很强消炎止血、活血化瘀效果的"百宝丹"，该丹是云南白药的前身。云南白药问世以来，大批老百姓的生命因它而得到救治。此外，在北伐、长征、抗日战争、解放战争等重大历史事件中，云南白药更是发挥了极大的作用，享有"伤科圣药""药冠南滇"的美誉。1971年，云南白药厂成立，1993年进行现代企业制度改革后成立云南白药实业股份有限公司，1996年更名为云南白药集团股份有限公司。厚积薄发，云南白药集团如今已形成了以大健康、药品、医药资源、医药物流四大板块互利发展的全产业链市场价值体系，成为拥有两个国家一级中药保护品种（云南白药散剂和云南白药胶囊）、发明专利89项、实用新型21项、外观设计180项的大型现代化制药集团。未来，云南白药将在全球范围内开放配置资源，以满足中国市场的需求，同时把内生性增长与外延式扩展结合起来，围绕网络化、平台化、生态圈，加强竞争力，为用户和投资者提供价值，建设可持续发展的百年企业，努力成为在全球竞争中领先的中国大健康企业，再创辉煌。

（十）建新园

现任企业：昆明饮食服务有限公司。

注册商标：建新园。

主营业务：过桥米线、云南特色小吃。

品牌初创：1906年。

品牌年龄：116年。

品牌所在地：云南昆明。

获得"中华老字号"时间：2006年。

品牌简介

建新园的前身，是始建于1906年的"三合春"，由当时的餐界大厨吕贵创建。"三合春"，取天、地、人三合，色、香、味三合之意，也寓"长美"之意。建新园因其"过桥米线"汤鲜味美、风味独特而闻名遐迩，被食客誉为昆明市宝善街"第一金子店"。建新园现为昆明饮食服务有限公司旗下的企业，2009年，其"过桥米线"被中国烹饪协会评定为"中华老字号百年名小吃"，并荣获全国食品类最高荣誉奖项——"金鼎奖"。建新园主要经营具有云南特色的过桥米线、面条、卤制品等小吃，其中"过桥米线"有独特的吃法，即依次把配料、米线加入高汤中，搅拌均匀后方可食用。建新园过桥米线最大的特点就在于它的汤，其汤用当地老鸡、筒骨、龙骨、老鸭、秘制料包，用文火熬制7~8h，整碗高汤清、浓、爽、鲜，汤味的鲜美超过了鸡本身的鲜美。独特的方式形成了独特的餐饮文化，建新园深受广大消费者喜欢。

（十一）吉庆牌

现任企业：昆明吉庆祥食品有限责任公司。

注册商标：吉庆牌。

主营业务：滇式月饼、滇式糕点、饼干。

品牌初创：1907年。

品牌年龄：115年。

品牌所在地：云南昆明。

获得"中华老字号"时间：2006年。

品牌简介

昆明乃至整个云南最早的糕点铺诞生于清代咸丰时期的胡氏"合香楼"。店长胡增贵祖上是满族，居住在今天的沈阳。咸丰初年，胡增贵的父亲官游至滇，被编入滇籍，并于咸丰八年（1858年）开创了以经营萨其马、馓子、芙蓉糕等满式糕点为主的合香楼。而"吉庆祥"糕点铺是在1907年由昆明人陈惠泉（小名小庆）和陈惠生（小名小祥）兄弟所创立的，糕点铺得到了兄弟二人妹夫"袁吉之"的资助，因此，店名便由三人名字中各取一个字组成，即"吉庆祥"。早期设计的商标里，画有一支"戟"，戟上悬挂一块礼器"磬"，为"吉庆"的谐音，表达了吉祥、欢庆、团圆之意。吉庆祥与合香楼有姻亲关系，因此吉庆祥继承了合香楼满式糕点风格，之后又吸收了蒙、汉糕点的特点，在此基础上与云南本土文化相互融合，开发出了别具一格的滇式糕点，开创了滇式糕点的生产历史。产品一经问世，短时间之内就风靡省内外，吉庆祥所生产的月饼、玫瑰鲜花饼、鸡蛋糕、芙蓉糕、回饼等获得了社会各界人士的喜爱和赞赏，其声誉逐渐压过合香楼。中华人民共和国成立后，吉庆祥在传承与创新中开始了新的发展：1956年1月14日完成了公私合营，成立了昆明吉庆祥糕点厂；1999年进行了股份制改造，更名为"昆明吉庆祥食品有限责任公司"；2005年5月31日完成了新公司的工商注册，新组建了股份制的昆明吉庆祥食品有限责任公司；2006年被商务部认定为"中华老字号"，2008年被评为"云南省著名商标"，2008年被中国食品工业协会授予"帮式代表企业"。吉庆祥历尽百年坎坷，屹立于滇省饼业，独树一帜，是云南省极具实力的滇式糕点生产企业。

（十二）万和牌

现任企业：昭通万和食品有限公司。

注册商标：黑颈鹤、万和、恩安。

主营业务：调味品。

品牌初创：1910年。

品牌年龄：112年。

品牌所在地：云南昭通。

获得"中华老字号"时间：2011年。

品牌简介

据万和公司史料记载，"万和"这一品牌最早可以追溯到清宣统年间，是1910年由一位名叫万鸿轩的四川人士所创立的。现在的昭通万和食品有限公司是由100多年历史的昭通万和酱菜厂在2004年改制组建而成的，主要经营无公害蔬菜种植、食品生产、农产品加工及进出口贸易等业务，公司所生产的酱菜产品远销韩国、东南亚等地区，深受当地消费者的喜爱及好评。在中国，酱醋的历史源远流长，老话说得好，开门七件事——柴米油盐酱醋茶，七件当中，倘若没有酱和醋，我们的饮食一定索然无味。《论语·乡党》中孔子曾云："不得其酱，不食。"万和在漫长的岁月中，坚持"九晒九露"吸日月之精华的传统工艺，创造出多种品质优的产品，以及有独特风味的昭通酱系列产品，深受欢迎，享誉全国。1982年、1983年万和牌昭通酱连续两年被评为"云南省优质产品"；1994年、1997年连续两年被评为"云南省消费者喜爱产品"；1999年万和牌注册商标被列为"云南省重点保护商标"；2004年、2007年、2010年"万和"牌注册商标连续三年被评为"云南省著名商标"；2010年、2013年，公司连续两年被评定为"云南省省级成长型中小企业";2011年4月,万和荣获商务部颁发的"中华老字号"称号;2012年2月荣获云南省商务厅"云南老字号"称号。

(十三)德和牌

现任企业:昆明德和罐头食品有限责任公司。

注册商标:德和。

主营业务:火腿罐头。

品牌初创:1921年。

品牌年龄:101年。

获得"中华老字号"时间:2011年。

品牌简介

昆明德和罐头食品有限责任公司(昆明德和罐头厂)始建于1946年,前身是浦在廷先生于1921年创办的兄弟罐头食品公司。该公司是中国最早生产制造罐头的企业之一,至今已有92年的悠久历史,现为云南省规模最大和最具影响力的罐头食品综合生产制造企业,著名的"德和"牌商标,取自孙中山先生"饮和食德"的题字。孙中山先生于1923年参加了在广州举行的全国食品比赛大会,会上,他品尝了远道而来的宣威火腿罐头,色泽鲜艳、肉质嫩滑、味道香甜、不腻口的火腿罐头令孙中山先生赞叹不已,为宣威火腿罐头题字"饮和食德",因此,宣威火腿罐头后来也被称为"德和火腿罐头"。"德和"牌罐头是全国最早的8个出口商标之一,公司现已发展成为以罐头食品为主,以腌腊制品、糕点月饼等为辅的综合食品制造企业。公司生产的云腿大片、云腿午餐肉等产品每年出口,多次被消费者评为最受喜爱的食品。公司凭借良好的信誉和优质的产品,连续被评为"昆明市放心食品生产企业",并于2011年1月被中国商务部授予"中华老字号"称号。

(十四)梅花牌

现任企业:昆明冠生园食品有限公司。

注册商标:梅花牌、云之冠、昆冠。

主营业务:滇式糕点,云腿月饼等。

品牌初创:1915年。

品牌年龄:107年。

获得"中华老字号"时间:2006年。

品牌简介

冠生园的创建可以追溯到1915年,距今已有百年的历史,梅花牌则是昆明冠生园食品有限公司的品牌。2006年,国家商务部首批认定的"中华老字号"中,就有昆明冠生园的梅花牌。百年来,"诚信"是昆明冠生园的立命之本和兴旺之道,产品品质一直是企业狠抓的重点。现在,公司的各式糕点产品销售到全国,消费者对公司的中秋月饼、曲奇饼干、广味粽子等各类中西糕点产品赞不绝口。公司对原料采购、产品生产,以及相关环节都严格按照国家标准和相关要求层层把关,科学组织生产,确保各项工艺水平的高标准;在出厂环节,强化检验制度,确保不符合食品安全卫生标准的产品不出厂。公司还自觉接受各级药监部门和广大消费者的监督,获得了良好的市场口碑。

第五章　云南老字号品牌消费者认知度研究

品牌的发展离不开企业的精心塑造、不断创新及苦心经营，但从长远看，它更离不开广大消费群体的支持。无论是长寿品牌还是百年品牌，无论是"中华老字号"品牌还是"云南老字号"品牌，广大的消费群体是品牌安身立命的基础，只有满足了买家的需求，得到买家的青睐，企业才能生存下去，品牌也才能获得发展，这是最基本的商业发展规律。本章将结合当前云南省品牌发展的现状，研究云南省百年品牌。现有的"云南老字号"品牌无论是从品牌和企业的发展史、企业的规模、品牌文化、影响程度等方面都具备代表性，云南老字号品牌中已有20多个发展超过百年的品牌，它们是研究云南百年品牌较好的切入点。当前，云南省商务厅已经评选出了123家"云南老字号"品牌，这些老字号品牌在获得官方认证的基础上，在市场各类消费群体中的接受度如何？消费者对品牌的认知水平怎样？认可度高低及变化因素是哪些？这些都是值得深入研究的问题。

一、研究的目的

消费者或公众对品牌的认知情况，可以直接反映品牌在消费者心目中的认可程度。因此本项研究初步方向是做品牌的认知度调研，为企业的品牌决策提供依据。此项研究从消费者的视角出发，开展一次针对云南老字号品牌认知情况的调研。本项研究的目的主要为以下4点。

①了解云南地区消费者对云南老字号品牌的认知情况，并分析其原因；
②探索建立云南地区消费者对云南老字号品牌认知度的一般化模型；
③找到提升云南地区消费者对云南老字号品牌认知水平的方法；
④为云南老字号品牌的未来发展提出营销管理对策。

二、研究现状

"老字号"是中国式的表达，国外的研究中没有"老字号"这一表述，同类型的表述常见的有"基业长青""长寿"或"常春藤"，因此中国人所说的"老字号品牌"所对应的较为国际化的概念是"基业长青品牌"或者"长寿品牌"。在这个领域的研究，国外学者较多从发展历程的角度对长寿品牌展开个案研究，或者基于管理学角度对这类企业展开定量研究。国内目前已经积累了大量关于老字号品牌、品牌企业经营管理问题的研究，但学术界有关云南老字号品牌的研究尚少。以中国知网为例，用"老字号"作为主题进行检索，截至2022年4月，找到的核心期刊文献有802篇，说明国内已有大量的管理学或经济学领域的学者在研究中国的老字号品牌，并且形成了一定的研究体系。以"云南老字号"为主题进行检索，结果显示只有1篇核心刊物论文，以及1篇硕士论文，这说明时下学术界对云南老字号品牌经营管理的研究还相对匮乏，还有较大的研究空间。因此，本研究立足云南省消费者群体，调研、分析消费者对云南老字号品牌的认知情况，从老字号品牌发展的源头入手，认识现代交易过程中最基本的需求与满足问题。

三、相关理论及研究假设

为做好研究设计工作，须首先分析和研究消费者品牌认知的相关理论，提炼关键变量，建立相关模型假设。

（一）品牌传播

品牌传播是品牌所有者通过各类传播媒介、丰富的传播方式持续地与目标受众交流，最优化地提升品牌资产的过程[44]。品牌传播实际上是品牌信息传播的过程，这一过程的构架包括了信息、信源、信渠、信宿和效果评估这5个方面[45]。国外品牌传播研究始于20世纪中叶，当时买方市场逐渐形成，企业在激烈的市场竞争中为凸显自身的优势，让更多的消费人群认识自己，开始注重品牌传播的研究。研究过程中，品牌学与传播学逐渐产生了交叉融合，形成了"品牌传播学"，有效地促进了市场营销学研究的发展。品牌传播学形成了一系列理论，包括以 Reeves（1961）[46]为代表的 USP 理论、以 Ogilvy（1955）[47]为代表的品牌形象理论、以 Trout 和 Ries（1986）[48]为代表的品牌定位理论、以 Schultz 和 Barnes（1999）[49]为代表的整合品牌传播理论，以及以 Aaker 和 Joachimsthaler（2000）[50]为代表的品牌传播领导理论。余阳明（2005）[44]是中国较早研究品牌传播的学者，他最早对这一概念进行了定义。随着理论的发展，品牌传播融合了不同学科研究维度，内容不断丰富起来。品牌传播的发起者是企业，企业结合自身的情况，采用各种有效的传播媒体、传播渠道、传播形式向公众展示品牌信息，打开公众了解企业品牌的大门。

（二）品牌感知质量

对感知质量的研究始于产品领域，代表性的学者有 Olson 和 Jacoby（1972）[51]、Goldrick（1984）[52]、Zeithaml（1988）[53]、Uolevi、Jarmo 和 Lehtinen（1991）[54]及 Brucks 等人（2000）[55]等，这些学者对于感知质量的认识有共同之处，即认为其是消费群体对于有形产品的一种事后体验评价，其评价结果会因为受消费者个人主观差异、实际体验差异等因素的影响而有所不同。Gronroos（1981）[56]把感知质量的研究延伸到无形的服务领域，首先提出了感知服务质量的概念，并采用了消费者对产品的期望与实际体验之间的差距来衡量感知服务质量水平。Parasuraman 等人（1991）[57]开发了研究感知服务质量的差距模型，为后期的研究提供了可量化的工具。国内的学者们在这类研究的基础上，进一步发展了对于感知质量的研究。王智星（2010）[58]把质量文化、品牌形象、消费体验作为衡量工具，提出了品牌感知质量的概念。王鹏等（2019）[59]以 Gronroos 感知质量的"期望—体验"模型为基础，对组成期望的成分进行了修改和补充，在原模型的基础上加入了营销沟通、公共关系和来源地效应3个要素，并以此作为衡量维度来定义品牌感知质量。本研究认为，品牌感知质量是消费者在对产品或服务感知质量的基础上所延伸出来的对品牌层面的评价，评价的影响因素较产品或服务层面更丰富，会受到事前和事后的综合影响。

（三）品牌认知

品牌认知是消费或受众群体对于品牌熟悉程度的一种反应，这种反应会随消费者与品牌接触程度的加深而逐渐成熟。品牌认知也是消费者对于品牌感知情况的一种表现，

Aaker（1996）[60]归结了影响品牌感知质量的 5 个因素，即产品品质、服务品质、高质量的标志、暗示质量的价格、感知与实际体验的匹配。欧晓勇（2019）[61]认为在同等条件下，消费者会根据口碑评论选择知名度较高的产品，即消费者会选择认知程度较高、认知印象较好的产品。本研究认为品牌认知是消费者内心对品牌信息、体验，或者信息与体验两个层面相互作用后所形成的某种包含主观和客观反应程度的集成。

（四）品牌形象

品牌形象这一概念至今在学术界没有统一的观点，总结前人的研究经验，有以心理要素作为基础的概念，即品牌形象是消费者内心对于品牌所产生的联想或知觉[62]；有以事物象征性为切入点而形成的概念，即商品中抽象的文化要素被"物化"后形成某种象征物，作为象征物被消费者们购买[63]；有以人格化角度为基础的概念，即认为品牌具有拟人化的特质，一方面来源于商家对品牌拟人化的暗示，并加以宣传[64]，另一方面则是商家认为品牌可以代表某类群体的个性，并将品牌作为开展人际交流的媒介[65]；有从整体角度考虑品牌形象的概念，即品牌形象是消费者与某种产品或服务互动后所产生的对于该产品或服务的内在联想或内在意识（Keller，1993；John et al，2006；Hsieh et al，2004）[66]。本研究认为，品牌形象的界定，可以综合考虑以上 4 种情况，但应该结合具体的问题选择与问题相匹配的视角进行界定并展开研究。

（五）品牌口碑

口碑是两个及两个以上的人对某种共有事物的沟通或交流，品牌口碑即消费者之间对品牌的产品或服务展开的口头讨论，是一种非正式的交流[67]。交流的内容会随着人这一载体的流动而逐渐扩散，因此品牌口碑便具备了传播性。本研究认为，品牌口碑具备 3 个基本要素，即口碑主体（口碑产生的源头：消费者体验产品或品牌的事件、企业的行为表现等）；口碑载体（传播口碑的人员）和口碑信息（口碑内容）。互联网的发展使消费者之间信息分享的范围和速度得到提升，消费者之间还可能会因为某种产品或服务而建立社群，这促进了企业品牌口碑的传播。

（六）结构模型关系假设

本研究认为，要系统地看待消费者对于某种品牌的认知度，包括以上提到的 5 个主要变量，以形成基本的品牌认知构架，认知的程度随着变量之间的先后作用而得到加深。基于先前的论述，本书厘清了如下关系。

①消费者接收到来自品牌的信息刺激后，能够形成品牌认识，而信息可以通过品牌传播得以实现，因此，品牌传播可以作为消费者品牌认知产生的起点。

②品牌传播的效果能够形成消费者对于品牌在质量、价格、体验等方面的预期，从而影响消费者体验过后品牌感知质量的评价结果。

③消费者的品牌感知质量评价结果会形成消费者从体验层面所获得的品牌认知。

④在经历了①②③3 个步骤后，消费者能够产生较为成熟的品牌认识，这一认识会成为消费者关于品牌较为客观的联想与感知，即消费者心理层面的品牌形象便被塑造出来。

⑤现实生活中也会存在消费者在接收了企业品牌传播的信息后，直接构建起品牌形象的情况。

⑥当品牌形象建立后，消费者关于品牌的联想或感知程度会影响消费者之间品牌讨论的程度，进而影响消费者对于品牌的口碑评价。

⑦另外，消费者对品牌的认知程度也会最直接地影响品牌口碑。当认知来到口碑环节，就上升到了消费者的态度层面，此时的认知就较为深刻。在一般情况下，口碑的数量、积极或消极程度会影响企业绩效的高低，在当前信息经济背景下，这一现象尤为突出。此外互联网的发展使消费者之间信息分享的范围和速度得到提升，信息碎片化的时代，广大消费者有时并没有太多精力和时间去仔细了解一款产品，而是参考用户评论区的内容作出购买决策，因此，品牌口碑可以作为消费者品牌认知的终点。

根据以上 7 组关系的整理，本书提出消费者对云南老字号品牌认知情况的如下假设。

H1：品牌传播对品牌认知有正向的影响作用；

H2：品牌传播对品牌感知质量有正向的影响作用；

H3：品牌感知质量对品牌认知有正向的影响作用；

H4：品牌认知对品牌形象有正向的影响作用；

H5：品牌传播对品牌形象有正向的影响作用；

H6：品牌形象对品牌口碑有正向的影响作用；

H7：品牌认知对品牌口碑有正向的影响作用。

（七）怀旧情感

市场营销学领域中关于怀旧的研究，始于 20 世纪 80 年代末 90 年代初（Holbrook 和 Schinder，1989）[68]。怀旧是一种对于过去的念想，或者是对往事以及与往事相关的人、物件、地理、场景等因素的喜爱（Holbrook，1993）[69]。怀旧是一种情感式的记忆，而非认知式的记忆（Belk，1990）[70]。消费者怀旧涉及范围较广，包括心理学的自我、情绪、情感、记忆等方面（Wildschut 等人，2006）[71]。运用怀旧这一情感要素，管理学者们把它推广到了广告、市场细分、营销实践等领域，开发出了一些测量怀旧情感的量表。在国内的研究中，何佳讯等人（2007）[72]认为国外的量表在测量中国样本的过程中并未显示出令人满意的结果，因此在 2010 年开发了中国消费者怀旧倾向量表（CHINOS）[73]。在此基础上，部分学者们也开始把怀旧情感运用到不同行业的研究领域（温韬、秦通，2019）[74]。怀旧情感带有明显的主观性，因消费者的性别、年龄、性格、背景等方面存在差异，在实际的走访中发现，部分中老消费群体十分怀念他们曾经经历过的时代，过去时代的人、街道、房屋、场景等要素会形成一种主观的怀旧情感，进而影响到消费者对于品牌的理解以及评价。这样的结果引发了本研究的思考，怀旧情感是否具有调节效应，影响品牌感知质量，以及品牌认识之间的效果？因此，本研究提出如下假设。

H8：怀旧情感在品牌传播对品牌感知质量的影响过程中存在调节作用；

H9：怀旧情感在品牌传播对品牌认知的影响过程中存在调节作用。

（八）品牌认同

品牌认同起源于心理和社会学，从社会认同理论和组织认同理论的发展中演变而来。Lastovicka 和 Gardner（1979）[75]认为品牌认同是消费者主观意识中产生的一种对某种品牌的依恋。Keller（2001）[76]认为品牌认同是消费者与生产者通过品牌的桥梁作用而产生的一种共识。刘新（2012）[77]提出品牌认同是消费者感知的品牌个性形象与自我价值观、生活方式一致性程度。本研究认为，消费者对品牌的认同是消费者对于品牌功能、品牌的表现形式、品牌所传达的价值观念的认可程度。前面说到，消费者对于某一品牌的口碑评价，会在某种程度上源于该品牌在消费者心目中树立的形象，对于老字号品牌，某些消费者会因为感慨其存在的历史，或者在社群认同的基础上对该品牌产生认同，认同度的高低会对该品牌的口碑评价产生一定影响。因此，本研究也试图探究品牌认同是否调节着品牌形象对品牌口碑的影响过程，因此，本研究提出如下假设。

H10：品牌认同在品牌形象对品牌口碑的影响过程中存在调节作用。

四、研究设计

（一）研究模型构建

基于上述理论综述与假设，本研究针对云南老字号品牌消费者认知情况，所构建的研究模型如图5-1所示。

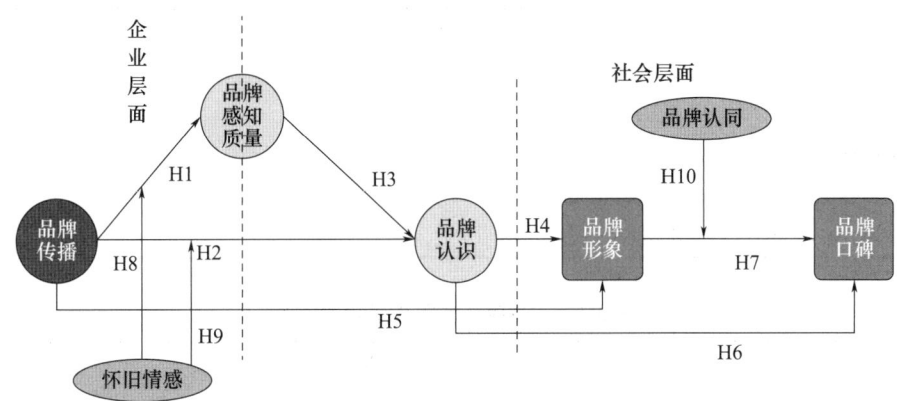

图5-1　云南老字号品牌消费者认知度模型

（二）研究方法

针对研究框架模型，本研究设计了"云南百年老字号品牌调查问卷"，以问卷调查的形式展开实证研究。问卷设计包含两个部分：第一部分了解研究样本的基础信息，包括性别、年龄段、消费情况、学历、职业、久居地，以及对云南老字号品牌的一些主观认识；第二部分是量表问卷，针对研究所涉及的7个变量设计了47个量表问题进行调研。

（三）量表设计

量表问卷中的问题均结合云南老字号品牌发展的现状，在经典量表的基础上进行修改后设计而成，测量尺度采用李克特5点测量法。对于品牌传播，在余明阳（2005）的品牌传播理论模型基础上，专注于品牌的传播渠道、传播内容及传播效果3个方面设计了9个问题；品牌感知质量则参考Dodds等（1991）[78]的研究，设计了5个问题；品牌认知在张瑜（2018）[79]的研究基础上，分别从认知的产品形象、企业形象及品牌知名度3个层面共设计了10个问题；品牌形象设计了4个问题（Xiangyu Li等，2016）[66]；品牌口碑设计了5个问题（Shu Ning Zhang等，2021）[80]；怀旧情感分为人际怀旧、家庭怀旧及个人怀旧3个方面，共设计9个问题（何佳讯，2010）；品牌认同设计了5个问题（金立印，2006）[81]。量表如表5-1～表5-7所示。

表 5-1　"品牌传播"变量测量问题

项目	问题
传播渠道	1. 我经常能接触到云南老字号实物广告，如门店招牌\路牌\灯箱等广告 2. 我时时能在线上（互联网、微信公众号、手机短信等）接触到云南老字号品牌的广告 3. 我会时常从家人、朋友或同事口中了解到云南老字号品牌的信息 4. 我时常能在云南省或地方级的主流媒体上接触到有关云南老字号的品牌故事
传播内容	5. 我所接触过的老字号品牌广告，种类很多，涉及不同行业 6. 我经常能在同一个地方了解到来自云南省不同地区的老字号品牌广告 7. 云南老字号品牌广告内容的表达方式，是我能接受的
传播效果	8. 我能够理解云南老字号品牌广告所传达的意思 9. 我所接触过的老字号品牌广告都能反映我现在的诉求

表 5-2　"品牌感知质量"变量测量问题

问题
1. 我所用过的云南老字号产品是可靠且耐用的
2. 我所用过的云南老字号产品工艺到家，用料考究/服务到位
3. 我所用过的云南老字号产品质量很好
4. 我所用过的云南老字号产品真实安全，值得信赖
5. 我所用过的云南老字号产品让我感到放心

表 5-3　"品牌认知"变量测量问题

项目	问题
产品形象	1. 我很注重云南老字号品牌的产品质量（可靠耐用、原料品质、安全等） 2. 我很注重云南老字号品牌的产品功效 3. 我认为云南老字号品牌应该保留一些传统工艺 4. 我认为有关机构对云南老字号品牌的认证能够提升产品工艺的科学性
企业形象	5. 我认为云南老字号品牌企业注重技术的研发和产品创新 6. 我认为云南老字号品牌企业服务水平普遍较高 7. 我认为云南老字号品牌企业社会口碑很好
品牌知名度	8. 我很熟悉我所了解的云南老字号品牌 9. 我很关注云南老字号品牌是否是省内、国内甚至国际知名品牌这件事 10. 云南老字号品牌能传达出一些具有云南特色的属性

表 5-4　"品牌形象"变量测量问题

问题
1. 对于同一种产品，我会优先选择自己喜欢的老字号品牌
2. 购买云南老字号品牌，可以让我在其他朋友面前觉得自己有内涵
3. 我选择云南老字号品牌是因为它比其他同类型品牌更容易被识别
4. 比起同类型品牌，云南老字号品牌的某些特征能更快地进入我的意识里

表 5-5 "品牌口碑"变量测量问题

问题
1. 如果与他人聊起云南老字号品牌,我会给予这些品牌客观的评价
2. 我会告知他人,云南老字号品牌值得信赖
3. 如果他人有需求,我会推荐与他们诉求相关的云南老字号品牌的产品
4. 他人对云南老字号品牌的购买行为会影响我的购买倾向
5. 他人的评价会影响我对云南老字号品牌的购买决策

表 5-6 "怀旧情感"变量测量问题

项目	问题
人际怀旧	1. 有老字号品牌情怀是因为过去的人际关系较现在简单得多
	2. 有老字号品牌情怀是想象那个时代的情景
	3. 有老字号品牌情怀是怀念那个时代人们朴实的作风
家庭怀旧	4. 有老字号品牌情怀是因为它勾起了我以往的美好回忆
	5. 有老字号品牌情怀是因为我对自己过去的经历充满感恩
	6. 有老字号品牌情怀是因为过去和家人在一起的时光值得珍惜
个人怀旧	7. 过去的那些电影、电视剧,至今我仍然喜欢
	8. 过去的那些歌,现在听起来让人回味无穷
	9. 我怀念过去生活过的地方

表 5-7 "怀旧情感"变量测量问题

问题
1. 我很认同云南老字号品牌所代表的价值观
2. 云南老字号的品牌形象与我的个人形象相符
3. 我认同某个云南老字号品牌所代表的生活理念
4. 我觉得某个云南老字号品牌的存在已成为我生活的一部分
5. 我觉得某个云南老字号品牌与我有共同的目标

五、研究结果

(一)基础统计

本研究以云南省境内的消费群体及公众为研究样本,参考了"第七次全国人口普查"中云南各地区占云南省总人口的比重,在云南省 16 个地州按比例发放了问卷。从 2021 年 10 月至 2022 年 3 月,研究团队在云南省范围内发放了 1450 份问卷,回收 1111 份,最终保留了 1037 份有效问卷,问卷回收数量达到了 5 倍于测量题目的标准。本次调研在云南省各地区的有效样本采集比重与第七次全国人口普查云南省各地区人口比重的结果较为相符(表 5-8)。

表 5-8　云南省各地州样本分布与云南省人口情况

各地州问卷调查情况			"七普"云南省人口统计结果		
地区	有效问卷（份）	比重（%）	地区	人口数（人）	比重（%）
昆明	186	17.9	昆明	8460088	17.9
曲靖	120	11.6	曲靖	5765775	12.2
昭通	105	10.1	昭通	5092611	10.8
红河	98	9.5	红河	4478422	9.5
文山	74	7.1	文山	3503218	7.4
大理	68	6.6	大理	3337559	7.1
临沧	54	5.2	临沧	2457991	5.2
保山	55	5.3	保山	2431211	5.1
楚雄	51	4.9	楚雄	2416747	5.1
普洱	48	4.6	普洱	2404954	5.1
玉溪	36	3.5	玉溪	2249502	4.8
德宏	37	3.6	德宏	1315709	2.8
西双版纳	32	3.1	西双版纳	1301407	2.8
丽江	29	2.8	丽江	1253878	2.7
怒江	24	2.3	怒江	552694	1.2
迪庆	20	1.9	迪庆	387511	0.8

回收的 1037 份有效问卷中，男性样本占 54%，女性样本占 46%；年龄构成中，18 岁以下的样本占 0.30%，18～35 岁的样本占 69.40%，35～45 岁的样本占 17.80%，45～60 岁的样本占 10.70%，60 岁以上的样本占 1.70%，可见本次调研的样本大部分集中在 18～35 岁的年轻群体（图 5-2）。

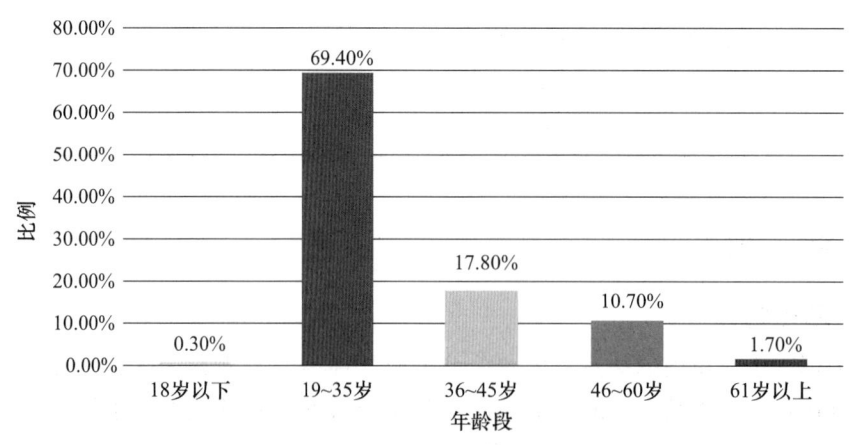

图 5-2　调研样本年龄构成

按照比重由高到低的顺序，本次调研中绝大多数的样本都接受过本科教育（图 5-3），占 83.99%；其次，有硕士文凭的人员占 10.61%，有大专文凭的人员占 3.47%，有博士文凭的人员占 1.54%，其他人员比重占 0.39%。从年龄结构和学历结构来看，本次调研的年轻人绝大多数都接受过高等教育，他们代表了新生代的顾客群体，有新思想，这类人群对"老字号"品牌的认知结果可以反映出老字号品牌在年轻人群中的认可程度，他们的意见或建议可以为老字号品牌培育年轻市场、保持品牌的新鲜度等策略方面提供方向性的参考。

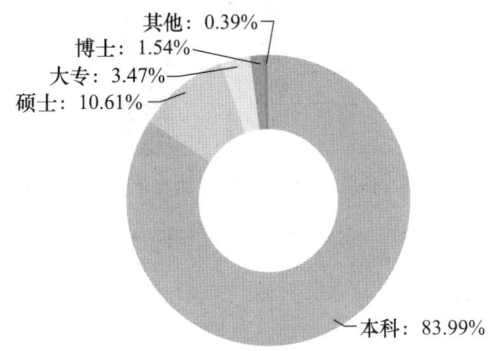

图 5-3 调研样本学历构成

职业来源中（图 5-4），学生群体占 29.51%，事业单位或公务员单位的公职人员比重占 28.54%，在商业企业工作的白领群体占 20.15%，从事生产型企业工作的蓝领群体占 5.40%，自由职业群体占 13.40%，退休人员占 1.64%，务农人员占 1.35%。对于职业的统计基本涵盖了绝大多数职业类别的大类。学生群体思维活跃，虽然有些想法过于理想化，或者欠成熟，但思想深处也包含着创造性元素，这一群体如果把握得当，其意见能在老字号品牌的拓新过程中成为创意出发的灵感库；公职人员群体常年在政府部门或事业部门工作，思路较为规范，而且对政策较为熟悉，如果与这一群体进行广泛沟通，把发展老字号品牌的意义宣传到位，那么他们能够为老字号的规范发展，以及政策机遇的把握等方面提供宝贵的意见；自由职业者、蓝领和白领，他们是广泛接触市场的一类群体，对市场的动向有较高的敏感性，倘若这一群体愿意贡献力量，那么他们的意见能对老字号品牌的市场化，如市场开发、市场运作、企业管理、人才聚集等方面提供帮助，或许还能在这一群体中发掘到老字号品牌未来发展的合作伙伴，充满了潜力。

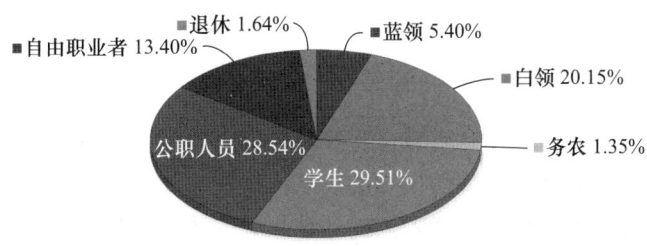

图 5-4 调研样本的职业构成

在云南省消费者对云南老字号品牌的认识方式或渠道（图 5-5）中，有 72.6% 的消费者通过切身体验的方式了解云南老字号品牌，通过大众媒体了解的消费者占 72.4%，通过朋友介绍的方式了解的占 44.2%，其他方式占 9.7%。在这个信息爆炸的时代，信息越来越透明。人们对老字号品牌的认知方式、认知了解渠道日益多元化，老字号品牌在未来应充分抓住新媒体时代下丰富的传媒机遇，运用互联网、电视、电影、广播、微信、微博、自媒体等，全方位立体式地讲好老字号品牌故事，做好"老字号"品牌的宣传。

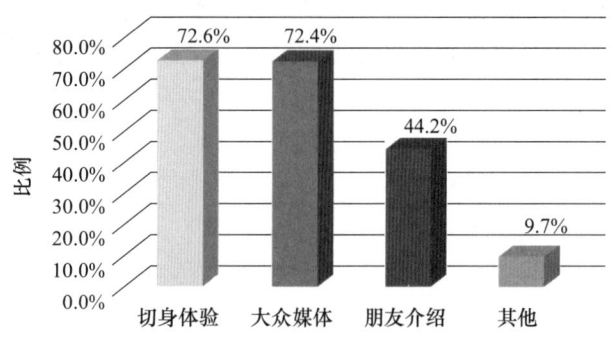

图 5-5　大众对老字号品牌的认知方式

（二）特定问题的统计

1. 词云图统计

（1）问题 1

"按照您脑海中浮现的顺序，请列举您所知道的云南老字号品牌。"该问题主要考查云南省消费者对云南老字号品牌的第一印象。图 5-6～图 5-24 显示了该问题的词云统计结果。

图 5-6　云南消费者所知道的云南老字号品牌列举汇总（云南省）

图 5-6 的统计结果显示，云南地区的消费者对云南白药、嘉华、潘祥记、建新园、德和罐头、老拨云堂、白象牌等品牌的认知度较高，这些品牌在词云图中所显示的字号较大也较为明显，字号的大小反映了消费者们提到该品牌的频率。除了对云南省整体范围内消费者认知品牌情况的统计，本研究也分别统计了来自云南省 16 个地州的样本的认知情况，以了解各地州人群对于云南老字号品牌的认知状况。

从昆明市的样本词云图（图 5-7）可知，认知度较高的品牌主要集中在云南白药、嘉华、建新园、白象牌、昆明冠生园、拓东、福林堂等品牌。其次，对于一些非注册商标的名称，如豆花米线、宣威火腿、宜良烤鸭、普洱茶，消费者也有所列举。这一方面说明这些产品已融入昆明地区人们的生活；另一方面，由于经营这一类产品的商家较多，业绩也

第五章　云南老字号品牌消费者认知度研究

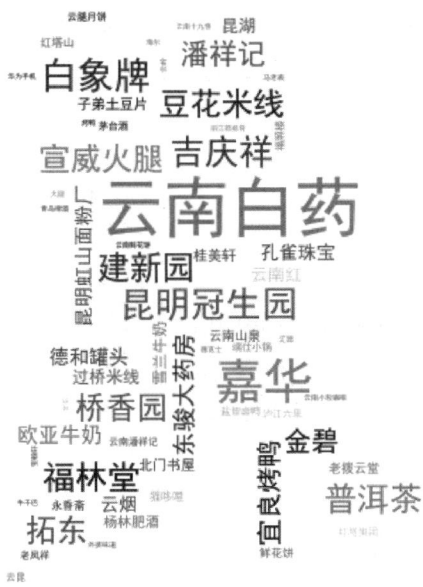

图 5-7　云南消费者所知道的云南老字号品牌列举汇总（昆明市）

参差不齐，尚未出现较有影响力的商号、名称来收敛公众的认知范围，因此对于这一类产品，公众印象较深的地方就只停留在产品本身的内容或产地层面，缺乏品名认识。其他地州样本所列举的品牌中也有较为明显的类似情况。

从曲靖市的样本词云图（图 5-8）可以知，认知度较高的品牌主要集中在云南白药、石林、嘉华、阿诗玛、潘祥记、老拨云堂等品牌；非注册商标的名称有云烟、过桥米线、普洱茶、宣威火腿、云南鲜花饼、曲靖蒸饵丝等。

图 5-8　云南消费者所知道的云南老字号品牌列举汇总（曲靖市）

来自红河州的样本词云图（图 5-9）中，消费群体或公众认知度较高的品牌主要集中在云南白药、潘祥记、桂美轩、德和罐头、老拨云堂、泸江六果等品牌；非注册商标的名称有蒙自过桥米线、建水烧烤、石屏豆腐等。

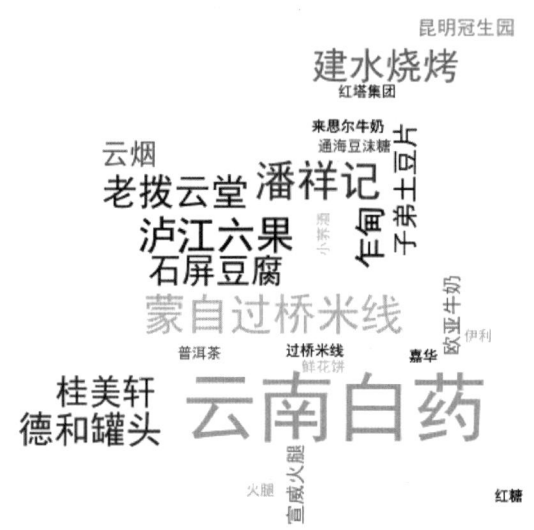

图 5-9　云南消费者所知道的云南老字号品牌列举汇总（红河州）

从图 5-10 可以看出，玉溪市认知度较高的云南老字号品牌主要集中在云南白药、大龙口高粱酒、玉林泉、秀山糕点、红塔牌等品牌；非注册商标的名称中，宣威火腿、过桥米线、云南过桥米线较为突出，可以看出除了火腿外，玉溪地区的人们钟爱米线这一云南特色日常小吃，米线是当地人一日三餐的重要组成部分，这也可能是因为本次样本较多集中在年轻群体，米线在这一群体中因其便利和可口的特点而广受青睐。

图 5-10　云南消费者所知道的云南老字号品牌列举汇总（玉溪市）

来自大理州的样本（图 5-11），认知度较高的云南老字号品牌主要集中在云南白药、欧亚牛奶、潘祥记、鹤庆乾酒、下关沱茶、洱宝、嘉华、雪兰牛奶等品牌；非注册商标的名称有诺邓火腿、巍山耙肉饵丝、永平黄焖鸡、弥渡卷蹄，可以看出大理地区的消费者们对于这些食品的偏爱是根深蒂固的。

图 5-11　云南消费者所知道的云南老字号品牌列举汇总（大理州）

来自楚雄州的样本（图 5-12），认知度较高的云南老字号品牌主要集中在云南白药、摩尔农庄、妥甸酱油、喜鹊窝酒、菖河蜂蜜、猫哆哩等品牌；非注册商标的名称有大姚核桃、武定壮鸡、禄丰香醋、牟定腐乳、南华野生菌等，说明这一地区酱菜、农产品、野生菌等产品深入人心。

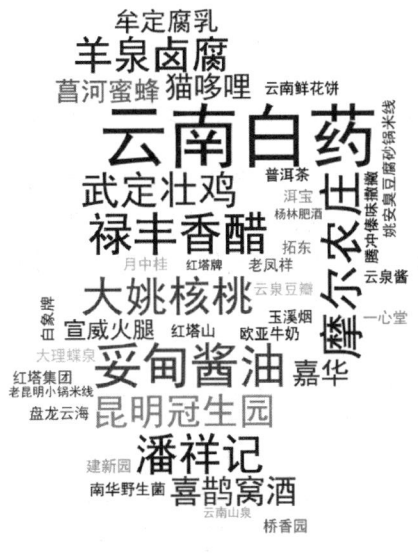

图 5-12　云南消费者所知道的云南老字号品牌列举汇总（楚雄州）

来自昭通市的样本（图 5-13），认知度较高的云南老字号品牌主要集中在云南白药、月中桂、万和酱油等品牌；非注册商标的名称有昭通天麻、昭通酱，这说明昭通地区的人们对于本地特产有较高的偏爱。

来自文山州的样本（图 5-14），认知度较高的云南老字号品牌主要集中在云南白药、剥隘七醋、嘉华等品牌；非注册商标的名称有云南小粒咖啡、三七、文山三七、过桥米线等，同昭通地区类似，文山地区的人们对本土印象较深的特产就是三七。

图 5-13　云南消费者所知道的云南老字号品牌列举汇总（昭通市）

图 5-14　云南消费者所知道的云南老字号品牌列举汇总（文山州）

保山市的样本中（图 5-15），认知度较高的云南老字号品牌主要集中在云南白药、腾药、澜沧江啤酒、老拨云堂、宝益茂、潘祥记等品牌；非注册商标名称除了火腿之外，当地人对于有当地特色的矿物产品永子，以及依靠地理条件所形成的温泉都有较深的印象。

图 5-15　云南消费者所知道的云南老字号品牌列举汇总（保山市）

来自普洱市的样本（图 5-16），认知度较高的云南老字号品牌主要集中在云南白药、李记谷庄、同兴号、澜沧古茶、恒和元等品牌；非注册商标的名称中最为明显的是普洱茶。该地区以前叫思茅，而现在叫普洱，由此可见普洱茶在当地的影响力。

图 5-16　云南消费者所知道的云南老字号品牌列举汇总（普洱市）

来自临沧市的样本（图 5-17），认知度较高的云南老字号品牌主要集中在云南白药、滇红、福林堂等品牌。除了医药行业，这一地区也是云南普洱茶的主要产区，因此茶叶品牌在当地非常响亮。这种影响也延伸到非注册商标的名称之中，如勐库茶、普洱茶。

图 5-17　云南消费者所知道的云南老字号品牌列举汇总（临沧市）

来自德宏州的样本（图 5-18），认知度较高的云南老字号品牌有云南白药、金塔温泉和腾药。非注册商标的名称有遮放贡米、普洱茶、梁河温泉等。德宏地区的气候是较为湿润的亚热带气候，适合水稻的生长，因此就有了当地人引以为傲的大米出产；另一方面，当地也有较为丰富的地热资源，温泉度假成为了当地人及外地游客别样的休闲和出游选择，因此温泉较为有名。

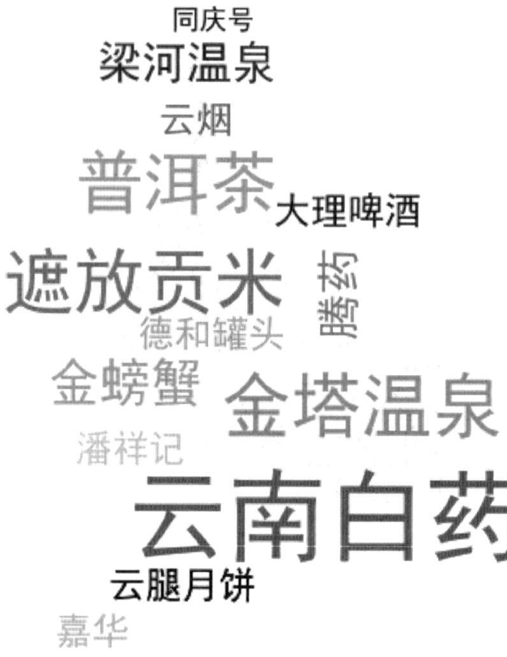

图 5-18　云南消费者所知道的云南老字号品牌列举汇总（德宏州）

来自丽江州的样本（图 5-19），认知度较高的云南老字号品牌主要集中在云南白药、鹤庆乾酒、丽永瓷、东巴拉、昆明冠生园等品牌。除了外地的这几个知名品牌，当地人最为中意的应该就是丽江独有的瓷器产品，历史悠久、深入人心。

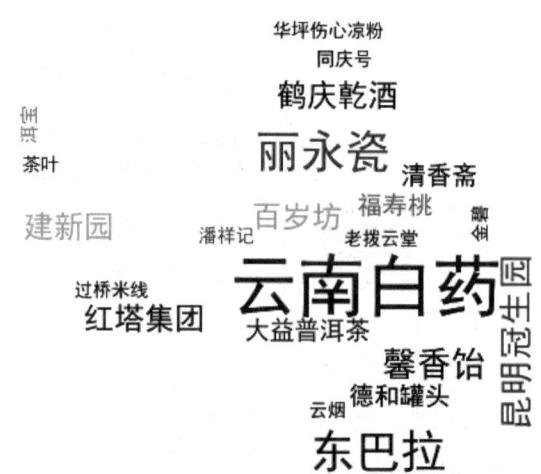

图 5-19　云南消费者所知道的云南老字号品牌列举汇总（丽江州）

来自迪庆州的样本（图 5-20），认知度较高的云南老字号品牌主要集中在云南白药、馨香饴、东巴拉、藏龙等品牌。

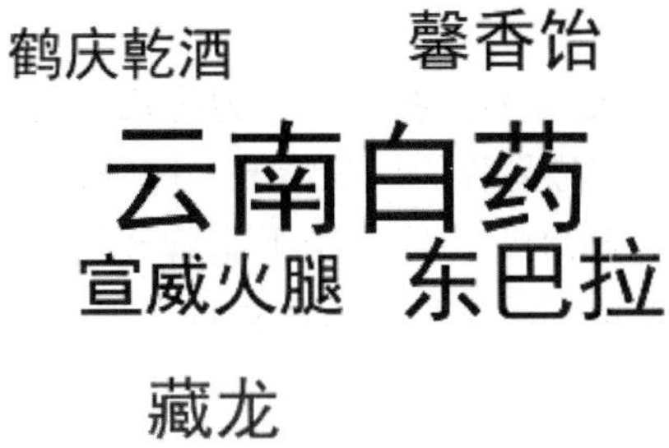

鹤庆乾酒　　馨香饴

云南白药

宣威火腿　东巴拉

藏龙

图 5-20　云南消费者所知道的云南老字号品牌列举汇总（迪庆州）

来自怒江州的样本（图 5-21），认知度较高的云南老字号品牌主要集中在云南白药、潘祥记、建新园等品牌。

百岁坊

东巴拉

宣威火腿

清香斋

昆明冠生园

建新园

普洱茶

云南白药

红塔集团

潘祥记　嘉华

丽永瓷

福寿桃

大益普洱茶

图 5-21　云南消费者所知道的云南老字号品牌列举汇总（怒江州）

本次调研也采集了少量来自云南省以外的样本。从结果看（图 5-22），云南省以外的消费者对于云南老字号品牌的印象主要集中在云南白药、宣威火腿、嘉华、普洱茶、桥香园等。

图 5-22　云南消费者所知道的云南老字号品牌列举汇总（云南省以外）

（2）问题 2

"以上（问题 1 中）列举的老字号品牌，您认为哪几个是百年品牌？"该问题主要调查云南省消费者对于云南百年老字号品牌的认知情况。调查结果显示，消费者普遍认为云南白药、宣威火腿、潘祥记、德和罐头、月中桂等品牌经历了百年的发展，具有百年历史（图 5-23）。对于该问题，笔者也调研了来自云南省各个地州的情况，由于篇幅的关系，各地州的统计词云图不再展示。

图 5-23　云南消费者所认为的云南百年品牌列举汇总（云南省）

（3）问题 3

"您知道哪几个云南老字号品牌的故事？"该问题主要调查云南省消费者对于云南老字号品牌的认知深度。调查结果显示，云南省的消费者对于云南老字号品牌故事还是有一定的了解的，故事认知集中度较高的云南老字号品牌主要有云南白药、宣威火腿、潘祥记、建新园、老拨云堂、德和罐头、腾药、嘉华等（图 5-24）。

图 5-24　云南消费者所认识的"云南老字号"品牌故事列举汇总（云南省）

通过问题 1 至问题 3 的词云统计，我们可以很直观地了解到如下两点。

第一，品牌力较高的云南老字号品牌（如云南白药、德和罐头、潘祥记等），消费者对其认知度较高,并且在各个地州,这些强品牌都有较高的消费者认知度;而品牌力较低的云南老字号品牌,消费者对其认知度较低。

第二,云南省内公众对老字号品牌的认识带有一定地域性,某地区的消费者对久居地的品牌比较熟悉,这些品牌被提及的次数较多。如楚雄州的消费者,提到摩尔农庄、武定壮鸡、大姚核桃,大理州的消费者提到诺邓火腿、鹤庆乾酒、洱宝等品牌,这说明消费者对一个地区品牌的认知程度,与消费者在某地的居住时长有关。

2. 词频分析

本次调研对消费者所列举的云南老字号品牌进行了词频统计,以了解消费者的认识构架中高、低热度的云南老字号品牌有哪些,以及消费者对品牌认知的准确情况。

(1) 高热度的品牌

表5-9展示了问题1到问题3所列举的频数排名在前的20个品牌。其中,"列举老"一栏表示的是问题1所统计的结果;"列举百"一栏表示的是问题2所统计的结果,"故事"一栏表示的是问题3的统计结果。从整体来看,消费者所列举的云南老字号品牌的总频数要高于消费者所知道的云南老字号品牌故事的总频数,这一结果与事实是较为相符的。对于品牌来说,消费者从认识品名到认识品牌故事是一个从感性认识到理性认识的过程,需要一定的时间。这也取决于消费者对品牌的关注水平。影响关注水平的因素很多,包括消费者对品牌的偏好、消费者与品牌之间的互动、品牌带给消费者良好的体验、品牌的知名度、品牌所传达的精神和文化等,因此,一般情况下,消费者所认识的品名数目会多于他所了解的品牌故事数目。

表5-9 消费者心目中的高热度云南老字号品牌

序号	列举老	频数(次)	列举百	频数	故事	频数(次)
1	云南白药	712	云南白药	628	云南白药	360
2	宣威火腿	190	宣威火腿	121	宣威火腿	69
3	嘉华	125	潘祥记	78	潘祥记	47
4	潘祥记	116	嘉华	51	德和罐头	37
5	昆明冠生园	57	月中桂	48	老拨云堂	33
6	月中桂	55	老拨云堂	41	腾药	32
7	建新园	53	福林堂	40	月中桂	27
8	白象牌	47	昆明冠生园	39	嘉华	26
9	德和罐头	45	建新园	39	建新园	25
10	老拨云堂	45	德和罐头	38	昆明冠生园	20
11	福林堂	44	白象牌	33	杨林肥酒	19
12	吉庆祥	38	吉庆祥	31	白象牌	18
13	腾药	38	腾药	30	福林堂	17
14	桥香园	32	万和酱油	21	滇红	17
15	万和酱油	32	桥香园	19	鹤庆乾酒	13
16	云烟	32	拓东酱油	18	云烟	12
17	欧亚牛奶	31	阿诗玛	17	万和	11

续表

序号	列举老	频数（次）	列举百	频数	故事	频数（次）
18	阿诗玛	25	同庆号	16	东巴拉	11
19	拓东	22	石林	16	吉庆祥糕点	10
20	滇红	22	云烟	15	凤牌	10

从"列举老"一栏所反映的结果来看，云南白药在云南消费者心目中的热度最高，被消费者提到712次，且远远高于排名第二的品牌，可见云南白药在云南省消费者群体中获得了较为广泛的认识，在本次调研中可以作为热度第一梯队的品牌；其次是宣威火腿、嘉华、潘祥记，它们的词频次数都在100次以上，可以作为热度第二梯队的品牌；其他的老字号品牌可以看成一般热度的品牌。"列举百"的统计结果显示，消费者心目中所认为的百年老字号品牌，最突出的也是云南白药，其次是宣威火腿，其热度都在100次以上，剩下的品牌属于较高热度到一般热度。从"故事"的统计结果显示，云南白药的品牌故事是云南消费者较为熟悉的。

以上3个统计，消费者总共列举出145个品牌，其中，有80个云南老字号品牌，在云南老字号品牌名录（共112个）中的占比为72.1%，这一百分比可以认为是云南省消费者对于云南老字号品牌认知的准确程度；同理，其中列举出的百年品牌有20个，占全体百年老字号品牌（共24个）的83.3%，这也是消费者对百年老字号品牌的认知准确程度。

（2）潜力品牌

表5-10展示了词频高于10次的品牌。"高热非老"即被消费者提及次数较多但不是云南老字号品牌的云南品牌；"高热非百"是被消费者提及次数较多但不是百年云南老字号品牌的云南品牌；"高热故事非老"是消费者所知道的不属于云南老字号品牌的品牌故事。从中可以看出，一部分品牌在云南消费者心目中已有了广泛基础，他们认为这些品牌是老字号或百年老字号品牌，虽然现在未被收录至"云南老字号品牌名录"，但这些品牌如果潜心经营，是具备发展为云南老字号品牌的能力的；如果未来发展得好，也有机会成为百年老字号品牌。例如"高热非老"栏中的嘉华，此次调研的词频是125次；该栏目中还有桥香园、云烟、欧亚牛奶、红塔山等；"高热非百"栏中有潘祥记、嘉华、月中桂、白象牌、腾药等；"高热故事非老"的栏中有嘉华、云烟、吉庆祥等。这些品牌在部分云南的消费者心目中，已经被视为老字号品牌，或者百年老字号品牌，这为这些品牌的发展打下了良好的群众基础。

表5-10 具有发展潜力的云南老字号品牌

序号	高热非老	词频（次）	高热非百	词频（次）	高热故事非老	词频（次）
1	嘉华	125	潘祥记	78	嘉华	26
2	桥香园	32	嘉华	51	云烟	12
3	云烟	32	月中桂	48	吉庆祥	10

续表

序号	高热非老	词频（次）	高热非百	词频（次）	高热故事非老	词频（次）
4	欧亚牛奶	31	白象牌	33	—	—
5	红塔山	21	腾药	30	—	—
6	东骏大药房	14	桥香园	19	—	—
7	大理啤酒	13	拓东酱油	18	—	—
8	摩尔农庄	13	阿诗玛	17	—	—
9	雪兰牛奶	13	石林	16	—	—
10	红塔集团	12	云烟	15	—	—
11	勐库茶	11	东巴拉	15	—	—
12	猫哆哩	10	大益普洱	14	—	—
13	—	—	鹤庆乾酒	14	—	—
14	—	—	桂美轩	12	—	—
15	—	—	金碧	11	—	—
16	—	—	孔雀珠宝	11	—	—
17	—	—	泸江六果	11	—	—

（3）低热度品牌

表 5-11 中的古文堂、易武同庆号是云南老字号中的百年品牌，其余的从昌宁龙润茶到宝翰轩都是云南老字号品牌。这些品牌只有极少数的人知道，说明在消费者心目中的认知度较低。

表 5-11 消费者心目中的低热度云南老字号品牌

序号	品牌	词频（次）	序号	品牌	词频（次）	序号	品牌	词频（次）
1	文古堂	1	2	易武同庆号	1	3	云昆	1
4	昌宁龙润茶	1	5	鸿庆号	1	6	吉祥斋	1
7	慎德堂	1	8	云岭	1	—	—	—
10	云泉酱	1	11	宝翰轩	1	—	—	—

（4）零热度品牌

本次调研中，有32个品牌虽然已被收录至"云南老字号品牌名录"中，但从未被消费者提及（表5-12）。综合分析，这些品牌未被提及的主要原因包含以下几个方面。

第一，商号或企业规模较小，地点较为固定，受众群体范围较小。在某地长期居住的人群才有机会与该企业进行往来，其影响力难以扩展到全省，如天久彝家宴、郑保、MIN MAO DA LOU、安宁温泉宾馆、震庄迎宾馆等。这一类企业的店面长期固定在某一个地区，其服务或产品的范围有限，消费者主要集中于当地，无论是产品或终端消费者都缺乏流动性，因此在全省范围内知晓的人群较为局限。

表 5-12　调研中从未被提及的云南老字号品牌

序号	注册商标	来源	行业分类	序号	注册商标	来源	行业分类
1	瑞明	昆明	零售业	17	鹤苑	红河	食品制造
2	王子荣	昆明	医药（中）	18	郑保	文山	卫生（私）
3	鸡鹿	昆明	卫生（私）	19	曲焕章	昆明	医药（中）
4	双塔	昆明	食品制造	20	陈老奶	昆明	食品制造
5	吉祥斋	曲靖	食品制造	21	瑞鹤	大理	医药（中）
6	天锡昌	保山	零售业	22	云曲坊	玉溪	科技服务
7	张蝴绵	昭通	纺织业	23	延寿堂	昆明	医药（中）
8	华艺	大理	文教/工美制造	24	安宁温泉宾馆	昆明	餐饮业
9	天久彝家宴	红河	餐饮业	25	莲湖	文山	文教/工美制造
10	铜厂	红河	白酒制造	26	震庄迎宾馆	昆明	餐饮业
11	杨聘号	西双版纳	茶叶生产	27	云开	楚雄	设备制造
12	莲云	文山	白酒制造	28	武狮	楚雄	文教/工美制造
13	羊八碗	曲靖	餐饮业	29	七星虎力	红河	医药（中）
14	鸿庆号	昆明	茶叶生产	30	映塔	楚雄	食品制造
15	MIN MAO DA LOU	迪庆	零售业	31	昆电工	昆明	设备制造
16	母炳林	大理	文教/工美制造	32	贺尔康	昭通	零售业

第二，由行业关系决定的。一些企业或者商号，所处的行业属于价值链上游，即制造领域，其大部分产品主要在中间商环节进行销售和推广，与终端消费者的接触较少，因此，广大的个体消费者对这些企业的认识较少。其实，大部分消费者已经享受了这些企业的产品所带来的便捷。如云开、昆电工两个品牌，云开是楚雄开关厂，主要生产各类生产或生活所使用的开关，而昆电工即昆明电缆厂，其产品消费者接触较多的环节主要集中在家庭住房装修环节，这类企业生产的产品一方面集中在价值链中游环节，另一方面在下游的终端与消费者接触的频率不高，因此在消费者群体中未能获得广泛认识，即便是使用过该类型企业的产品，由于再现次数较少，一时间很难被消费者回忆起来。

（5）表述模糊的品牌

根据"云南老字号品牌认定条件"中对于云南老字号品牌的定义，该表中消费者所表述的内容并非是某一个商号，或者商标，所以在统计的时候不能把这类表述纳入列举品牌。从表5-13中，我们可以了解到云南本土的消费者虽然没有准确地表述出某一品牌，但是他们还是了解某一地区的特色产品，或者某一关联品牌的情况，这类消费者可以成为如下产品或品牌的潜在消费群体,如果对应产品的企业做好宣传,打好市场基础,加强与消费者的互动,提升消费者对于对应品牌的了解,那么,这类产品或品牌还是具有较为广泛的市场的。

表5-13 消费者表述较为模糊的品牌

序号	表述	序号	表述	序号	表述	序号	表述
1	白族三道茶	17	红糖	33	南华野生菌	48	鲜花饼
2	百年老字号茶馆	18	会泽洋芋	34	牛干巴	49	小粒咖啡
3	邦腊掌温泉	19	火腿	35	诺邓火腿	50	小荞酒
4	茶叶	20	建水烧烤	36	普洱茶	51	姚安臭豆腐砂锅米线
5	大仓牛干巴	21	建水紫陶	37	巧家花椒	52	宜良烤鸭
6	大理饵块	22	剑川木雕	38	曲靖蒸饵丝	53	永平黄焖鸡
7	大理乳扇	23	烤鸭	39	三七	54	云南过桥米线
8	大理鲜花饼	24	昆明鲜花饼	40	石屏豆腐	55	云南火腿
9	大姚核桃	25	老街饵丝	41	腾冲傣味撒撇	56	云南普洱茶
10	邓川乳扇	26	老昆明小锅米线	42	腾冲饵丝	57	云南三七
11	豆花米线	27	丽江腊排骨	43	通海豆沫糖	58	云南鲜花饼
12	富源酸汤猪脚	28	梁河温泉	44	江川大头鱼	59	云南小粒咖啡
13	官渡粑粑	29	蒙自过桥米线	45	巍山粑肉饵丝	60	云腿
14	过桥米线	30	弥渡卷蹄	46	文山三七	61	云腿月饼
15	鹤庆银器	31	牟定腐乳	47	武定壮鸡	62	沾益小粑粑
16	昭通酱	32	昭通苹果	—	—	—	—

此外,一部分表5-13中的表述中,都带有地名,或者带有指代性较强的词语,如白族三道茶、大仓牛干巴、大理饵块、邓川乳扇、文山三七、鹤庆银器、昭通酱、邦腊掌温泉等。这一类产品,运营的主体规模小且分散,多集中在地方小吃、餐饮住宿等领域,它们可以积极寻求地方政府的支持,充分融入地方、省一级的旅游发展规划,把自己打造成为地理标志产品。对于极具地方特色的小吃、餐饮,政府可以出台质量标准化的相关规定,在保证食品安全、住宿安全等基本质量的前提下,给予这些小而分散的个体以充分的政策支持,引导他们发展出具有地方特色的小吃、住宿产业集群。

(三)量表可靠性

本研究运用SPSS 22软件对变量的信度和效度进行分析,对问卷的可靠性进行检验。信度采用克隆巴赫α系数(Cronbach's α)进行判别,经检验,量表中各变量的克隆巴赫α系数均大于0.7,因此本研究所采用的量表有很好的信度;效度采用KMO和巴特利特球形检验来检测,检验结果,变量的KMO值均大于0.5,有很好的效度。由表5-14检验结果统计可以看出，本研究信度和效度的检验结果均满足实验要求，量表的可靠性较好，变量可以使用。

表 5-14 研究变量信度和效度分析统计表

变量	衡量维度	题项数	Cronbach's α	Cronbach's α（总）	KMO	KMO（总）	Bartlett
品牌传播	传播渠道	4	0.878	0.956	0.891	0.914	<0.000
	传播内容	3					
	传播效果	2					
品牌感知质量	—	5	0.831		0.778		<0.000
品牌认知	产品形象	4	0.85		0.815		<0.000
	企业形象	3					
	知名度	3					
品牌形象	—	4	0.769		0.729		<0.000
品牌口碑	—	5	0.749		0.695		<0.000
怀旧情感	人际怀旧	3	0.866		0.84		<0.000
	家庭怀旧	3					
	个人怀旧	3					
品牌认同	—	5	0.842		0.795		<0.000

（四）结构模型分析

本研究运用 LISREL8.80 对结构模型进行分析，以检验假设 H1 至假设 H7 的结果，路径结果与拟合结果分别如表 5-15 和表 5-16 所示。根据表 5-15 的路径检验的结果，7 类变量的关系都存在正向的路径系数，且每条关系的 P 值都小于 0.001，由此可以证明假设 H1 至假设 H7 均成立。根据表 5-16 的拟合指标结果，模型中各个拟合指标的数值均达到可以接受的标准值，说明本研究的结构模型整体适配度较好。因此，本研究所提出的理论模型是合适的。

表 5-15 路径结果与假设验证

变量关系	路径系数	P 值	研究假设	检验结果
品牌传播→品牌认知	0.22	***	H1	成立
品牌传播→品牌感知质量	0.84	***	H2	成立
品牌感知质量→品牌认知	0.49	***	H3	成立
品牌认知→品牌形象	0.67	***	H4	成立
品牌传播→品牌形象	0.32	***	H5	成立
品牌形象→品牌口碑	0.22	***	H6	成立
品牌认知→品牌口碑	0.53	***	H7	成立

注：* 即 $P\leqslant 0.05$，** 即 $P\leqslant 0.01$，*** 即 $P\leqslant 0.001$。

表 5-16 拟合指标结果

指标	X^2/df	RMSEA	GFI	NFI	NNFI	CFI
标准值	2～5	<0.1 好；<0.05（非常好）；<0.01（出色）	>0.90	>0.90	>0.90	>0.95
结果	4.6	0.059	0.96	0.99	0.98	0.99

（五）调节变量检验

本研究使用 AMOS 22 进行分析，分别验证怀旧情感和品牌认同在相应假设关系中的调节作用。通过分析"品牌传播—怀旧情感—品牌感知质量"的交互关系来验证假设 H8；分析"品牌传播—怀旧情感—品牌认识"的交互关系来验证假设 H9；分析"品牌形象—品牌认同—品牌口碑"的交互关系来验证假设 H10。表 5-17 显示了分析结果，三组关系检验的结果均为正向关系，且 P 值均低于 0.01，由此可以证明假设 H8 到假设 H10 成立。

表 5-17 交互关系检验结果

变量关系	路径系数	P 值	研究假设	检验结果
怀旧情感×品牌传播→品牌感知质量	0.266	***	H8	成立
怀旧情感×品牌传播→品牌认知	0.288	***	H9	成立
品牌认同×品牌形象→品牌口碑	0.441	***	H10	成立

注：* 即 $P\leqslant 0.05$，** 即 $P\leqslant 0.01$，*** 即 $P\leqslant 0.001$。

六、研究结论

（一）研究发现

基础信息部分，本研究绝大多数的调研对象都是 18～35 岁的年轻人群，学历结构也较多集中在本科，从年龄结构和学历结构来看，本次调研的年轻人中绝大多数都接受过高等教育，他们代表了新生代的顾客群体，有新思想，这类人群对老字号品牌的认知结果可以反映出老字号品牌在年轻人群中的认可程度。研究样本的职业来源基本涵盖了绝大多数职业类别的大类，所得到的统计结果也能够代表广大职业群体的意见。

变量分析部分，本书基于云南老字号品牌，构建了消费者群体的认知度模型，通过研究分析，本书所提出的所有假设均得到验证：即品牌传播对品牌感知质量、品牌认知和品牌形象均存在正向的影响作用；品牌认知对品牌形象和品牌口碑均存在正向的影响作用；品牌形象对品牌口碑存在正向的影响作用；怀旧情感在品牌传播对品牌感知质量的影响过程中，以及品牌传播对品牌认知的影响过程中均存在正向的调节作用；品牌认同在品牌形象对品牌口碑的影响过程中存在正向的调节作用。云南老字号品牌消费者认知度模型在本研究中是适用的（图 5-25）。

本次研究从企业层面、消费者层面与社会层面探究了消费者对于云南老字号品牌认知度的一般情况。研究认为，消费者对于一个品牌的深刻认识，是企业、消费者和社会 3 个层面共同作用产生的（图 5-26）。企业层面的因素是品牌传播和品牌感知质量，消费者使

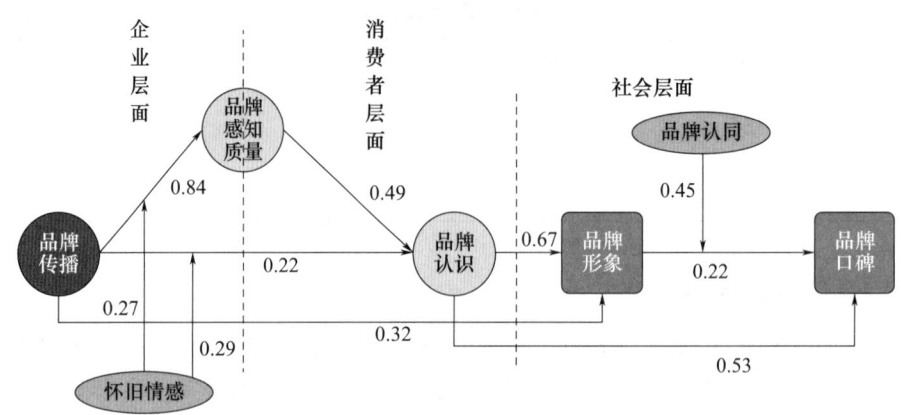

Chi-Square=423.46，df=92，P-Value=0.00000，RMSEA=0.059

图 5-25　经检验后的云南老字号品牌消费者认知度模型

用的过程就是产品与消费者互动的过程，企业所生产的产品，质量表现越优异，消费者对于品牌的认知印象也就越深刻；另一方面，良好的品牌传播也促进了消费者对于品牌的认识，传播范围越广泛，消费者对于品牌的认知也就越深刻。消费者层面的因素主要考虑了品牌认识和品牌感知质量，消费者的认识来源于企业对于产品的宣传与产品的体验，这两项因素组成了消费者对于品牌认知的雏形。社会层面的因素来源于品牌形象与品牌口碑，当认知从消费者层面上升到社会层面，企业的品牌形象在广泛的消费者心中构建起来后，就会影响社会对于品牌形象的看法，形成社会口碑，最终转变成社会对于品牌的评价。因此，品牌认知是企业、消费者和社会3个层面有机结合的结果。在本次调研中发现，企业提升产品质量，以及加强品牌传播力度，有利于提升消费者的感知质量，进而加深消费者对于品牌的认知程度，而这一结果的稳定发展也会进一步上升为社会对于企业品牌形象的认识，最终形成社会层面对于品牌的口碑评价。

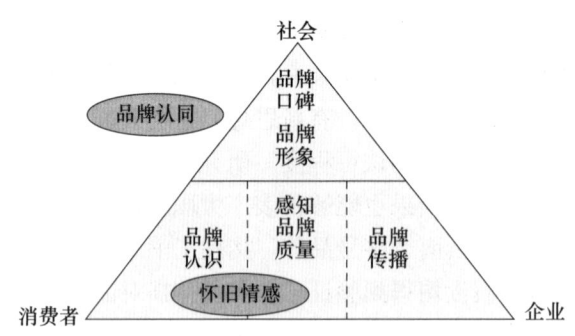

图 5-26　消费者品牌认知影响系统

对于老字号品牌而言，本次调研在企业、社会和消费者的基础上，引入了消费者的怀旧情感以及公众对于品牌的认同因素，研究发现，消费者的怀旧情感会分别对品牌传播到品牌感知质量和消费者认知的影响过程中起到正向的调节作用，也就是说，若一个消费者有较强的怀旧情感，老字号品牌加强其品牌传播力度时，品牌带给消费者的认知程度越强，其对品牌的感知质量程度越高。品牌认同同样也在品牌形象到品牌口碑的影响过程中起正向的调节作用，即消费者对某一个品牌的认同度越高，那么当这个品牌在消费者心目中有良好形象时,这一品牌的消费者口碑也就越好,并且这一结果持续良性积累之后会延伸到社会层面。这两项调节因素的调研结果可以为企业使用怀旧策略提供理论依据。

(二) 研究意义

1. 理论意义

翻阅现有文献,我们可以发现,国内学术界对云南老字号品牌商业领域的研究较少,本研究弥补了"云南老字号品牌"这一主题在营销管理方面研究的不足,为后续的研究作了先行探索;此外,本研究从云南实际出发,构建了基于云南消费者的云南老字号品牌认知度一般模型,剖析了云南消费者在认识云南老字号品牌过程中的一般规律,也为云南消费者行为研究、云南老字号品牌营销策略研究、云南老字号品牌传播等研究提供了理论参考,为市场营销理论本土化作出贡献。

2. 实践意义

云南品牌是云南的名片和软实力的象征,高质量的品牌能助推云南经济的高品质发展。云南拥有云南白药、宣字牌火腿、老拨云堂等上百年的知名老字号品牌,但除了极个别品牌在国内享有较高知名度之外,其他的云南老字号品牌与国内乃至世界顶级品牌相比,差距很大。因此,本研究从消费者角度出发,研究云南老字号品牌发展首要的消费者认知问题,探索消费者认知品牌的一般规律,为企业的品牌发展决策提供指导。

(三) 管理启示

结合研究目的与研究结果,本书认为以下几个方面是针对现阶段云南老字号品牌发展亟待解决的问题的改进措施。

1. 熟悉认知规律,做好品牌营销

消费者的认知是一个系统过程,认知程度和对品牌的评价在不同的阶段有不同之处,也会受内部和外部因素的影响。云南老字号品牌企业要掌握消费者认知活动的基本规律,了解各环节及各类影响因素的特点,充分发挥企业的主观能动性,针对认知的不同阶段,综合考虑各阶段影响因素,提出相应的解决方案,做好充分的准备,有效地开展好品牌营销活动。

2. 顺应时代发展,做好品牌传播

传播是消费者群体与品牌有效交流的必要过程,从研究的结果也可以看出,品牌传播效果的提升能给品牌感知质量、品牌认知和品牌形象带来积极的影响。如今一批经典云南老字号品牌已经脍炙人口,在云南省内或省外都有较高声誉,如云南白药、宣威火腿、老拨运堂、昆明冠生园等品牌。但这些品牌在所有云南老字号品牌中只占较少的部分,还有大量的品牌没有广为人知,因此,对于绝大多数的云南老字号品牌来说,加强品牌传播是一项重要工作。第一,老字号品牌企业要树立品牌传播意识。现在再也不是"酒香不怕巷子深"的时代,传播手段的多元化给竞争企业创造了丰富的传播机会,如果企业不具备主动宣传的意识,就很容易被淹没在海量的信息流中。第二,当前信息传播呈现内容碎片化、渠道多元化的特点,消费者接触到的信息是"少批量""多批次""多种类"的;累积下来需要处理的信息量巨大,片段式的信息很容易被人断章取义,再加上网络的发酵,真相会被曲解;消费者在处理信息的时候,受个人精力的限制,只有一部分信息被保留,其他信息被自动过滤成为垃圾信息。因此,在这种情况下,老字号品牌企业一方面要充分运用各种传统和新型传播方式与消费者互动交流，另一方面在使用这些媒体时，要做好定位和内容管理，结合企业自身产品的特点及资源条件制定有效的传播策略。第三，在主动宣传与综合运用传播方式的基础上，企业还要注重传播优质的品牌内容，把富于时代性和代表性的品牌信息传递给消费群体。

3. 抓住"国潮"机遇，用好怀旧策略

除了商业效益，老字号品牌还是中国优秀传统文化的载体。老字号品牌在长期的发展中存活下来，必定有着深厚的文化积累，云南老字号品牌也不例外，这是一笔不菲的财富。此外，当前盛行的"国潮风"也为老字号品牌的发展带来了机遇。国潮体现了消费者对中国品牌及中国文化的支持和追逐，这些消费者中不仅有"50后""60后"较为年长的消费者，也有"70后""80后"的中青年消费者，以及"90后""00后"的年轻消费者，云南老字号品牌企业应该把握住时代机遇，充分挖掘云南老字号品牌的优秀文化，树立以文化价值为灵魂的传播理念，做好品牌定位，并根据产品所传递的品牌形象或者消费者普遍感知的品牌形象，分门别类地运用好怀旧策略。比如，对于酿酒、酱菜、火腿、茶叶等注重工艺的品牌，可以采用怀旧工艺的品牌战略，展示古法工艺的悠久历史，使之与消费者的怀旧情感产生共鸣，从而打动消费者；对于装裱、银器、糕点、餐饮住宿等注重样式、形式的品牌，可以采用怀旧样式，或者怀旧形式的品牌战略（如经典的样式设计、味道、怀旧或古朴的住宿装修、生动的品牌故事等），构建消费者的经典产品印象，塑造特有的怀旧审美。

4. 匠心塑造品牌，强化品牌认同

品牌认同是消费者对于品牌的积极态度，这种认同来自企业潜心经营所树立的正面形象，同时老字号品牌一大优势就是它所积累下来的文化，因此，云南老字号品牌企业在未来的发展中，一方面要用心经营，用高品质的产品、优质的服务及社会担当赢得顾客的青睐，给消费者以安心的品牌承诺，并把这种承诺与品牌所获得的成就和业绩融合起来，塑造良好的品牌形象。另一方面，云南老字号品牌要把自己长期经营所形成的优秀文化运用起来，配合怀旧策略进行广泛输出，例如将品牌的成长历史、创业者的奋斗历程、企业的管理文化、对祖训的坚持以及传承等要素，借助合适的媒体，以故事、宣传片、广告等形式进行传播；也可以通过各类社交媒体进行话题讨论，或者在公众号与消费者进行互动，打造极具品牌特色的IP形象，拉近品牌与消费者的感情距离，潜移默化地传播优秀文化等。以上方法，旨在让消费者通过各种方式广泛接触品牌，认识品牌，与品牌形成常态互动，在此过程中逐渐产生品牌认同，从而提升消费者对品牌积极的口碑评价。

5. 培育年轻市场，注入发展活力

企业的发展离不开持续不断的创新，这是企业能够一往无前的生命活水。企业通过新知识、新工艺、新理念打造了创新的产品或服务后，还需要得到市场的认可，也就是消费群体的支持，即供给要与需求匹配。同时，个体消费者跳不出生命周期的规律，他们会随着时间的推移逐渐老去。当最初的一批支持者逐渐老去之后，品牌会随着一并变老并退出市场吗？任何一家理性的企业都不会愿意接受这样的结局。做企业如同逆水行舟，为了生存下去，企业需要源源不断的消费者作为支持，要使企业保持青春活力，培育年轻消费群体尤为重要。百年老字号品牌不仅需要企业一代又一代的经营者努力奋斗，还需要一代又一代的消费者的鼎力支持，这样品牌才能细水长流，生生不息。在本书的调研中，多数的

样本都集中在18~35岁的年轻人群,他们对云南老字号品牌有着自己的感知和意见,这是一个信号,说明还是有很多云南老字号品牌被当下的年轻人群所熟知。这也是一个机遇,说明这些老字号品牌在年轻人群中存在认知的基础。云南老字号品牌企业在今后的发展中不但要关注这一群体,还应该将这一基础打牢,将其发展成为稳定的金牛市场,保持用户新鲜度的同时也给自己带来新的发展动力。

(四) 研究的不足

本书的研究还存在以下几个方面的不足。

①本书研究样本的年龄结构平衡性还有待完善,样本年龄主要集中在18~35岁,其他群体的占比较少,未能保证各年龄段比例的基本持平,这可能导致研究结果的片面性。

②样本数量有待扩大,结构有待完善,例如迪庆、丽江、怒江等地区可以增加样本的采集量。

③本次研究的关注点主要集中在消费者的认知层面,得到的结果主要反映了需求方的情况,对于供给端即企业的研究还不足,研究结果还存在片面性。

④本书未对老字号品牌进行分行业的分析,研究结果虽存在适用性,但缺乏针对性。

(五) 未来研究的改进方向

本书的研究,未来可以从以下几个方面进行改进。

①扩大研究样本,完善样本来源的年龄结构、职业结构、问卷来源地区的结构,使问卷的覆盖面尽量广泛,结果尽可能全面;也可以只针对某一个年龄段进行研究,对特定年龄段人群的研究,有利于企业针对性地实施品牌战略。

②可以进入企业,深入研究成功企业的优秀管理经验,加以推广;也可以进行行业分类,了解不同行业的老字号经营状况,结合行业环境与特点,研究不同行业的经营对策。

③未来的理论研究可以从认知度研究延伸到消费者对老字号的体验过程、态度、满意水平等方面,以全面地了解消费者对云南老字号品牌的消费行为。

第六章 百年老字号品牌典型案例

一、云南百年老字号品牌——云昆牌

"昆中药"全称为昆明中药厂有限公司。昆中药品牌最早可以追溯到明初的作坊或药铺，距今已有600多年的历史，工厂是在公私合营时建立的，而公司组建于2000年。2011年，商务部把昆明中药厂有限公司认定为"中华老字号"企业。2013年11月，"昆中药传统中药文化"项目被纳入云南省非物质文化遗产名录。昆中药历史悠久，是中国医药宝贵的非物质文化遗产，具有极高的历史价值和文化价值。

（一）历史悠久、药铺荟萃[82]

昆中药最早可追溯到明洪武年间的双美药号。《云南省志·医药志》记载了明朝洪武年（1381年）间，一位名叫朱双美的军医追随征南右副将军沐英进入云南，自制和售卖为士兵治疗跌打损伤用的"朱氏善用水酒"和治疗小儿脐风的"小儿化风丹"。这两味药从明朝起直至民国期间都有售卖。《昆明市志长编》（卷七）还谈到朱家这两味药的药方"系南京内府秘方"。

据昆明市档案馆的记录，清朝时期，昆明开设了越来越多的药店，其中孙光义的孙万松草堂位于昆明的小西门，孙光义既是医生又是药剂师，他制售的婴孩丹丸（即"小儿救急丹"）和犀角保童丸，受到百姓的欢迎。清乾隆元年（1736年）后，一大批经营矿业客商入滇，经营药材的客商也相继在省城开设药铺兼行医，其中以江西帮较大，有六和堂、利济堂、同寿堂、颐元堂、延龄堂、荣厚堂等。清咸丰丁巳年（1857年），福林堂创立。嘉道年（1826年）间，体德堂建立，制作和销售的80多种中药中，以"郑氏女金丹"最为著名。清朝末期，中成药店铺又有所增加，寅生堂、太和堂、仁安堂、杨衡源保龄药室、成春堂（聂耳的父亲开设）、福元堂等建立，所制中成药的数量也较大，仅杨衡源保龄药室一家，自制的各种丸散成药就达116种。

民国时期，翟玉六药房、张鸿记药号、协盛昌药房、大德药房、济生堂、杨大安堂、百福堂、百龄堂、姚济药号等药房陆续在昆明出现。1936年昆明市药材业同业公会成立，推举百寿堂的赵权为主席，会员92家。这些药铺涵盖了行销药材、行医兼制药、成药制作等，渐渐地，系统的中药产业链形成了。1949年，昆明市国药商业同业公会造具全体会员表，统计有103户，福林堂、祺昌药号、百福堂、协盛昌、大德药房，是当时昆明中药业的大户。中华人民共和国成立后，昆明地区的中药铺，包括双美药号、孙万松草堂、体德堂、福林堂等82家坐商和19家行商组成"公私合营昆明市中药材加工厂"，开始昆中药的工厂制的生产。

（二）底蕴深厚、形态多样

昆中药就像一棵参天大树，深深扎根于云南民族文化的肥沃土壤中，枝叶繁茂。明代兰茂编著的《滇南本草》，是昆中药起源店的"药典"。清代吴其濬的《植物名实图考》，为昆中药利用云南天然药物奠定了基础。在此基础上，昆明的著名老中医，研制出了多种疗效显著的中药成药，如万松草堂的"小儿救急丹"、长春坊的"阮氏上清丸"、利济堂创制的"万应痧气丸"、翟玉六创制的"翟玉六止咳丸"、姚荫轩创制的"桑菊银翘散"、福元堂的"保产达生丸"、姚济药号的"姚济资生丸"等。1949年后，云南中西医师张震创制的"益气健肾膏"、云南名中医杨国详和吴柏宗教授创制的"暖胃舒乐片"、云南名中医熊辅信创制的"止眩安神颗粒"，以及昆中药科研人员开发的感冒消炎片、板蓝清热颗粒……都是中医药理论与实践的结果。在长期的发展过程中，许多少数民族的医学经验逐渐被昆明中药厂开发的产品所整合。白宝丹胶囊就是由彝族医生曲焕章所研制，由昆明中药厂生产。此外，昆明中药厂生产的清热颗粒使用了彝族和苗族普遍使用的臭灵丹，癫痫宁片使用了壮族常用药材的牵牛子，止眩安神颗粒使用了彝族常用药材的鹿衔草等，这些都成为昆明中药厂的专有产品。昆中药也采用了独特的民间医学经验，例如臭灵丹是云南地区常用的药材，民间有句话叫"家有臭灵丹，得病不出山"，昆中药将其制成了感冒消炎片，用于驱风散热。感冒消炎片在2003年治疗非典中发挥了重要作用，后来在H1N1流感疫情中也表现出良好的疗效。昆明中药厂还把云南金平县人用以煮汤和清咽利喉的板蓝根制成了清热颗粒，这样使用起来更加便利。云南人早已掌握了如草乌、附片等有毒药材的使用技术，昆中药人借鉴了民间经验，结合严格而规范的炮制手艺，将这些药材应用于金匮肾气丸等成药中，效果卓著。此外，云南地区地道的本土药材，也成为了保证昆中药药品质量的关键因素。

（三）师徒传承、遵法炮制

传统的学徒制在昆明中药行业一直很普遍。根据昆明市档案馆的记录，清朝光绪三十二年（1906年），四川、云南和广东的药材商协商启动了"学徒制"。学徒拜师学艺，须签订"投师文约"，若要外出帮工或开铺，必须经过3年的学习，并在满期后获得执照。这一制度一直延续到抗日战争之前，其间培养了大批懂得医药的人才，例如后来成为昆中药公方厂长的赵子信、开设春和堂的李振芳等一大批人，他们都在昆明老字号药铺里学习技艺，1949年后大部分成为昆明医药界的行家里手。2012年，昆中药恢复"师带徒"制度，继续保护和发展传统工艺技术。

昆明老药铺一贯有"厚德""精工""毋减"的医德和药道。郑氏女金丹因为出色的做工，在老一辈的昆明人中十分有名。回忆郑氏女金丹的制作过程，体德堂的后裔郑家声说，他小时候经常在后院看父母制药。当时的工艺非常特殊，珍贵的白泡参要用哺乳妇的剩余乳汁蒸煮三次，紫河车要用新瓦片烤制，蜂蜜是云南姚安蜂蜜。药丸制成后，用朱砂标记，贴羊皮金铂，再裹上蜡壳。这样制成的郑氏女金丹多年以后仍然是红金色，淡淡的蜂蜜香味夹杂着药香，质量上乘，价格低廉，被誉为"妇科圣药"。昆明著名的福林堂的入口处，至今仍然有一副对联："精工修合丸散膏丹，遵法炮制生熟饮片。"这副对联是昆明中药行业的行业规则，也是对老药师技艺的描绘。自进入行业以来，药师们都在资深师傅的指导下，相互传授炒制、煎制、丸剂、粉剂、膏剂等传统中药技术，代代相传。许多人坚持"毋减毋糙修精品，勤心勤力志康宁"的店规厂规，一干就是一辈子，"选材优良，灰碎之杂质不敷；做工细腻，配方之斤两弗疏"，技术和技能越来越高。研究中，我们收集了老药师的档案，充分感受到了老药师的技艺。有着23年药剂收集经验的药剂师春永仙说:"当你把药物放入锅里时,你必须左右翻动,不停地炒,炒那些药材的时候,非要拓着锅底不可,拓着锅底攥过去,就有一种巧力了。"熟能生巧,药师掌握了许多制药技巧和诀窍。

(四)名品丰富、优势突出

长期以来,昆中药利用其独特的资源、技术、设备和人才,收集和积累了大量优势的中成药。公司现有产品品种近150个,全国独家生产的品种21个,先后拥有国家中药保护品种15个,位居全国第一。公司拥有17项国家专利,其中发明专利8项,公司生产的舒肝散(颗粒)、止咳丸、清肺化痰丸、参苓健脾胃颗粒、感冒消炎片和板蓝清热颗粒为"云南名牌产品",受到云南省名牌战略推进委员会的赞赏和患者的好评。

公司生产的药品几乎都是济世良方,如白氏逍遥散。1938年,在昆明正义路的姚记药店,有一位叫姚贞白的医生,他会给来看病的女性递上一包"逍遥散"。姚贞白是一位著名的妇科医生,是清朝著名医生姚方奇的后裔。据《云南卫生通志》记载,姚贞白的疾病治疗既有古法又有现代处方。他以宋代《太平惠民和剂局方》中的逍遥散为基础,根据云南的气候特点,加入了丹皮、栀子和醋香,同时调整了剂量,因此,姚贞白开出的逍遥散与官方开出的逍遥散有所不同,它能够继承前人的成果,又有所创新。一位中医大师称赞道:"他加入了这三味药,太神奇了!"云南的逍遥散比官方的逍遥散药性清凉,更适合云南人使用,这就是舒肝散(汤剂、颗粒)的由来。1995年,肝冲剂(颗粒)上市后,在云南市场形成了抢购热潮,"千姿百怪,你怕是要吃舒肝散了!"成为许多昆明当地女士的口头禅。

再如翟氏止咳丸。光绪甲午年(1894年),云南知府患肺病,整日咳痰吐血不止,生命垂危,曾被翟玉六治愈的"钱王"王炽推荐翟玉六为知府看病。翟玉六使用针灸及家传验方,第一疗程就把知府的咳血止住,第二疗程知府的咳嗽缓解,5个疗程后,知府的气喘也好了,1个月后完全康复。知府重金酬谢,翟玉六推辞不受,但他的医术自此在昆明广为流传。1907年,翟玉六在汤剂的基础上,改进并创制了"翟玉六立止咳嗽丸"。该方的特点是22味大组方,多而不杂,层次分明,使用罂粟壳、紫苏子等云南地道药材,增强了敛肺降气的作用,特别适用于治疗中老年支气管炎咳嗽。该药品问世后不久,即创下名牌,久销不衰,2009年被列为国家基本药物。

又如姚氏桑菊银翘散。1918—1919年,西班牙流感暴发,全球约有10亿人感染(当时全球总人口约为17亿),造成2500万~4000万人死亡。第一次世界大战期间,流感一浪又一浪地蔓延。最初,它出现在美国堪萨斯州的1个军营中,1918年3月,它传播到中国,然后传播到法国、西班牙、英国、苏联和其他地方。死亡率最高的是当年8月,当时美国人在1个月内死了20万人,云南也没有躲过这一次大流感。根据《云南卫生通志》记载,"1918年1月,大理县有一场流行性感冒,一个月内有4000人死亡。"这样的悲惨灾难引起了云南中医界的极大关注。昆明著名的中医医生姚荫轩开出了桑菊银翘汤,以预防和抵抗流感的侵袭。1922年,他根据这种汤剂创制了桑菊银翘散,用于治疗外感风热和温病。在发明抗生素之前,桑菊银翘散是抗热解毒的杰出药物。在使用抗生素之后,桑菊银翘散也表现出其独特的治疗效果,因此被称为"东方盘尼西林"。2013年4月,北京发现了第一例人感染H7N9病例,经过15小时的西药治疗,感染者体温没有下降,但经过5小时的中药银翘散和白虎汤治疗,患者体温恢复正常。因此,卫生部门再次将桑菊银翘散等药物纳入中药预防方案。

(五)承前启后、继往开来

在继承昆明老药铺"厚德""精工""毋减"的精神基础上,昆明中药厂一直坚守"毋减毋糙修精品、勤心勤力志康宁"的祖训,把对质量的追求融入昆药精品中药制造过程中,20世纪80年代开始推行TQM(全面质量管理),并重视产品研发和深度开发工作。2003年,云南省国有医药企业实现大整合,昆中药加盟昆药集团,成为昆药集团旗下的核心中成药制造企业。如今,昆明中药已发展成为拥有30多个品牌、150多种药品、15个国家中药保护品种的集团公司,在"大药厚德,疴瘵在抱"的企业使命引领之下,打造精益求精的精品中药,在将来,昆明中药将继续以市场为引领,以品牌为驱动,以销售为攻坚,向着老字号一流品牌企业的方向迈进。

二、云南百年老字号品牌——宣字牌[38]

云南省宣威市出产的"宣威火腿",又名"云腿",是云南最负盛名的土特产,因色、香、味俱佳而驰名中外。

(一)久负盛名的宣威火腿

宣威火腿之得名,在清雍正四年(1726年)滇东地区"改土归流",鄂尔泰新置宣威州以后。当时,四乡八里的农民们为了换取盐巴钱,常常把自家腌制的火腿背进宣威城里进行交易。当有人问及他们所卖何物,卖主就会回答:"宣威火腿。"可以确定宣威火腿的加工工艺可以追溯到更早的年代。据考证,宣威火腿的腌制是由汉族人在民间生活中发展出来的。约在明洪武十六年(1383年)以后,汉族人大量迁入云南,把当时先进的生产和生活方式带到了边疆省份,从此宣威的生猪养殖兴盛起来,那个时候在宣威可谓是"无豕不成家"。年关前一两个月,各家大量宰杀年猪,新鲜肉一时半会儿吃不完,农家就想办法用盐把猪肉腌制起来,为自己来年备食,或者拿到市场上去卖。

宣威人缪开在他的散文《走滇东》中生动地描写了腌制火腿的过程:"猪宰下后,霍霍声中皮毛刮尽,便剖肚开肠,掏去五脏六腑,划作六件八块,放进大盐锅,接受一次又一次烧红的盐粒的洗礼,一阵又一阵粗壮大手的揉搓。好长时间后便提出锅,挂在阴暗处、火塘边、板壁上,让尘落风透,外表渐渐干,泛出暗绿,里头转红转润,生香生甜。计划得最精心、腌得最认真、藏得最珍贵的是两条后腿,即'火腿'"。由于火腿的腿部紧实,脚像琵琶一样直,所以被称为"琵琶腿"。成熟后,表面覆盖着一层蓝绿色的霉烟,腌制时间越长,越具有古典和正宗的风味,被称为"老腿"。3个不同部位用牙签刺穿,以达到"三针出香"的最佳效果。切开后,横截面红白交相辉映,香气远播,吃起来油而不腻,咸中带甜,美味可口。早在1915年,宣威火腿就赢得了巴拿马世界博览会金牌,与浙江金华火腿和江苏如皋火腿鼎足而立,被誉为"中国三大名腿"。

(二)品牌创立

1910年,宣威人浦在廷与几位同事共同创立了宣威历史上第一家宣威火腿股份有限公司,浦在廷担任总经理一职。从此,宣威火腿这种具有独特地域风味的食品开始了走向世界的旅程。但是,宣威出产的火腿,虽然有优良的品质和鲜美的口味,但也存在因个头过大、形状不规则而不易携带的问题,因此早期由于包装盒卫生问题,销路迟迟打不开,只是在当地自产自销,形成了本地市场供过于求的局面。随着欧美文化在东方国家传播,罐头食品开始进入中国，这让浦在廷获得了灵感：为什么不把火腿制作成罐头呢？如果以罐头的形式包装保存火腿，不但能够保持火腿鲜美的口味，而且食用和运输起来更加方便，这样销路自然就打开了，还能改善当地落后的经济状况。于是，浦在廷在社会上召集各类人士投资建厂，派人到广州和香港学习罐头生产工艺，购置罐头生产机器，并于1920年成立了"云南宣和火腿罐头有限公司"，浦在廷自己出任董事长兼总经理。从此，宣威历史上第一个机械加工厂诞生了。

（三）名噪一时

宣和公司刚刚开办，缺乏管理经验，董事之间也分歧严重，导致了亏损，最终不得不停止经营。为了维护公司的信誉，避免股东们因公司倒闭而遭受经济损失，浦在廷在董事会上提出，如果公司同意将机器转让，他将重新开办一家罐头厂，用赚回来的钱赔偿股东的股金。股东们同意了这一提议。于是，1921年，在极度困难的情况下，浦在廷集资开办"浦在廷兄弟食品罐头公司"，后改为"大有恒"商号，使用"双猪"牌商标。浦在廷致力于研究火腿的加工制作技术，他深入农村，了解民间加工制作火腿的工序，并对火腿的加工、贮存、发酵过程进行了详细的记录。为了繁荣市场，确保原料生产，他鼓励城乡民族工商业者大力收购加工火腿，使双猪牌火腿罐头能够长期稳步发展。浦在廷清楚，宣威火腿要想获得全球知名度，仅仅在国内推广和宣传是不够的，必须想办法进入国际市场。1917年后，他先后三次到香港等地考察和学习，使先进的工艺、技术和管理经验与云南的实际相结合，努力提高产品质量。他携带一批宣威火腿罐头从广州进入香港试销，由于宣威火腿独特的鲜美口感，深受中外消费者的喜爱，成功进入国际市场。民国十二年（1923年），广州举办食品博览会，"双猪"牌火腿罐头送展，赢得众口一致的称赞并获得金质奖，孙文为此亲笔题词"饮和食德"以示鼓励。从此，宣威火腿罐头声名大振，名扬海外，畅销南洋诸国。

1923年以后，在"大有恒"的带动下，"信义成""裕丰和"火腿罐头公司相继在宣威县城建立。从此，宣威火腿声誉更响，除了在国内扩大销售外，还销往新加坡、缅甸、越南、巴拿马、日本、德国等国。"大有恒"在国内外备受追捧，在国内各地和东南亚设置了26家子公司，甚至在巴黎也设有商号。

随着销路的不断扩大，宣威火腿的生产受到了极大的激励，从而催生了多家公司诞生。为了保护和促进云南火腿罐头业的发展，1925年云南省省长唐继尧专门训令实业司"查滇省出口货物无多，现火腿罐头一项，颇有畅销外省外埠之希望，亟应加意维持以期发达"，令实业司"饬属一体知照"。1946年，宣威火腿年产量已达160万斤。

当时云南与外界通商的一大障碍就是交通。当时，云南山高路险，通往内地的道路系统尚不健全，贸易只能靠人背马驮，因此工商业发展十分缓慢。但是，地处云贵两省交界处的宣威市，工商业却较为发达，最直接的原因就是当地火腿罐头生意的兴旺。据《宣威县志》记载，1939年以前，宣威从事工业、手工业的人口约占全县人口总数的30%，从事商业的人口占15%。在宣威，生产火腿是一项普遍的产业，在浦在廷火腿罐头产业的带动下，大批工商业者加入了这一行当，宣威城内先后出现了上百家火腿商号，生产规模曾达到日产千罐的水平，每年都有近30万罐火腿远销东南亚地区，并进入欧美市场。由此可见，宣和公司始创的宣威火腿罐头工业的兴办，为宣威乃至云南民族工商业的发展提供了巨大的动力。

(四)几经波折

1925年3月12日,孙中山在北京逝世,杨希闵等军阀叛乱,用"莫须有"的罪名,将浦在廷投入监狱,并将大有恒公司在广东的财产全部没收。直到北伐军回师东征,平息了军阀们的叛乱,浦在廷才被放出来。但是,浦在廷用半生的心血经营得来的财产多集中于广州,已被叛乱军阀席卷一空。浦在廷决定离开广东返回家乡。

浦在廷回到家乡后,当时任云南省长的唐继尧多次邀请他去曲靖担任政府官员,他都礼貌地拒绝了,把精力集中在火腿行业,克服重重困难,继续建设大有恒公司。他带领家族成员对设备进行改造,扩大生产规模,以宣威为中心,在昆明建立罐头厂,生产罐头食品。

太平洋战争爆发后,对外交通线被切断,宣威火腿罐头加工业也随之衰落停办,直至1954年才又短暂辉煌了一段时间。20世纪90年代,宣威火腿再次因获得各种国际国内大奖而重新走向了世界。

(五)涅槃重生

"宣字牌"云南宣威火腿集团有限责任公司成立于1954年,1985年3月,"宣字"商标成功注册。该公司是集火腿生产、火腿供应、火腿销售、猪肉养殖、屠宰、肉类加工等为一体的产业集团,以"传承'饮和食德'美誉,助力全民品质生活"为使命,以"匠心品质、与时偕行、共生共赢"为核心价值观,旨在"打造中华第一'腿'"。如今,宣字牌火腿已经发展出整腿、生吃、熟吃、即食、酱品、糕点六大系列近20种产品,运用六大火腿工艺制作出了高品质、可口的火腿类制品,深受消费者的喜爱。公司始终以产品标准化、品牌化、规模化、产业化的"四化"建设为公司的发展战略,坚持以企业为中心,以市场为导向,以品牌为核心,以资本为纽带,以效益为中心,以标准构建为规范,以科学发展为动力,努力打造"宣威火腿"城市名片,推动宣威农户脱贫致富。

三、中华百年老字号品牌——老凤祥[29]

创始于1848年的老凤祥,经营至今已达170多年。悠久的品牌历史,为其积累了丰富的行业经验,沉淀了精湛的工艺技术,并打造了独特的品牌文化。如今老凤祥,更加倡导创新与拓展精神,品牌的知名度、美誉度及诚信度逐年稳步上升,处于同行业的领先地位,是中华老字号中罕见的保持连续高速增长的优秀企业。

老凤祥一直勇于开拓进取,不断创新,提升其品牌、工艺、文化和产品的价值。2015年,老凤祥品牌价值达到159.72亿元,年销售额达到328.25亿元。截至2015年6月底,全国老凤祥银楼门店数量已达2852家,其中包括174家自营银楼及自营柜台、1168家老凤祥银楼连锁店和1510家老凤祥经销商。老凤祥在金、银、铂金、钻石等传统珠宝品类的基础上,不断探索改进,现已形成"老凤祥新七大类"产品系列,包括白玉、翡翠、珍珠、有色宝石、牙雕、珐琅、K金眼镜等,其推出的旅游纪念品、工艺品、收藏品及中国牌铅笔也受到消费者的广泛欢迎。老凤祥能够书写一曲曲灿烂的文化乐章,与其对高级人才的重视分不开。老凤祥拥有多位国家级工艺师和美术大师,还有若干市级工艺师,以及大量初级和中级技术人员,高级人才成为企业发展创新的源泉。

百年文化的沉淀与传承,使老凤祥品牌享誉国内外。至2021年,老凤祥连续17年入围世界品牌实验室（World Brand Lab）评定的"中国 500 最具价值品牌"榜单，2021 年居第 184 位。

2008 年，"老凤祥金银细工制作技艺"被列入国家非物质文化遗产保护名录；2010 年，中国黄金协会授予老凤祥"中国黄金首饰第一品牌"的荣誉称号；2012 年，老凤祥荣获上海设计之都年度品牌大奖，同年被评为中国黄金行业最具影影响力的零售品牌，以及全国珠宝首饰诚信管理服务十佳单位。多年来，老凤祥先后荣获中国驰名商标、中国名牌产品、中华老字号、全国用户满意产品、中国商业名牌、中国商业服务名牌、全国商业质量管理奖、轻工业卓越绩效先进企业特别奖、全国售后服务十佳单位等国家级荣誉。

（一）老凤祥的百年风雨

百年民族品牌经久不衰，且越做越强。如今，老凤祥已然成为中国珠宝行业的领先企业，在海外市场也屡有建树，正逐步由民族品牌成长为世界品牌。是什么成就了老凤祥今天的辉煌呢？探寻老凤祥百年来走过的风雨路，或许能找到答案。

1. 初创

老凤祥创建于 19 世纪的上海，它的前身是"凤祥银楼"。据《镇海籍宁波帮人士》记载，其始创人为浙东镇海十七房人郑熙。1843 年，郑熙在上海开埠，次年赴沪开设钱庄，并在嘉兴、绍兴、湖州、汉口、广州等地广设分号，派驻店伙，随时通报金融信息。1848 年，郑熙在上海小东门方浜路创办"凤祥银楼"，前店后场，银楼收购金银器皿熔炼制成首饰出售。店内有一批技艺精湛的把作师傅，所制作的金簪、镶玉簪、项链、扣花等金质饰品，成色足赤、款式新颖、精镶细嵌、玲珑剔透，生意十分红火，凤祥银楼获利甚厚，为沪上银楼业巨擘。1853 年，"小刀会"攻克上海前夕，郑熙将店铺临时搬迁至宁波，宁波"凤祥银楼"得以创办。1855 年，上海局势稳定后，凤祥银楼在豫园旧址重新开业。1857 年，郑配病重回到十七房，不久病故，银楼转卖他人。1886 年，"凤祥银楼"迁至现今的南京路山东路口，店号"怡记"。1905 年，银楼正式改名为"老凤祥银楼"，店号改为"植记"，首饰产品上刻戳记"松鹤"。1908 年，老凤祥在南京路盆汤街（今南京东路 432 号）翻建了一座洋楼房迁入，从此便再未变址，店号改为"庆记"，戳记改刻"吉庆"，这座银楼如今也成为中国仅存的百年原店原址银楼。

2. 兴衰

20 世纪 30 年代之前，老凤祥经营得不温不火，而到了 30 年代，它迎来了其发展史上的第一个鼎盛时期。这一时期，老凤祥总店的库存金数以万计，日销黄金千两，其精致首饰、中西器皿、珠翠钻石、玲珑镶嵌、法蓝镀金等产品驰名中外。当时许多社会名流都与老凤祥颇有渊源，杜家祠堂定制银鼎礼器一事让老凤祥一时风光无限，并使之迅速成为当时上海滩九大银楼之首。上海滩大亨杜月笙对老凤祥情有独钟，他购置了相当数量的戒指、耳环、项链等老凤祥产品，对其爱不释手。杜月笙 60 岁大寿时，在浦东高桥大办寿宴，送礼者投其所好，杜家"收获"的礼品多半是老凤祥的金银摆件。1931 年，杜家祠堂落成，杜月笙特别关照要从老凤祥银楼定制银具作为典礼礼器。于是，杜家后辈赶到老凤祥银楼，转述了杜月笙的要求。老凤祥也不负所望，成功铸制了一只水缸般大小的银鼎。当时，如此规格的银器尚属首例，此为上海银楼业界的一个创举。除杜家外，上海名流宋美龄、章士钊等也都与老凤祥的首饰有着不解之缘。

抗战时期，中国政治局势动荡，银楼业也未免罹难。1947 年 2 月，国民党政府第二次放弃售金政策，禁止黄金买卖，致使上海所有银楼、首饰店业务遭受重创，老凤祥被迫停业。当年4月1日，老凤祥得以复市，但中央银行拒售黄金，且硬性限价，银楼仍无法正常营业，仅靠售银艰难维持。至11月，多次请愿无果后，老凤祥等诸多银楼难以为继，陆续遣散职工，关闭门面。

1949年后，老凤祥迎来了历史转变。20世纪50年代，党的社会主义改造和新经济政策给老凤祥带来了转机，为其日后的辉煌发展打下坚实基础。1951年4月4日，老凤祥华东地区分行根据中国人民银行总行的指示，在上海市区开设金店。同年8月1日，国家成立专项筹备小组，由国家出资15万元购买了南京东路432号原"老凤祥银楼"整幢大楼的固定资产，并在社会招聘职员、技工32人，原老凤祥银楼留用10人。10月22日，金店开始生产，至10月31日的9天内就生产了九成金制品3091件、银制品555件（其中有九成金伟人像12帧、八成银大件改新333件）。12月底，金店归由中国人民银行上海市分行领导。1952年1月，"国营上海金银饰品店"正式成立，并于1952年6月16日正式对外营业。开始对外营业当天，参观及购货顾客达8000多人，售出货品逾140两（7kg），其中金质毛主席像章尤其受广大顾客欢迎。12月，为满足沪西工农市民需要，扩大业务，国营上海金银饰品店在静安寺（万航渡路2号）设立支店。在新的市场环境下，金店生意蒸蒸日上，1952年，共销售黄金995kg，白银875kg；1953年，共销售黄金3287kg，白银2619kg，这一业绩相当于抗战前上海全市银楼正常年景的总销售量。

改营金店是中华人民共和国成立后老凤祥银楼第一个重大变化，第二个重大变化则发生在党的十一届三中全会之后。为满足人民日益增长的物质文化生活的需要，1980年10月，国营上海金银饰品店率先在上海恢复市民来料加工黄金饰品的业务。1981年10月，国营上海金银饰品店又增设市民来料换货业务。1982年8月，国营上海金银饰品店改名为"上海远东金银饰品厂"，被轻工业部指定为内销金饰品定点生产企业，负责生产12K、14K和18K金的戒指、项链、挂件3类产品，并于1982年10月1日起上市试销。此后，老凤祥为配合南京路改造和发展生产，于12月底迁至漕溪路260号，扩建了新厂房，厂房面积由原来的3000m²扩大到6900m²，原南京东路432号只保留了最底层的资产，作为厂门市部进行营业。1983年3月，老凤祥门市部正式开始内销黄金饰品，销量与日俱增。1985年1月，上海远东金银饰品厂门市部改名，恢复"老凤祥银楼"招牌，设计并采用了"凤祥牌"商标。1985年9月15日，产品采用统一编号"沪C"。1985年，老凤祥共生产黄金饰品32816kg，200多个品种，完成产值33亿元、利税总额1936万元。历经百余年，老凤祥终于在原址旧店以"老凤祥银楼"的招牌重新开张，其品牌、企业和银楼业务终于得到统一。

3. 困境

20世纪90年代，受到市场经济的冲击，许多老字号濒临破产，老凤祥也未幸免，陷入极大困境，这一时期也是老凤祥经营史上最艰难的时期。后来的经理石力华回忆道："接手老凤祥时，确实危机重重。"当时黄金饰品行业，毛利率较低，且在纯国有机制下运行，经营者理念与市场不匹配。同时，老凤祥在计划体制下以黄金分配为主的商业环境中想做大非常困难，除了市场方面的消极因素，人才的流失也成为老凤祥面临的重要问题。1992年国家开始着力扶持民营经济发展，间接使老凤祥的经营更加困难。因为当时民营企业体制比较灵活，相比国营企业在经营成本与服务方式上都有较大优势。在这种市场格局背景下，国企老凤祥在激烈的市场竞争中逐渐式微，经营每况愈下，度日艰难。1998年，老凤祥的销售额仅有7亿元，年利润勉强可达1000万元，远不及上海同行。当时的老凤祥，企业内部管理混乱，人心涣散，优秀的设计师、工匠不断流失。无奈于惨淡业绩，老凤祥选择限制银楼开放，以降低开支。百年品牌摇摇欲坠，危在旦夕。

然而，10年后，老凤祥却出人意料地再次登上中国黄金珠宝行业的顶峰。2010年，老凤祥的销量相比21世纪初增长了20多倍，利润增长了70多倍，品牌价值超过60亿元。老凤祥究竟是如何东山再起的？这要从一支铅笔说起。1935年，江苏人吴羹梅创办了中国首家全能型铅笔制造企业——中国标准铅笔厂。1949年后，中国标准铅笔厂成为中国首批公私合营企业之一，并于1954年更名为中国铅笔一厂。改革开放后，中国铅笔一厂得到了快速发展。1985年，胡书刚出任厂长，他极力推行企业内部管理的改革，成效显著，中国铅笔一厂迅速成为当时铅笔行业中规模最大、效益最佳的企业。不久，为了谋求进一步发展。胡书刚决定通过上市来解决企业融资问题，仅用8个月便得到了当时上海市体改委的批准。1992年7月，中国铅笔一厂登陆资本市场，发行A股和B股，共募集资金约12亿元，更名为中国第一铅笔股份有限公司（以下简称"第一铅笔"），成为我国较早改制上市的股份制企业。此后，第一铅笔将募得的资金大部分用于发展公司主营业务，企业规模再次急速扩大。2000年时，第一铅笔的资产规模较1991年已扩大50余倍，利润增长近22倍，跻身"世界铅笔制造业三强"。第一铅笔的宝贵经验，正是当时摇摇欲坠的老凤祥极度需要的，而厂长胡书刚的高瞻远瞩终把这两个本不相关的企业紧紧地联系在了一起。

1998年，作为第一铅笔控股股东的原上海轻工部门的某位领导找到了胡书刚，表达了希望其收购老凤祥的想法。胡书刚调查后认为老凤祥有着深厚的文化积淀和出色的人才资源，而黄金珠宝市场也潜力巨大，决定以定向股权收购的方式，斥资6840万元收购老凤祥50.44%的股权。被收购之初的老凤祥，商铺货品混杂，工厂停产亏损，而且很多顶级工艺面临断层危机。据老凤祥市场部经理王恩生回忆，1998—2001年，公司流失了相当多的设计师、技师、能工巧匠及经营管理人员，他们纷纷跳槽到竞争对手处——那些昔日依赖老凤祥供货，此时却把老凤祥远远甩在了后面的企业。昔日黄金珠宝业的"黄埔军校"，面临着前所未有的困境。

2000年后，胡书刚将企业改革的重心工作聚焦到老凤祥。第一，他任命石力华为老凤祥总经理，对企业的经营模式及管理层进行调整。石力华一上任，即和新的经营团队探讨分析"老凤祥的发展模式是什么？赢利模式在哪里？管理模式和经营模式如何适应市场规则？"第二，清理店铺。从2001年到2003年，他们对银楼中的承包柜台进行了为期两年的清理，"老凤祥自己的银楼，必须卖自己的产品"。第三，放手经营渠道。此前的老凤祥公司对下属子公司开银楼有严格限制，而改组后老凤祥全面放手，允许子公司自行开立银楼。此举使老凤祥在上海的银楼数量获得较大突破。第四，恢复下属工厂生产。"走出这一步非常难，因为当时企业未分配利润亏损1200万元。银行也要抽资。我们只能靠土地置换来还钱，和银行商量不要抽资，逐步恢复生产能力。没有生产能力，企业怎么生存呢？"石力华回忆说。在巨大的资金压力下，石力华等管理层通过一系列产业、产品的结构调整，初步解决了企业的生存能力，并成功遏制了过去产销分离的恶性循环。

从2000年到2003年，老凤祥进行了大刀阔斧的改革，包括取消岗位、关闭和转移低利润或亏损企业、调整过剩人员、将部分小微企业下放、建立混合所有制单体、完善职工持股会、引入经营者持股等，有效地激发了企业的内在活力，使一个濒临破产的企业重新走上了健康发展的道路。2004年，老凤祥进入上升期，开启了十余年的快速发展之路。在这十余年，老凤祥黄金销售红火，同时企业不断调整和创新产品结构，先有黄金加上铂金、钻石、白银、白玉、翡翠、珍珠、有色宝石首饰"八仙过海"，后又增加珐琅、K金眼镜、工艺旅游纪念品等新品类，逐步形成了十二大系列"全方阵"的完整首饰产品链，产品年更新率高达34%。在营销上，老凤祥也屡出新招，如2005年老凤祥于国内首创回购生肖金条和纪念金条；2007年老凤祥于国内首创克拉钻回购；2010年老凤祥推出30分至99分钻戒回购等营销活动等。在人才发展上，老凤祥也硕果累累，其名师设计中心网罗了包括国家级工艺美术大师张心一、上海市工艺美术大师陆莲莲等在内的大批人才。此外，老凤祥还获批400余项专利，在国内外珠宝设计制作比赛中夺得170余项大奖。2001—2013年，老凤祥的销售额增长了45倍，利润增长了218倍，成为中国民族企业中罕见的"四百企业"（百年历史、百亿销售、百亿价值和百强品牌企业）。

（1）品牌影响进一步提升

2014年，老凤祥再次取得了一系列优秀成绩，品牌影响进一步提升。为突出"品位"和"经典"两大元素，提升老凤祥品牌的内在价值，老凤祥将时尚创意和文化创新融入品牌的市场推广，集聚百年品牌世代传承的市场氛围。为扩大"中国黄金第一品牌"的市场影响力，老凤祥累计投入6034万元市场推广费用，通过多种媒介工具，推动"老凤祥"品牌向更宽广的地域渗透，促使产品走入更多的"寻常百姓家"。2014年，老凤祥的品牌第10次入围世界品牌实验室发布的"中国500最具价值品牌"排行榜，同时加快产品结构调整，扩大新七类产品的销售占比，全年包括新七类产品在内的非黄金产品销售额达到32亿元，同比上升33.10%，其中，翡翠销售554亿元，增幅达到8.79%，有力地改善了盈利能力，在全年公司营业收入基本持平的情况下，由于主营业务毛利率提升0.49个百分点，新增利润14094万元。

（2）渠道拓展进一步扩大

2014年，老凤祥把加盟店的扩张放到首要位置上，针对三线、四线城市空间大、需求旺的特点，分区域推进老凤祥加盟店在全国各城市的均衡布局，扩大产品的市场覆盖面，做大销售规模，全年新增加盟店188家，加盟店累计达到1104家，以创纪录的年增长数提前完成"十二五"规划设定的千家目标。加上已设立的167家自营银楼（专柜）和1465家经销网点，截至2014年年末，老凤祥全国营销网络已达到2736家，同比净增112家。渠道的持续拓展，为老凤祥产品销售注入了正能量，尽管受金价不稳定的冲击，黄金饰品的销售单价平均下挫了13%，但黄金饰品实物销量再创历史新高，全年高达8974t，同比增长11.44%。

（3）加大对外投资力度

2014年先后做出合资创建老凤祥珠宝首饰（东莞）有限公司、合资组建老凤祥银楼余姚旗舰店有限公司、合资组建老凤祥银楼北京前门（店）有限公司、增资老凤祥美国有限公司、合资组建老凤祥加拿大有限公司等多项投资决定，总投资规模近11700万元人民币。

4. 未来

今天的老凤祥，已经把目光聚焦到了未来。老凤祥在国内取得高速发展的同时，本着

"立足上海、覆盖全国、面向世界"的发展方向走向海外,落户世界顶级商圈,与国际品牌比邻而居。2012年,老凤祥在澳大利亚悉尼开设海外第一家品牌特许专卖店;2014年12月5日,在毗邻时代广场的美国纽约第五大道585号开设首家老凤祥银楼旗舰店,营业面积450m²,老凤祥银楼纽约旗舰店以其浓郁的民族风格的装饰在世界名品云集的"时尚地标"占据一席之地;2015年9月,在加拿大温哥华著名的"名店街"——艾尔伯尼街,老凤祥温哥华银楼专卖店盛装开业。这些都标志着这个悠久的民族品牌在"民族化、国际化、全球化"的发展道路上迈出了一个又一个的坚实步伐。

(二)老凤祥的经营之道

在漫长的发展历程中,老凤祥逐渐摸索出了独特的经营之道并形成了百年坚守的经营理念,正是源于对它们的坚持,老凤祥才能屡次摆脱困境,并在其后再次走向兴盛。这些经营理念,不仅是老凤祥银楼极其宝贵的财富,也是中华民族品牌文化的凝聚,传承着近代中国的商业文明。

1. 开拓创新的进取精神

从为杜家祠堂打造银制鼎器,到20世纪末的体制革新,再到今天的走向世界,老凤祥始终不渝地坚持着开拓创新的进取精神。打造银鼎的开创之举,为老凤祥开创其经营史上的第一段鼎盛时期作出了巨大贡献。20世纪末陷入困境的老凤祥,能够走出阴霾,并且东山再起,与其根据市场形势不断调整发展战略和经营模式关系密切。没有领导班子的重组,没有经营模式的重构,没有开拓创新精神的引领,老凤祥不可能如此迅速地走出困境,更不可能再次站上中国珠宝行业的顶峰。

2. 品质内涵的执着追求

老凤祥在诞生之初,就以设计精美、工艺精湛的产品闻名,如杜家祠堂的银鼎、人民大会堂的葵花金顶、上海展览馆的羹金金顶,都足以展示老凤祥对精湛工艺的苛求与执着。近年来,老凤祥也不断推出具备纪念意义的高级工艺品,如《八仙神葫》。它是由中国工艺美术大师张心一精心设计,高级技师沈国兴、朱劲松、丁毅、沈广裕等人花费近一年时间联手制成,是在黄金雕琢的葫芦上镶嵌翡翠、红宝石等制作的"八仙"宝器。老凤祥金银细工制作工艺在这件作品上运用得淋漓尽致。老凤祥同样注重产品的文化内涵,例如老凤祥为进军国际市场,会根据不同国家的首饰文化,针对国外消费者对产品的不同需求,积极调整自己的产品战略,以满足市场的需求。例如老凤祥发现美国的消费者似乎更在乎产品是否有设计感、是否够大,而不是特别注重材质是否昂贵,因此针对性地提升产品的设计感,调整产品的大小规格。老凤祥根据不同的需求不断地完善产品,在传承中创新,使品牌保持长久的活力与竞争力,而又不丧失传统的文化内涵。百年经典的老凤祥,之所以既是历史的见证,又是时尚的代言人,很大程度上源于其对产品既执着又创新的态度。

3. 重视人才的高瞻远瞩

老凤祥一向注重专业人才的培养和优秀技艺的传承,高级人才成为企业发展的"创新之源"。重视人才的战略在20世纪90年代末老凤祥走出低谷的过程中更是发挥了巨大作用。当时,由于市场环境的突变和自身经营的不善,老凤祥人才流失严重。被第一铅笔收购后,为应对人才流失问题,老凤祥积极改革机制,重视人才的保障和发展,终于使人才回流,这为企业辉煌再现奠定了重要基础。渡过艰难后,老凤祥更是加快了对人才队伍的建设进程。2005年,老凤祥创建名师设计中心,该中心会聚了中国最年轻的国家级工艺美术大师张心一、中国第一位国际获奖设计师张京羊,以及上海市工艺美术大师陆莲莲、宋菁、翟建国、付志庆、陈玲敏、刘红宝,资深的中青年设计师叶家康、叶金毅、沈国兴、黄雯、杨喆、张卫东、程晓芸等人。其设计师团队年龄结构合理,覆盖各分公司、子公司和专业厂,形成了设计中心由大师领衔、设计部门(专业厂)由首席设计师分工负责的运作机制。目前,老凤祥名师设计中心拥有象牙雕刻工作室、玉石雕刻工作室、蜡模雕刻工作室和首饰实训室、金银细工制作等,并与上海工艺美术学院等高等院校建立了"产学研"联动。今天的老凤祥非常重视对设计师的培养,只要有国际珠宝展,这些设计师就会被送出去参观、考察,带回国际上全新的设计理念,融合到老凤祥的设计中。旗下的设计师团队在国内外各项大赛上频频获奖,设计出的如"凤之"系列婚庆首饰套件等精品,已成为老凤祥产品的重要组成部分。

4. **发扬品牌的坚定决心**

品牌是老凤祥的核心竞争力,是其最重要的无形财富。结合传统首饰的精湛工艺,融入世界各国首饰的优秀元素,引领首饰潮流的经典时尚,老凤祥已经成为中国最具有历史沉淀、品牌价值和创新时尚的首饰行业巨头。在170余年间,老凤祥以博采众长、融汇东西的"海派精神"批判地继承、扬弃地融汇,形成了个性鲜明、工艺精湛、质量优异、诚信公道、华美大气的经典品牌风格。如今的老凤祥已经发展成为一个融合了中外古今文化的品牌,弘扬传统经典工艺,走上了国际化发展之路。并且,在各大老凤祥银楼,以及商场的专柜,老凤祥也一改之前时尚不足的劣势,对厚重的古典气息进行精心设计后与现代文化相结合,营造出时尚但又不失沉稳的风格。全新的设计能够更好地展现品牌定位形象,激发潜在消费者对品牌形象的兴趣,并且提升品牌形象。随着市场化进程的不断加快,珠宝市场的宽度和层次也逐渐形成,除了传统的中老年市场,对时尚接受度较高的青年消费群体逐渐成为市场的主力,获得了年轻人,企业就会获得一个全新而富有潜力的市场领域。对于老凤祥来说,年轻的消费群体个性化倾向极高,能够有效激发老凤祥在时尚方面的创作激情,这是一个变现的重要通道。为了抓住潜在消费者,增强他们对品牌的忠诚度,老字号品牌必须拥有更强的持续创新能力,不断顺应市场需求的变化,以保持对未来消费者的吸引力,提升品牌的竞争优势。在2010年的世博会上。老凤祥获得了贵金属产品特许经营权,上海地区50多家、全国共60多家专卖店获得了世博会的特许经销权。这为其品牌的推广提供了助力。如今,老凤祥从一个区域品牌成长为全国覆盖率达87%的著名品牌,销售、利润保持每年30%~50%的高速增长,曾被评为中国和亚洲500个最具价值品牌之一,在中华老字号百强榜上位列第7位,进入全球珠宝100强。过去十多年里,老凤祥始终坚持塑造品牌、做强品牌、提升品牌价值,始终追求品牌的年轻化、国际化、时尚化,终于结出累累硕果。

5. **老凤祥的下一个百年**

老凤祥有一本历史文献集——《凤凰集》,翻开它,过去的辉煌依然耀眼:那些几乎包含了中国所有传统首饰精华的金银器;那些与海上文人、达官贵胄、中外宾客、国际组织、名胜庙宇、典藏精作有关的趣闻轶事;那些在国务院、人民大会堂、淮海战役纪念碑、井冈山纪念碑等处留下的精湛工艺……老凤祥的过去足够辉煌,悠久的历史为其积攒下宝贵经验,如今的老凤祥仍然可以从过去的经历中受益。

在新时代，老凤祥更加强调开拓创新精神。在传承中创新、在创新中发展，已成为老凤祥人秉承的信仰。老凤祥品牌发展的历程也充分证明：传承，使百年品牌具有深厚的人才和文化底蕴；创新，使中华老字号不断焕发蓬勃的青春活力。今天，老凤祥仍不断创新以持续改善企业的经营状况，这些创新包括观念、机制、技术、营销、品牌等方面。老凤祥认为，观念是行动的基础。从2001年起，老凤祥便围绕"做优、做强、做大"的目标，提出了以"调整、突破、发展"为内涵的三步走品牌发展战略：积极推进产业结构、产品结构和组织结构调整，通过完善资产经营责任制，扩大经营、管理、技术骨干的持股范围，营造了"干事有舞台，发展有空间"的良好的企业内部氛围，实现了体制创新；创建"原创设计大师工作室"，将"创新与实用相结合"，形成了"产品开发→申请专利保护→推广运用"的良性循环，大力鼓励技术创新；依托营销创新，在营销理念、经营模式、服务方式上都实现了突破，成功建设了一支具有市场拓展能力、创新思维能力、优质服务理念，敢打与能打硬仗的营销团队；以"名牌、名品、名店、名人"的四名特色为抓手，打造出了"经典时尚"的品牌新形象，成为传承经典与引领时尚的品牌代表。

今天的老凤祥，已经不再只是一个传统的民族品牌，它有条不紊地部署与实施着自己的海外计划，踏着坚实稳健的脚步，向着成为世界品牌的目标迈进。我们有理由相信，凝结着民族品牌文化精粹的老凤祥，将以开拓创新的进取精神为引领，自信地走完下一个百年。

四、中华百年老字号品牌——张小泉[83]

"南有张小泉，北有王麻子"，这是近代剪刀行业的两名"状元"。张小泉品牌始创于明崇祯元年（1628年），清乾隆四十六年（1781年）被乾隆帝钦定为贡品，清光绪三十年（1904年），我国历史上第一部商标法颁行，张小泉名列我国商标注册史上的第一批商标。300多年来，历代张小泉的继承者一直恪守"良钢精作"的祖训，工善其事，形成了张小泉特有的工匠精神。

（一）品牌故事

1. 品牌初创期

据说张小泉名字的由来，是因为他出生时掉进了泉水里，家里人就给他起名为张小泉。张小泉三四岁时，就蹲在火炉旁帮妈妈拉风箱；八九岁时，他只比砧子高一点儿，就开始跟父亲学习打小锤，还跟父亲比赛。到张小泉长大成为一个壮实的小伙子时，他便接过了父亲的大锤。张小泉从小就聪明乖巧，学习认真，他父亲只有张小泉这么一个儿子，所以他用心教儿子传家的技艺。没过几年，张小泉不仅学会了传家的技艺，还摸索出了许多熔铸、锻造、锤打、磨砂技巧，通过自己的创新，做出了很多比他父亲做工还精湛的铁器。他铸造的犁，能插得更深、耕地更快；他打造的锄头轻巧灵活；他制作的菜刀，即便剁完骨头也不会卷口。

剪刀的起源有很多说法，但中国民间有一种说法是，张小泉在一次与乌蛇搏斗后，受到乌蛇造型的启发打造出第一把剪刀的。过去，人们不知道如何使用剪刀，用刀子剪衣服，用刀子剪线，非常不方便。有了剪刀后，剪衣服和剪线变得容易得多，更加方便。因此，大家都来到张小泉的铁匠铺买剪刀，几乎挤满了小店，踩坏了店铺的门槛，张小泉家里四口人忙到打完剪刀都没时间卖的地步。张小泉的剪刀越来越出名，销售范围越来越广，成为杭州的著名特产。张小泉去世后，他的3个儿子各自开门做生意，3家铁匠铺都挂着"张小泉剪刀"的招牌。张小泉还收了许多徒弟，他们说："儿子好用阿爸的招牌，徒弟也好用师傅的牌子！"于是徒弟们也都挂起了这个招牌。儿子传儿子、徒弟传徒弟，杭州的"张小泉剪刀"店多到数不清，中间还有一些冒牌货。后来，杭州所有刀剪店的招牌都是清一色的"张小泉剪刀"。张小泉剪刀在1909年的南洋劝业会、1915年的巴拿马博览会、1926年的费城世界博览会、1929年的第一届西湖博览会上先后获奖。1917年，"张小泉"率先将镀镍抛光技术应用于剪刀，进行防腐处理，开创了中国传统民用剪刀表面防腐处理的先河；1919年，张小泉剪刀获得北洋政府农业商务部68号褒奖。清朝同治年间，范祖述将张小泉剪刀列为《杭俗遗风》中的名物，并将之与杭州扇子、杭州线、杭州粉、杭州烟草一起称为"五杭"。1966年，优秀的中国剧作家田汉参观张小泉剪刀厂，为其写下赞美诗："快似风走润如油，钢铁分明品种稠，裁剪江山成锦绣，杭州何止如并州。"

2. 新时代发展期

1949年5月3日，杭州解放，百废待兴。1950年以后，社会日趋安定，各种作坊和商店恢复营业，为了保存和推广张小泉这一传统的民族品牌，1953年，在政府部门的组织下，杭州先后成立了5个张小泉制剪生产合作社，生产品种各有不同，后来这5家合作社先后扬光大。1954年，5个合作社搬迁至杭州海月桥集中生产，员工总数达423人。1955年，5个合作社合并成立杭州张小泉制剪合作社，员工总数增加至527人，此时，张小泉品牌的重新崛起已初见端倪。1956年3月5日，毛泽东主席在《加快手工业的社会主义改造》工作会议上指出："……提醒你们，手工业中许多好东西，不要搞掉了。王麻子、张小泉的刀剪一万年也不要搞掉。我们民族好的东西、搞掉了的，一定都要来一个恢复，而且要搞得更好一些"。这一指示在张小泉的品牌发展史上具有里程碑式的意义，同年，制剪合作社正式恢复了张小泉的称号。政府对张小泉予以了高度的关怀和支持，也是在这一年，国家为杭州张小泉剪刀厂统一建设拨款40万元，再加上筹备委员会筹措的20万元，新企业于1956年10月动工。1958年，地方国营杭州张小泉剪刀厂正式被政府授牌成立，员工总数已达816名。从此，经过几代人的努力，张小泉这个传统剪刀品牌得以发扬光大，张小泉剪刀的年产量达到4200万只。在过去的50年里，杭州张小泉剪刀厂共生产了7.4亿把剪刀，全中国平均每两个人就拥有1把张小泉刀剪。张小泉品牌的产品因其优良的品质和真诚的服务，得到了中国消费者的广泛认可。张小泉也没有辜负人民的厚爱和期望，在中国质量评比中连连夺冠，是中国剪刀行业唯一的"五连冠"。1997年，"张小泉"被评为中国驰名商标；2002年，获原产地注册保护。2000年，企业成功完成转制，杭州张小泉集团有限公司成立，跨出了走向现代企业制度的决定性一步，企业全体员工坚定不移地用自己的智慧和努力，为中华民族优秀品牌创造新的辉煌，添上新的光彩。

（二）品牌经营

1. 质量观念

张小泉剪刀创始人张小泉曾立下"良钢精作"的家训，300余年来，这条家训由其后人身体力行，成为张小泉企业文化的核心理念。张小泉剪刀厂"质量为上、诚信为本"的经营宗旨和"用心去做每一件事"的精神即源于此。

2. 特色工艺

张小泉剪刀每一把都不是机器生产的，都是由一个个人手工打造出来的，张小泉以镶钢锻打为关键技术，以龙泉好钢为材料，传承手工锻打与剪上刻花技艺，创立了名扬天下的72道制剪工艺。这72道工序包括拔坯、嵌钢、锻打、淬火、磨制、打轴眼、合脚等，其中最讲究的一道工序就是嵌钢，这也是张小泉剪刀扬名天下的独门秘笈。钢有着更加坚韧的质地，是制作刃口的最佳选择，正所谓"好钢用在刀刃上"，因此张小泉剪刀以铁为剪体，以钢为剪刃，钢铁合用，刚柔并济，很好地解决了剪刀制作在材料学意义上的应用课题。这一技术原理，一直到现在仍应用于一些刀剪产品的制造中，现代科技还无法将其完全替代。这种独特的制造工艺成就了张小泉剪刀，它虽然是一把小小的剪刀，但是对它的耐心打磨程度不亚于任何一件珍贵的艺术品。2006年，张小泉剪刀锻制技艺被评为国家级非物质文化遗产，张小泉也成为商务部颁发的首批"中华老字号"之一。如今，为了占据世界刀具品牌一席之地，老字号张小泉加快了创新的脚步。

3. 密切联系市场

张小泉历经300多年，如今工艺上更加精湛，而且外形也越发精美。公司不断地开发新的品种，以适应满足不同人群的需要，从一把剪刀延伸到日常的各种器物，如厨具类推出了蟹八件礼品，铜银类推出了手工铜壶和汤婆子，还有咖啡勺、筷子、开水壶……除了丰富的品类，张小泉剪刀已经形成了100多个品种、500多个规格，包括刀具系列、旅游礼品系列、工农业用剪系列等。除此之外，张小泉的营销很"新潮"。目前张小泉的设计团队是清一色的"90后"，在他们的"玩心"下，张小泉在互联网上唱起了Rap，发布了张小泉微信表情包，张小泉祖师爷形象也不再是一脸严肃的老古板，而是Q版的卡通形象。这种不断创新的精神，让张小泉一直保持着活力。

张小泉产品品类多样化的背后，是基于消费者需求而做的产品细分。例如外观看起来几乎一模一样，用来修剪指甲的剪刀，线上版产品的刀头弯度是30°，线下则是37°，这是考虑到线下购物的用户年龄偏大，指甲会发生弯曲。这种小小的差别体现了张小泉以人为本的匠心。

4. 留住气韵，勇于突破

与新兴企业品牌相比，老字号的文化特色是市场环境竞争中的核心竞争力。可以说，产品只是老字号品牌销售的一部分，而它销售的真正内容是品牌文化和品牌的历史情怀。老字号品牌形象的内涵有两层，一个是其长期的品牌视觉形象系统，另一个是其随时间积累的文化遗产。中国老字号品牌视觉元素的共同点在于，集合大多固有的文化元素所形成的一系列的品牌形象视觉系统。张小泉品牌创立之初，产品结构体系相对单一，随着品牌的发展，其产品不仅覆盖了剪刀，还涉及厨具、个人护理用品等多个方面，品种增加了几倍，产品区域范围扩展到外部，企业市场从国内扩展到国际，目前在东南亚、欧洲和美国都有张小泉产品。

老字号经历了百年洗礼，它们能够在不同的历史背景下保持强劲的市场占有力的秘诀之一就是"喜新念旧"，即积极响应新的社会市场需求，果断打破品牌发展的约束，在坚持市场发展环境的基础上，努力实现"传统"与"创新"的平衡。品牌形象设计包括多方面的内容，除了我们熟悉的品牌标志设计外，还有品牌产品包装设计和市场推广。"良钢精作，创意生活"是张小泉的企业口号，从中我们可以清楚地了解其品牌文化理念。除了在品牌标志设计上跟上时代步伐外,张小泉在其他方面也进行了规范化和制度化,这些基本内容的统一可以增强品牌的市场意识。

如今,"非遗"是传统文化技术的一大亮点。张小泉将自身打造成以"工匠精神"为特色的百年工艺传承者,即追溯"传统",而其产品类别的覆盖范围越来越广,更多地倾向于"创新"的市场需求。张小泉推出的品牌形象是以传统的"旧"为基础,面向当代"新"的创新模式。这种创新模式可以将张小泉与其他类似品牌区分开来,在两者的比较中,张小泉可以更好地满足市场环境的公众需求。这个经验值得其他老字号品牌学习借鉴。

(三)新时代下的发展

1. 文化传承

过去,优质的工匠被称为匠人,他们对产品精细程度的追求与当今提倡的工匠精神一脉相承。随着时间的推移,优秀的手工艺人数量逐渐减少,原有的手工制作被现代机械生产取代,手工艺作品变成了非物质文化遗产,然而,亘古不变的是中国中华老字号品牌深厚的文化底蕴,匠心在这些品牌中仍然绽放着光芒。

张小泉是世界非物质文化遗产项目,在历史的时间长河里,它不仅仅是一把小小的剪刀,而是已经成为一种文化的符号。张小泉有着传统的制造工艺,同时它还有独特的企业文化。每个员工进入张小泉公司之后都会拜师,老师傅向他们传承手艺,可以说,张小泉公司是一个把现代管理方式和传统手艺相融合的公司,公司内有几十名非物质文化遗产技艺传承人,他们保证了张小泉的品质。

张小泉有着对"工匠精神"的极度追求,一代又一代张小泉人始终坚持着"良钢精作"的祖训,形成张小泉特有的工匠精神。一把张小泉剪刀要经历72道工序才能制作完成,每一步失之毫厘就有可能前功尽弃。在这个时代,我们更需要向这些老字号学习,静下心来,做一个匠人,做一个匠心品牌。

2. 看齐当下

虽然张小泉剪刀注重传统,但是时代在不断变化,张小泉也要积极适应互联网世界。在五六年前,张小泉就已经开始涉足电商领域了,当时同行业做电商的不多,张小泉可以说是很早就嗅到电商领域商机的行业内品牌。最初张小泉的电商销售成绩不是很好,销售额仅二十多万元,但是经过几年的摸索张小泉已经找到了适合自己的路。

在互联网线上,张小泉所售卖的产品与线下有所不同,因为线上的消费者多是年轻人,线下多为中老年人,所以线上产品和线下产品在锋利程度和外形上有细微的区别,质量都是一样的。为了加强与年轻消费者的互动,张小泉还生产了卡通形象的品类,并且生产与之相关的筷子和菜板。每年张小泉都会开展限量菜刀定制活动,消费者可以在菜刀上面刻字或者做头像,这些文字和头像都是师傅们手工刻出来的。定制刀具大受欢迎,一经出售马上抢光。

张小泉在新的趋势和潮流下走出了自己的路,这可以给其他老字号提供借鉴,即只有不断适应变化,去进行时代的创新,才能够重新焕发光彩。

3. 视觉改进

企业品牌的创新,应该基于品牌自身的发展思维。品牌的历史文化是其创新和发展的基础,只有把握住历史文化,才能不失去品牌的精神,整体融合,打破"旧"形象,实现"新"模式的突破，努力实现"新"与"旧"之间的平衡。品牌形象设计创新融合的前提应该是创造"新"而不是"创造"，不能为了品牌形象设计创新而忽视自身的文化背景。品牌历史文化的延续是创新发展的前提，完善品牌形象设计是融合创新模式的终极目标。

在历史发展的过程中，品牌继承的不仅仅是商品本身，更多的是继承其品牌文化。从文化发展和延续的角度出发，老字号品牌应该重点分析品牌文化，分析历史发展的外部条件及品牌形象的固态思路，以寻求品牌形象创新的关键。品牌形象设计的突破可以为老字号品牌打造创新特色，全方位的沟通和交流可以连接品牌与消费者之间的情感联系。深入分析品牌文化理念，寻求旧与新之间的平衡，完善老字号的品牌形象构成，可以实现文化的传承与延续，实现对创新发展的构建。

五、中华百年老字号品牌——红星二锅头[84]

（一）品牌简介

老北京人讲京城有"三乐"：登长城、吃烤鸭、喝二锅头，"三乐"不全都不算到过北京。与中华人民共和国共同成长了74年的红星二锅头，从老百姓餐桌上的当家酒，到走出国门成为代表中国北京的一张名片，一直传承着国人对美好生活的期盼。说起红星二锅头的酿制工艺，就要追溯到元代了，距今已有800余年的历史。清康熙十九年（1680年），前门外酿酒作坊"源昇号"技师赵存仁、赵存义、赵存礼三兄弟为提高烧酒质量，发明了掐头、去尾、取中段的特色工艺，北京二锅头酒传统酿造技艺从此诞生。

1949年5月，中华人民共和国第一家国营酿酒厂，即华北酒业专卖公司实验厂（北京红星股份有限公司的前身）成立，该厂是作为对新中国的献礼而指定建设的项目之一，其后收编源升号等12家老酒坊。1949年9月，红星酿制出第一批瓶装二锅头，作为迎接新中国的献礼酒，并命名为红星二锅头。红星二锅头作为商品名称，开创了以酿酒工艺命名产品的先河，红星成为北京二锅头始创者。1949年10月，由于出色完成献礼酒任务，红星光荣参加开国大典，成为唯一获此殊荣的白酒企业。为了让共和国成立初期生活水平较低的中国人民能够喝到纯正的二锅头酒，国家规定红星二锅头酒的定价不能太高。因此，自诞生70多年以来，红星生产的10多种产品均属于低价酒。红星二锅头酒以其醇厚柔和的口感和低廉的价格，受到消费者的广泛青睐，成为"百姓的好酒"的代名词。1951年，红星商标成为共和国第一批核准注册的商标之一，被誉为"二锅头家族第一标"。1958年，红星注册了"红星二锅头酒"商标。1965年，红星集中管理19家县级酿酒厂，全心全意传授二锅头技术，使二锅头从一朵孤花变成百花齐放。1997年，红星56°酒被国家技术监督局认定为二锅头酒的国家标准样品，成为质量的标杆。2006年，红星被商务部授予"中华老字号"荣誉称号。2008—2009年，红星申报的"北京二锅头酒传统酿制技艺"被确定入选"国家级非物质文化遗产名录"。如今，红星二锅头已经成为拥有四大系列、40多款产品的品牌。

（二）品名溯源

北京是中国五朝古都，二锅头酒是京城酒文化的典型代表，已有800年的历史。它是由烧酒发展而来的，明代北京志中提到"京师之烧刀与棣之纯棉也"。京城酿酒技师在蒸酒时，会把第一壶酒头和第三壶酒尾去掉，取第二壶酒的中段，这就是"掐头去尾截取中段"的工艺，俗称"二锅头"。

1949年5月，经中央人民政府批准，红星收编了老北京著名字号"龙泉""同泉涌""永和成""同庆泉"等12家老烧锅，继承了北京几百年的酿酒工艺。为了迎接共和国诞生，北京红星于1949年8月生产了第一批红星二锅头酒。当年9月，这批酒一上市便以其醇厚甘冽的品质，深受广大群众的喜好，被誉为"大众名酒"。

（三）品牌发展

1965年北京酿酒总厂（红星的前身）受政府委托，归口管理顺义牛栏山酒厂、昌平酒厂等19家郊县酒厂，在"七管两不变"的管理模式下，输出酿酒技术和人才，扶持帮助这些酒厂发展二锅头生产。1981年，红星为了促进二锅头酒业的整体发展，牺牲自身利益，放弃了"二锅头"的全名称商标注册，只用"红星"进行商标注册，与其他的二锅头酒类生产企业共享"二锅头"。

1986年10月之前，北京生产的二锅头均为65°，这成为北京二锅头的特色和传统。为了贯彻当时中央领导提倡喝低度酒、培养新的饮酒习惯的指示，北京二锅头由65°降为55°，由北京市物价局批准降度不降价。红星二锅头也由65°降为55°。那么，56°酒是如何出现的呢？

1953年1月16日，北京东郊酿造厂由市专卖公司正式移交中央轻工业部糖酒工业管理局，改名为国营北京酿酒厂。1965年8月20日，北京市轻工局依据北京市有关部门的指示成立北京酿酒总厂，北京酿酒总厂由北京酿酒厂、北京葡萄酒厂、北京啤酒厂、双合盛啤酒厂组成，并归口管理昌平酒厂、大兴酒厂、顺义杨镇酒厂、牛栏山酒厂和通县牛堡屯酒厂。

1986年10月，北京二锅头执行降度不降价的地方政策，北京各大酒厂均将65°二锅头降为55°，从北京酿酒总厂分出的北京酒精厂为有别于酿酒总厂的二锅头（酒精厂与酿酒总厂均为轻工局直接领导，使用同一样式的二锅头商标），生产了56°红星二锅头，并在北京市销售市场取得成功，当时56°二锅头一瓶难求。消费者都认为56°是正宗，其实酒行都明白，56°和55°是一回事。

1987年10月24日，根据市委工业部、市经委批文，北京酒精厂等5家企业上交北京市轻工业总公司直接领导和管理，北京酿酒总厂机关由行政管理改为经济实体。

1991年1月18日，市经委、一轻工业总公司发文：自1991年1月1日起，北京酿酒总厂与北京酒精厂合并。为维护市场秩序，北京酿酒总厂仍生产带总厂标志的55°红星二锅头，酒精厂仍然生产带酒精厂标志的56°红星二锅头。

直到1992年后实行销售统一，酒精厂标志才被取消，56°二锅头的销售以北京市为主，55°销往外埠。2011年2月22日，以红星为重要组成部分的北京首都酒业有限公司正式挂牌成立。作为北京唯一用"首都"冠名的酒业集团，首都酒业的成立必将为红星持续健康发展提供强大助力，推动红星实现"红透京城、红遍全国、红火世界"的企业愿景。

（四）企业文化

1. 国粹文化

红星，作为拥有800年传承的二锅头的宗师，有着其独特的品牌文化，即丰富、浓郁、纯正的国粹文化、京味文化和红色文化,这三大文化精髓,为品牌奠定了基础。

白酒酿造技术的记载最早见于元代。明代李时珍在《本草纲目·谷部·卷二十五》中写道:"烧酒,非古法也。自元时始创其法。"

专家们证实,二锅头起源于北京的烧酒,有 800 年的历史。1949 年,根据政府命令,红星全面接收老北京 12 家老字号酒坊,独家传承北京二锅头酒酿制技艺。在北京酿酒行当开放而宽容的文化氛围中,古酒到烧酒的转变完成了。

红星二锅头,作为中华民族的精酿酒,本身就是一大国粹。尤其是红星开发的青花瓷珍品二锅头系列,完美地融合了白酒和青花瓷器,以景德镇艺术家手绘的瓷器为瓶身,具有典型的中国文化特色,极具欣赏和收藏价值,被誉为"国粹二锅头"。

2. 京味文化

"二锅头"作为中国北京酒文化中京城地域文化的典型代表,无论是酒的品质、风格,还是酒的口味、特色都被深深地烙上了中国五朝帝都老北京的印记。如今"登长城、吃烤鸭、喝红星二锅头"已经成为游客逛北京的常规操作,被誉为领略京味的"潮流新三乐"。

作为老北京人的"当家酒",红星早已经成为北京城市的记忆乃至中国的名片。2006 年,红星被商务部认定为"中华老字号"企业,并且与京城两大餐饮中华老字号全聚德、便宜坊强强联合,开创了酒类、餐饮跨行业战略合作的新模式。2008 年,红星青花瓷珍品二锅头白酒被选为奥运官方礼仪接待及庆功用酒。作为京味文化的代表,如今红星二锅头已行销全国各地及几十个国家和地区。

3. 红色文化

1948 年,红星商标诞生于晋察冀边区,它由国际友好人士设计,商标中的红五星和飘带蕴含着丰富的红色革命印记,具有强烈的政治色彩,在国人心中是红色情结,在国际友人眼中则是一张中国名片。中华人民共和国成立前夕,我国第一批二锅头酒——红星二锅头在迎接共和国诞生的盛宴上问世。作为新中国的献礼酒,红星蕴含着丰厚的红色文化。与共和国同岁的红星二锅头品牌,其诞生的意义非凡,在日新月异的时代发展中,红星二锅头也不断与时俱进,勇往直前,扎根白酒科研领域,为人民群众酿好酒,以卓越品质满足人民群众日益增长的美好生活需求。

第七章　互联网思维下的商业模式案例

一、长尾型的商业模式

长尾模式的特点在于关注"小众",即销售少批量和多品种的产品。长尾模式的宗旨是提供大批量的小众产品,虽然每一种产品的数量都相对有限,但是如果统计这些小众产品的销售总量,那么所获得的收入,或者通过销售所创造的价值将不亚于传统模式的销售收入和创造的价值。长尾模式与传统模式的差别在于,它并非通过以销售少数的主流产品来获得绝大部分的收益,而是要求低库存成本,依托强大的平台,保证小众商品能够及时被感兴趣的买家获得。

(一)图书出版行业的长尾模式转型

1. 传统的出版模式

传统模式中,很多作家都会遇到把自己辛苦编写的书稿交给出版社,却被出版社拒绝的事情。或许遭拒对于作家来说是家常便饭,但是经常性地遭到拒绝,却是十分低效的。究其原因,是传统的图书出版有一套甄选流程(图7-1)。首先作家需要广泛地寻找出版社,并与其进行出版洽谈,达成出版意向,并明确出版的要求;然后便是作者向出版社申报选题,出版社审阅大批选题及手稿,从中选出最有可能达到基本销量的作品。作品被选上的作家才能够与出版社签订正式的合同。知名度较低的作家,其作品被拒的可能性极大,因为书籍的制作,包括审阅、排版、印刷和销售等环节都有成本,书籍销量不好会影响到出版社的收益。因此,出版社关注的还是能够拥有大量粉丝,且可以大量印刷的书籍。

图7-1　传统模式下的图书出版流程

传统模式下,出版社的关键业务主要集中在选择所出版的内容、获取作家作品的版权、印刷出版,以及出版后的销售;客户的细分主要以大范围的读者为主,销售渠道主要是零售。这是一种基于宽泛内容,以畅销的类型作为理想的价值导向型模式,因此这样的模式下,成本主要集中在出版和销售环节,而收入来源则主要依靠批发。

2. 长尾模式下的图书出版

长尾模式下的图书出版,是一种去中心化的模式,由传统的以畅销书为中心的出版方式转向为任何有需要的人出版。作者可以通过自助出版平台,直接与受众建立联系,并且从付费订阅者中获得回报。一个典型的案例便是美国的一家名为Substack的自助出版平台。Substack创立于2017年,它的商业模式是帮助小众的、业余的作家把作品推向市场。Substack有广泛的作者来源,包括记者、小说家、诗人、大学教授、厨师等。这一平台的两位创始人对一些新闻媒体为了盈利不顾一切,导致标题党、假新闻流行的现象不满,放弃了互联网中常用的算法，推出了定制付费模式。这一平台也有推荐功能，但与其他网络平台依靠算法推荐不同，Substack 的推荐是平台中作者之间的相互推荐。作家在平台上注册，然后发布自己的作品，感兴趣的读者可以自动选择该作家的作品，作品以付费的形式向读者展现，平台从中抽取一定比例的提成。这种模式降低了作家的准入门槛，让作者与读者在平台上自由匹配，读者读到了自己想要的内容，作家获得了收益，平台也获得了提成，实现了三方共赢。当作家的作品阅读量达到一定程度，具备盈利条件后再印刷成纸质版，这样便形成了基于自助出版平台，以市场为导向的拉式图书出版，这与传统模式下选择"有市场价值"的作品大相径庭（图 7-2）。事实上，Substack 吸引的作家越多，它就越成功，因为这些作家变成了它的客户。简而言之，Substack 是一个多边平台，它以"用户发起的小众作品"形成了长尾服务这种模式，连接了作家和读者两大群体，作家用户可以使用 Substack 发表和售卖书籍。这一模式的成功之处就在于，书籍可以在接单的情况下被印刷出来，实现了书籍的零库存，而且作家在印刷之前的作品，如果失败或无人问津，对作家或 Substack 都没有影响，拉式图书出版有效降低了出版的风险。

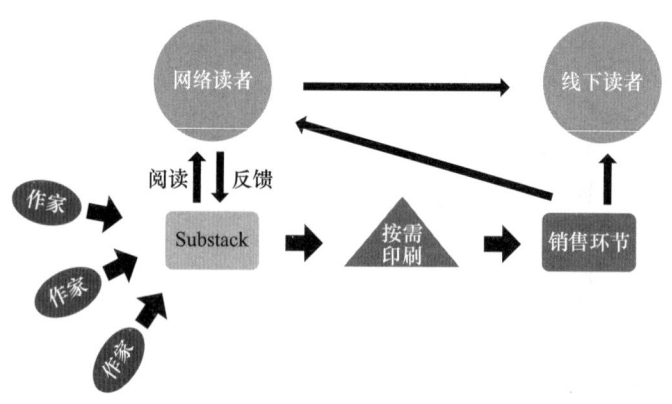

图 7-2　长尾模式下的图书出版流程

长尾模式下，平台的价值导向变成为小众作品提供交易场所和自助服务，因此，其关键业务就变成了平台的开发及物流建设，平台的客户关系转变成了为作家及读者提供相同兴趣的社区，并构建双方的在线档案，而平台的市场则成为对小众作家以及小众读者的吸引力。在这样的长尾模式下，平台运作的主要成本是平台管理和开发成本，而收益则来源于销售租金和出版过程的服务费用。

（二）基于长尾模式的乐高工厂

乐高（Lego）是一家丹麦玩具公司，成立于 1932 年，初创的宗旨是通过生产简单的玩具来启发婴幼儿的智力。乐高闻名于世的拼接积木生产，是从 1949 年开始的，该产品一经问世，便获得了极大的好评，它伴随了几代儿童的成长。成年人中也有不少"乐高粉"，他们把乐高玩具变成自己的娱乐品及收藏品。经过多年的发展，乐高围绕着启发智力这一核心价值开发出多类主题的数千套积木组合，比如太空站、海盗、车辆、军队等。随着时代的进步，玩具行业日渐激烈的竞争让乐高作出"跨界"尝试——进军影视行业。二十世纪八九十年代，科幻、冒险和奇幻类电影很受欢迎，一系列强势 IP 被塑造起来，乐高抓住机会，从出品方高价购买了电影人物的使用权，推出了《超人》《蝙蝠侠》《星球大战》《夺宝奇兵》《哈利·波特》等系列玩具，同时也推出了与这些主题相关的"乐高大电影"，以乐高玩具为拍摄道具，塑造了一系列乐高版的超人、蝙蝠侠、绝地武士等角色，给人耳目一新的体验，同时也创造了一笔可观的收益。

从 2005 年开始，乐高开始尝试以用户为导向的定制套装，推出了"乐高工厂"，以客户为主进行拉式生产，用户根据自己的喜好完成乐高组装，然后在线订购，真正实现了按需定制。同时，乐高让用户参与玩具的设计。它开发了"LEGO 数字设计"软件，用户可以在这套软件中释放自己的创造力，如传奇的故事、生动的人物、魔幻的建筑、炫酷的车辆等，只要用户想得到，软件都可以做到，软件提供了丰富的素材包，以保证用户的设计有效"变现"。用户将"作品"设计完毕，还可以为自己的作品设计定制化的包装盒。至此，"乐高工厂"就成为一个把用户和设计者联系起来的开放式平台，用户不仅是消费者，还是玩具的设计者，实现了"用户合伙人化"。乐高工厂的平台化运作需要以合适的供应链系统为保障，毕竟定制化属于小众需求，传统的供应系统与乐高工厂存在匹配差异，它只是对现有资源和企业活动进行了适当调整。但从商业模式的角度来说，乐高工厂进入了长尾领域，是在传统的定制化生产方式上的突破和升级。在这一模式中，依托工厂平台，用户可以在平台上销售自己设计的套装，虽然不一定所有的用户设计的套装都能卖得好，但对于乐高而言，它开辟了一种全新的用户—企业互动模式。重要的是，这一模式在传统封闭的工厂设计→生产→销售模式基础上延伸了生产线，改变了原有的依靠少量畅销套装获得主要收益的"二八模式"，虽然定制化的部分只占少数，但乐高以一种开源的态度激活了市场的长尾，思维的枷锁被打破。长尾模式可能成为乐高原有商业模式的补充，也可能替代原有传统的大众市场模式。在尾模式下：

乐高工厂＝乐高＋乐高用户可以自己设计并完成在线订购；

乐高用户目录＝乐高＋乐高允许用户在线发布并售卖自己设计的套装。

长尾模式下的乐高用户设计套装，其价值主张便是通过赋予乐高粉创造展示并售卖自己设计的套装的工具，扩展现货套装的供应范围。在这样的价值导向作用下，乐高的关键业务变成了为用户提供及定制乐高套装，并为其提供包装和运输的平台和物流；创建新的乐高设计并将它们发布于网上的顾客就变成了创造内容和价值的关键合作者。数以千计的用户设计的套装成为乐高的标准积木套装的完美补充。乐高工厂将能够创造、定制、设计的用户同其他用户连接，成就了一个客户交流的平台，同时增加了销量。乐高工厂的客户关系是围绕真正对小众产品和标准零售套装之外的产品感兴趣的客户，建立长尾模式社区。

二、多边平台的商业模式

多边平台是将两个及两个以上的相互独立却相互联系的用户或用户群联系在一起，以发挥出更大商业价值的模式。在多边平台模式下，内部单元的价值要依靠其他单元的存在而存在，即平台能容纳的关联群体越多，平台的价值潜力就越高。平台通过促进不同群体间的互动而创造价值，平台的价值随着平台吸收的用户数量的增加呈线性或几何式的提升，这种现象被称为网络效应。

（一）谷歌的多边平台商业模式

搜索引擎是谷歌带给我们的最初印象，的确，对于广大的普通用户来说，谷歌提供的免费搜索功能带给了他们极大的便利，久而久之也形成了对谷歌搜索引擎根深蒂固的认识。但企业是以盈利为目的的,谷歌是通过什么方式来支持搜索引擎的维护费用,又是如何获取盈利的呢?这就取决于谷歌的价值主张,即在全球网络发布精准定位的文字广告。对普通用户来说,谷歌是一个便利的搜索工具,但是对企业来讲,谷歌是一个具有广泛受众群体、覆盖面宽阔的传播媒介。谷歌有一项名为 AdWords 的功能,广告商可以运用此功能发布广告,广告是在谷歌的一个子网络上完成的,完成后的广告链接被放入谷歌的搜索页面,这样当普通用户搜索与广告内容相关的信息时,广告便会随搜索信息一并出现在谷歌的搜索页面,被人们看到。在此,谷歌还要确保只有与搜索关键词相关的广告被呈现出来,这一操作是可以在后台实现的。对于广告商而言,AdWords 的功能非常具有吸引力,它使广告一改传统的"全面撒网"式胡乱投放而变得"智能",能够根据用户搜索的关键词主动关联潜在用户,该模式产生作用的前提是需要有大量的谷歌用户,但搜索功能的免费开放就为用户的吸收开足了马力,使用谷歌的人越多,与广告商内容关联的潜在人数就越多,广告就越有价值。谷歌对广告商价值主张的作用大小,很大程度上取决于谷歌用户的数量,因此,除了搜索引擎,谷歌还推出了邮箱、谷歌地图、在线照片集等功能,在用户生活的方方面面进行渗透,让谷歌成为用户必不可少的一项生活工具,增强了用户黏性。除了 AdWords 外,谷歌还推出了 AdSense 服务以拓展搜索功能,使谷歌广告商的广告除了能够在谷歌界面显示外,还能在第三方的网站上呈现;第三方在自己的网站上发布来自谷歌的广告,并从谷歌的广告收益中分得一部分。AdSense 能够自主分析第三方网站的内容并为浏览者推送与浏览内容相关的文字、图片、视频等信息。随着价值关联环节在第三方网站的延伸,谷歌将第三方网站的价值主张定位为谷歌的第三方客户群体,帮助他们利用自己的网站内容赚钱,这就形成了共赢的多边平台。

平台一旦形成,盈利方式是有多种可能的,谷歌就有其独到的盈利模式。它的盈利重点是大量的广告商,作为广告来说,传播面越广,其价值度越高,而谷歌免费的搜索引擎恰恰就起到了招揽大量受众群体的作用。因此,谷歌在很早的时候就形成了一套对前端用户让利、吸引流量,靠后端广告商赚钱的盈利模式。广告商成为谷歌的"衣食父母",而谷歌的用户也成为广告的价值来源,这是一组唇亡齿寒的关系、一套完整的后端补贴前端的盈利闭环。这是合乎逻辑的,因为广告呈献给浏览者的次数越多,从广告商处赚取的收益就越多。此外,广告收入的不断提升,会激励更多的内容提供商与 AdSense 合作。谷歌的广告位竞价也不直接放在谷歌的主页上,而是放在第三方网站,广告商在关键词,或者关键搜索词条及内容上展开竞价,这一过程由 AdWords 所提供的拍卖服务实现:越是年度的火热关键词,就越值钱,广告商们也愿意为"火热"买单,因为这种"火热"能为他们带来更具开发潜力的"流量价值"。谷歌在 AdWords 上获得的大量收益又用来继续提升搜索引擎的服务质量,这样就能获取更多更广的用户量,形成良性循环。

因此,搜索平台就变成了谷歌的核心资源,它基于一套具备搜索和配对的高复杂度专利算法,匹配强大的 IT 硬件,形成搜索(Google.com)、广告(AdWords)以及第三方内容变现(AdSense)三项关键服务,三项服务相互配合形成了用户吸引、创造匹配社群、价值共创的运作模式,即:①建立并维护搜索引擎的基础设施;②三项主要功能的管理;③将平台推广给新用户、新的内容提供商和新的广告合作商。谷歌的多边平台模式中,其主要的用户细分便是广告商、网民,以及内容创造者,针对这三类群体,谷歌分别提出了三类不同的价值主张,即针对广告商的目标广告,针对网民用户的免费搜索,以及针对内容创造者的用内容获利。在收益环节，谷歌采用补贴的形式，通过收取广告商和内容创造者的费用，补贴普通网民网络搜索的维护费用，这样就通过搜索的免费功能吸引了更多的网民，以扩大其用户使用量。

（二）不同侧重点的游戏机多边平台模式

被称为"第九类艺术"的电子游戏（也被称为电视游戏），影响力及价值随着信息技术的发展而不断提升，作为电子游戏的硬件产品——电子游戏机，如今也成为具有几十亿美元价值的产业。对普通玩家而言，电子游戏机（主机）只是一个保障游戏正常运行的硬件，但是从商业活动的角度而言，电子游戏机也是多边平台的典型例子。从二十世纪八九十年代起，主机市场的竞争日益激烈，竞争的焦点集中在主机的兼容性、硬件的流畅性及价格上。电视游戏需要主机（硬件）和游戏（软件）的相互支撑以保证玩家的正常体验，因此主机生产商与游戏开发商形成了一组互补关系。但游戏开发商所生产的游戏要根据某类主机的硬件来设计，游戏并非能兼容所有主机类型，因此游戏机厂商又成为主机厂商争夺的对象。如果某一主机有较高的人气，那么它可以吸引更多的游戏开发商；当某一主机有足够多的吸引玩家的游戏时，玩家购买主机的同时才会购买与主机硬件匹配的游戏厂商的游戏。正所谓"成也萧何，败也萧何"，两类商家所面对的最终用户都是游戏玩家，只有聚集了足够多的玩家，两类商家才能被养活。

在游戏机产业中，世界上知名的三家巨头，即索尼的 PlayStation（PS）系列、微软的 Xbox 系列，以及任天堂的 Wii 展开了激烈的竞争。三家企业采用的都是多边平台模式，但形成了不同的战略重点。

1. PS & Xbox 的重点

相较于任天堂，索尼的 PS 和微软的 Xbox 的多边平台较为传统，与任天堂的有本质上的不同，这说明对市场来说没有所谓的成功经验可言。在很长一段时间里，游戏机市场一直都被索尼和微软所统治，经过常年的用户培养，也在操作上形成了以微软为主的"北美风格"和以索尼为主的"亚洲风格"，微软设计的 Xbox 游戏手柄甚至被运用到美军无人机的操作当中。商业模式上，两家游戏机厂商都瞄准了游戏铁粉，竞争的焦点是游戏机的价格和性能。游戏玩家对游戏的图像、质量，以及处理器速度的要求极高，因此，厂商的研发重点就落到了硬件的质量和主机的复杂性上，产品自然也变得昂贵。如果按照高昂的研发成本定价，市场无法接受，因此两家厂商都是折本销售自己的游戏机，以保住充足的用户使用量，然后以其他收益来补贴游戏机拆掉的本。具体做法是：①游戏机厂商针对自己的游戏机型开发并销售游戏，带动游戏机的销售，此时的游戏类似于钓鱼时的鱼饵。②游戏机火热后，会吸引第三方游戏开发商加入，游戏机厂商便向游戏开发商收取开发游戏的版权费，因为游戏的运行要依托游戏机厂商的硬件。这样就形成了双边平台的商业模式，即一边是消费者，通过主机价格的让利使更多的游戏机进入市场，抓取更多的游戏机用户；另一边是游戏开发商，火热的主机使更多的游戏开发商入驻，从而赚取更多版权费，游戏厂商的利润便从这里获得。类似的商业模式还有手机厂商在手机里内置的 App 商城、微软的 Windows 操作系统向软件商收取的版权费等。

2. Wii 的重点

面对索尼和微软两大巨头，在 Wii 发布之前，任天堂的业绩处于螺旋式下滑状态，徘徊在破产边缘，直至 Wii 出现，任天堂才峰回路转。主机是一个很好的产业平台，Wii 自然也选择了双边平台的模式,但有别于前两者,任天堂的目标顾客与微软、索尼的目标顾客相比少了一些"高冷"的成分,它主要针对广大的休闲玩家而不是少量的游戏"发烧友",也可以说任天堂瞄准了"长尾"的玩家市场。因此,Wii 以相对低廉的硬件价格赢得了休闲玩家,它为游戏机配备了特殊的遥感装置使玩家可以以肢体动作来操纵游戏机。正是这一设计,让其玩家与微软和索尼的玩家产生了较为明显的体验差异,索尼和微软的玩家都是坐在沙发上,靠手柄控制游戏;而 Wii 的玩家,则根据游戏的内容以各类运动的形式参与游戏,比如网球类游戏,玩家的摇杆装置能够模拟球拍,玩家想击败游戏里的 AI 球员,就要像真正的网球比赛一样对着电视屏幕挥舞摇杆装置模拟击球。一场游戏下来是很累的,但玩家在玩游戏的同时也锻炼了身体,这也是体感游戏独特的游戏体验。类似的还有保龄球、高尔夫、音乐和舞蹈类游戏等,这些都是针对 Wii 这一机型而设计的独特模拟游戏,让玩家获得身临其境的体验。任天堂以此吸引了大量休闲游戏玩家。同样是双边平台,但任天堂的 Wii 与索尼 PS 系列和微软 Xbox 相比,具有成本和用户量的优势,它抓住了"流量"这一核心资源和"娱乐元素"这一核心要素,把用户集中在广大的休闲玩家群体,硬件的投入也低于前两者,成本相对低廉。作为双边平台,任天堂的利润同样也来源于主机销售及对游戏生产商的版权收入,但与微软、索尼高昂的研发成本相比,任天堂不需要对 Wii 游戏机进行补贴,每销售一台游戏机都能创造利润。

综上所述,Wii 在商业上的成功源于以下 3 个因素:

①产品的低成本优势(体感技术);②聚焦于一个新的、未开发的且对技术不太关注的市场群体(休闲游戏玩家);③Wii 双边盈利的双边平台模式。这 3 点皆是与传统的游戏行业盈利模式完全不一样的。

三、免费的商业模式

在免费商业模式中,至少有一个客户群体可以持续免费地享受服务,而这种新的模式使得免费提供服务成为可能,不付费的客户可以从另一个客户群体中获得财务支持。

(一)广告:一种多边平台商业模式

对于各类传媒主体来说,广告是一种实现免费供给的、成熟的收益来源。电视、手机、互联网、影视作品中看到的广告,它们有些以讳莫如深的形式表现,有的则以谷歌、百度平台上的"标矢"类形式展现。一些企业把广告的免费多边平台模式运用到商业活动中,即平台的一边是以吸引用户为目的而设计的内容、产品或服务,另一边则是产生收益的广告位购买者。

新闻出版行业应该是首先被广告的免费模式打击的行业。受网络免费资讯的冲击,一些报纸发行公司不得不申请破产。在美国,传统的纸质新闻产业在 2008 年达到了消费用户的临界点。皮尤研究中心的调查结果显示,由于互联网的便捷,消费纸质报纸及杂志的人数已经被获取免费资讯的人数完全超越。在传统的报纸和杂志行业,其收入来源主要是报刊亭的零售、用户的订阅,以及刊登的广告。零售和订阅受互联网的影响,消费者数量迅速减少,报纸广告的数量也没有迅速增加,虽然有些报纸也增设了线上阅读的模块,但是仍然没能获得更多的广告收入。为保证新闻内容的高品质,必要的新闻采集和编辑队伍的大量投入也使新闻行业的固定成本居高不下。一些报纸以付费的形式提供用户在线阅读,但由于运作模式的不成熟,收效也不够良好,尤其是当 CNN.com 或 MSNBC.com 这些新闻巨头开放免费的在线资讯后,其他的报纸和杂志出版商便没有了生存空间,很难再收到阅读费用。而靠报纸行业吃饭的印刷行业,也因为低迷的报纸销售受到了极大的冲击。迫于生存,一些新闻行业的企业家开始尝试在网络上推出新的阅读模式,例如新闻提供商 True/Slant(trueslant.com)将 60 位业内知名新闻记者出品的内容集中于同一个网站上,打"名人牌"。这些作者提供资讯的回报是一部分的网站广告收入,以及一部分 True/Slant 获得的赞助收入。缴纳一定的费用,广告商就可以刊印与新闻内容相似的纸制品。

(二)免费增值:基础部分免费,增值部分收费

免费增值,并非字面意义上的免费会带来增值的效果,它是一种商业模式,即运用网络的便捷,把开源的部分与付费服务合理搭配后形成的一种定价模式。其具体操作是对一项产品或服务的功能进行细分,把常用部分拿出来以免费的形式投放至市场,招徕大量用户,并培养使用习惯,用户中会有一小部分需要更加高级或专业化的服务,这部分功能或服务便采取付费的形式。通常情况下,付费的部分在总体用户群当中的占比不会超过 10%,但服务费用已经可以补贴免费服务的部分。这样的模式常见于办公软件或 IT 公司,这种模式可以成功的原因在于向免费用户提供的服务的边际成本很低。免费模式虽然效果极好,但使用不当也会成为企业亏损甚至破产的元凶,这一模式不能胡乱使用,在使用前要考虑两个关键要素:免费部分的服务成本和免费用户中付费用户的转化率。

雅虎很早就尝试了免费模式。雅虎在 2005 年收购了一家名为 Flickr 的网站,该网站支持用户上传和分享照片,但它对这一功能采取了分区定价的模式,即拿出少量的储存空间,并限制图片上传数量,这是给免费用户的权限,目的在于通过免费的体验招徕更多的用户。当习惯了这个功能后,部分用户就会对储存空间和上传数量有更多要求,此时就需要为更高的权限付费了。在这样的模式下,Flickr 的价值主张,一方面是针对普通用户开放免费的基本照片分享功能,另一方面针对空间需求量较高的用户开放增值的照片分享功能。其关键的业务便是利用 Flickr 的平台及品牌资源,做好平台的维护,这样,其主要的成本就是平台开发以及空间储存的成本,而收益则来源于付年费的专业用户。

这样的模式一经推广,IT 企业纷纷效仿,比如国内知名的 360 杀毒软件,便是采用了这样的模式,对计算机的维护功能进行细分,为普通用户提供基本的杀毒功能,对于普通用户来说免费的基础功能已经足够,以此培养用户量;再对有高要求的用户匹配合适的高级服务,并对这部分高级服务收费。360 杀毒软件以这样的模式打败了瑞星、金山及卡巴斯基,成为国内杀毒软件的巨头。进入移动互联时代,网络游戏厂商也采取了这种模式,最具代表性的便是腾讯的"王者荣耀",它曾经创造了 1 块钱的游戏入场皮肤一天就卖了一个多亿的成绩。其实,免费是一种定价形式,先前提到的免费增值的两个关键要素都要建立在用户流量实现规模效应的基础之上。

(三)开源:开放源码,与众不同的免费增值

软件公司最突出的支出和收入,一是为专业化的研发团队支付的高昂固定成本;二是在软件销售,以及软件维护和升级部分获得的收益。

对于传统的软件公司来说,最有价值的就是知识产权部分,即源代码。而一家名为红帽的美国公司,却一改传统,不再为软件开发而挤破脑袋,而是将产品建立在开放源码上。相较于付费且功能不一定适用的软件,开源且耐用的免费软件对企业来说更具吸引

力,而且提供开源代码的企业还会对代码负责,以保障有充足的用户。红帽公司抓住了市场的这一缺口,以志愿者的形式在全世界召集了大量的软件工程师作为自己的技术支持,然后向市场提供稳定的、通过测试的、完整可使用的免费开放软件源码。最具代表性的便是 Linux 系统。在对开放源代码的技术支持方面,红帽提供 7 年的免费技术支持,这对于用户来说是极具诱惑力的。开源的代码具有稳定性,同时也让用户省去了巨额的使用费,为客户提供了更多的获益方式,也不必承担"无正式归属"的软件产品带来的不确定性。同时,软件的开放源码社区不断地对软件进行改进和维护,红帽公司也能从中获益,这就大大降低了红帽公司的软件开发成本。

红帽公司的源代码是免费开放的,那么它的收益来源是什么呢?红帽并不像传统的软件企业那样收取软件的销售及维护费用,而是以会员制的形式向用户收取会员费。入会会员缴纳年费后,便能够获得红帽公司发布的所有最新源码的使用权、无限制的服务支持,同时可以与该产品法律上的拥有者取得联系。企业愿意为了这些服务付费,付费会员除了获得源码使用权之外,还能获得诸多 Linux 版本,以及其他的开放软件源码的增值服务。

综上,红帽公司的商业模式简单来说就是围绕自主服务用户推出免费(Linux)的开放源码基础软件,同时针对企业用户提供持续升级服务,以及有保障的软件,这部分是需要付费的,且具备高的附加值。在这样的价值主张下,红帽的关键业务便是软件技术支持服务,以及软件版本控制及测试服务,其核心资源便是红帽(Linux)软件。

(四) 招徕的本质:诱饵和陷阱

"诱饵和陷阱"听起来是两个贬义词,但它们十分精准地描述了"招徕定价"策略的实质,即起初以不贵的或者免费的价格提供有吸引力的商品,然后鼓励用户对相关产品或服务不断消费;或者在产品组合中,拿出一部分产品低价销售,吸引消费者关注这一品牌,剩下的产品原价甚至是以高出原价的形式销售。这其实是一种价格补贴,也是商业活动中常用的一种形式。之所以又叫"诱饵和陷阱",是因为这一模式是由一位名叫金克·吉列(King C. Gillette)的美国商人开创的,金克·吉利就是发明了一次性刀片的吉列公司创始人,"诱饵和陷阱"模式也从此风靡全球。

"诱饵和陷阱"模式是从剃须刀和刀片这一组互补品的成功销售过程中被总结出来的。1904 年,金克·吉列第一次把可以更换刀片的剃须刀推向了市场,使用这种产品的时候,消费者需要同时使用剃须刀和刀片,这一使用习惯延续至今。金克·吉列为充分培养用户使用习惯,加大了产品销售的折扣,甚至拿出一部分剃须刀(不带刀片)作为赠品,捆绑在其他商品的销售中,以免费的形式赠予消费者,为刀片创造需求。通过专利阻断,吉列确保了竞争者无法以更便宜的价格销售吉列剃须刀适用的刀片。如今,技术日新月异,剃须刀也推出了电动款式,但吉列发展至今仍然是剃须刀行业中的强势品牌。使用"诱饵和陷阱"模式最重要的一点,便是初始商品与后续商品之间必须具有紧密联系,否则前端商品虽然是低价甚至免费,但因与后端商品关联不大,无法引导消费者往后端消费。采用这种模式的企业,其盈利重点在于后端。因此,在这种模式中前后商品之间的关系是一种"锁定关系",这种关系直接影响模式的成功与否。

招徕定价模式较常见于移动通信行业。例如中国移动或中国联通采用的充话费送手机,只需要承担起初送出手机的损失,就可培育后续的稳定用户,用户按月缴纳的花费可轻松覆盖其手机成本。美团也是如此。商户的产品组合中拿出一部分以低于市场的价格进行促销，用户只要通过在线订购的方式便可以获得比线下购买便宜很多的价格，以此绑定用户，剩下的产品商户便放在线下，以线下的销售补贴线上的销售不足。这种模式在大型卖场中也很常见，以"天天平价"著称的沃尔玛，并非所有商品都平价。沃尔玛商品种类多，销售领域较为集中，商品与人们的生活联系紧密，是运用"招徕定价"的得天独厚的场所。沃尔玛拿出一部分商品，以平价甚至大大低于市场的价格出售，消费者被吸引至卖场中，在享受了平价商品的优惠后，会产生"卖场中的其他商品也是平价的"心理认知；卖场内集中了大量商品，很大一部分消费者在购物惯性的作用下还会买其他商品，但其他的商品并非都是平价，有的与市场价相差无几。成百上千的消费者如此在沃尔玛消费，沃尔玛也就获得了巨额收益。这就是大型卖场的"招徕"策略。

四、开放的商业模式

开放的商业模式适用于通过与外部合作伙伴系统地配合而创造和获取价值的企业。这种模式可以是"由外而内"地于企业内部尝试来自外部的理念，或者"由内而外"地向外部合作伙伴输出公司的理念或闲置资产。

（一）宝洁：连接和发展

2000年上半年，宝洁的股价连续走低，同年6月，时任宝洁首席执行官的雅阁辞职，长期担任宝洁高管的雷富礼（A. G. Lafley）临危受命，接下了这家消费品巨头的CEO一职。为了重启宝洁的生机与活力，雷富礼回归"顾客至上"的初心，加强产品创新，"创新"也最终成为公司的核心价值。雷富礼在传统的企业自建研发团队的基础上进行调整，推进开放式研发，建立了一套宝洁的创新文化体系。这一体系的关键要素就是实施"连接和发展"战略，即与外部研发团队合作，并以此拉动内部的研发活动。为有效推动这一模式的顺利开展，雷富礼设定了一个雄心勃勃的目标：如果宝洁内外部研发团队的合作创新比率不足15%，就要定下50%的合作创新目标。采用这一模式后，2001年，宝洁公司获得了近20%的外部创意，2004年这一数字上升到了35%，到了2007年，外部创意超越了50%，实现了当初的目标。此时宝洁公司的外部研发团队已经拥有了来自世界各地的1万名以上的技术人员，企业的生产效率飙升了85%。

为了打破企业内部资源与外部资源的连接屏障，宝洁公司整合了高科技企业家、互联网平台、退休专家3个重要模块，以由外到内的方式进行创新，包括：①高科技企业家指具备产品研发能力的科学家人群，包括企业内部科研人员、高校科研人员和其他企业的科研人员，他们共同构成宝洁的研发系统，同时也扮演着"猎人"的角色，在全球范围内为宝洁企业内部研发所遇到的问题寻找合适的解决方案。②互联网平台主要解决连接问题，它使宝洁与遍布全球的问题解决专家联系起来，宝洁可以将研发中所遇到的问题通过一个名为InnoCentive的平台发布给世界各地的科学家，集众智解决问题，科学家提出的方案被采纳之后，宝洁公司便给予科学家现金回报。③针对退休人群中的专家，宝洁创建了YourEncore.com，通过这一平台向退休专家们征询知识。

（二）葛兰素史克的专利池

由外至内的开放式创新方法能够很好地帮助企业把闲置中的专利和技术变现。同样是采用了开放式的研发，葛兰素史克与宝洁公司的不同之处在于宝洁依靠的是内外研发人员的联动,葛兰素史克采用的是把各种技术聚集起来的"专利池"。葛兰素史克的企业使命是在世界范围内提升贫穷国家的药物普及率,以及在研究不足的疾病领域投入更多的研发。要实现这一目标,必须拥有大量的技术和知识产权,因此葛兰素史克建设了"专利池",与治疗疾病相关的药物开发知识都能以产权的形式放置于池中,此类知识同时对葛兰素史克以外的药物开发研究人员开放。通常,很多制药公司把大量的资源投入明星药品的开发,非明星药物知的识产权受到限制。专利池汇聚了来自不同专利持有者的知识产权,而且这些知识产权可以很容易被获得,这就有效防止了研发因某个专利持有人的阻挠而停滞。那些与贫穷国家疾病相关的企业内部闲置的理念、研发成果和知识产权,一旦进入"池子"将产生巨大的价值。

(三) InnoCentive 的连接器

企业在征集外部知识资源,向外寻求创意灵感时会产生不小的搜索成本。比如有目的地向外寻求人才或寻求企业的合作,需要做需求发布、内容征集、内容可行性评估及筛选等一系列工作,这是一个需要耗费时间和金钱的过程。此外,当企业的研究人员试图在该企业以外使用自己的知识时,为了找到有吸引力的机会,同样会发生搜索成本,宝洁公司案例中所提到的 InnoCentive 公司便从中看到了这样的机遇。

InnoCentive 为需要解决研发问题的企业,以及全世界范围内具有挑战精神去解决新问题的研究人员提供了平台。该公司最早属于美国礼来制药公司,后独立出来并发展成为一家中介机构,为全球营利和非营利组织提供资源链接和分享服务,服务的对象包括如宝洁、苏威集团、洛克菲勒基金会这一类的商业组织和一些政府机构组织。在创新过程中遇到问题的公司可以在 InnoCentive 网站上注册,成为"答案搜寻者",为解答的人提供丰厚的现金奖励,奖励金额根据问题的重要性从 5000 美元到 100 万美元不等,以此激励有能力的"解答者"。这样,那些寻找帮助或合作的公司就不必再耗费巨额的人力、物力以及时间满世界漫无目地寻找解决问题的专家,通过 InnoCentive 网站,"答案搜寻者"与"解答者"能够实现高效的自由匹配,大大地降低了搜寻成本。这便是多边平台商业模式的优势,它在,无形中降低了企业的成本,提升了企业的效率,利用了大量闲置的资源。

五、系统联动无边界的商业模式

互联网是一把双刃剑,它给新兴企业带来了机遇,同时也让一些传统企业陷入困境,可谓是几家欢乐几家愁。互联网提升了信息传播的速度,企业的竞争变得更加透明,也更加激烈。传统企业和创新企业的站位被互联网拉开了,产品竞争、服务竞争、价格竞争、营销竞争,让那些依靠过去的商业经验赚钱的企业叫苦不迭,同时也让那些抓住机遇、敢于变革的企业发展得风生水起。没有一直成功的企业,只有被时代选中的企业,对于任何企业来说,在时代变迁中,其唯一的出路就是顺势而为。

(一) 肯德基:建立系统,服务 B 端

肯德基的汉堡深受消费者青睐。技术层面上,肯德基汉堡和肉夹馍的产品类型差不多,都是在两块面饼当中夹进肉块;产品的营养性上,肉夹馍所夹的肉是煮的牛肉或猪肉,富有营养,肯德基使用的是煎炸的鸡肉,含有较高的热量,即便在国外,也普遍被认为是"垃圾食品"。但我们并没有诞生一个享誉全国的肉夹馍连锁品牌,而肯德基却是入

选 Interbrand 2022 前 100 的世界级连锁品牌。为什么会有这样的差距？究其原因，是企业做产品还是做系统的差异。肯德基背后有一套强大的系统，值得我们学习。没有系统的企业，做得再大也只是个作坊。在餐饮及众多流通型行业，经营者很辛苦，很多事情都亲力亲为，但不一定会获得与辛苦相匹配的回报，最后的结果是，企业长不大，难以发展，找来帮手，却养成对手。更遗憾的是，很多经营者并未从自己身上找原因，缺乏对人的研究、对分配机制的研究，更缺乏对运营模式和运营系统的研究。如果在百度地图上搜索"肯德基"，以中国大陆为范围，截止 2022 年 12 月 28 日能搜索到两万多个结果，而肯德基中国的官方网站对其中国门店数量的描述是"已突破 8000 家餐厅"（截至 2022 年）。肯德基主要经营汉堡、薯条之类的快餐，这是我们作为普通人能够看见的业务，那么它现在在中国的连锁规模，是不是单靠卖汉堡、薯条便能构建起来的？

肯德基于 1987 年进入中国，第一家店开在了北京前门地区。连锁经营，不断发展新门店是快餐行业发展的一项重要策略，虽然肯德基是一个十分知名的品牌，但是面对复杂的市场环境，考虑经营过程中的各项风险因素，单靠自己经营，在中国市场很难在 30 多年里发展到现在这样一个规模。要做大做强，还是得依靠适合自己的发展战略。下面我们来看肯德基的业务构成。

1. 快餐经营

快餐经营就是我们能看得到的汉堡、薯条、鸡翅等饮食产品的销售。在门店，肯德基将业务与销售利润都让渡给了加盟商。加盟商在快餐部分自负盈亏，除了加盟费外，不再出额外的费用，这样的方式吸引了海量加盟商，加速了肯德基的扩张，提升了其品牌影响力。这就是通过让渡前端利益来做足加盟商流量，形成加盟商的商圈，迅速在各大城市铺开，而这一部分的收益对于肯德基来说还不到其整体收益的 1%。

2. 标准化门店出售

肯德基的特许经营体系是，建一间新的门店，其餐厅的选址、装修、设备、门店经营、员工招聘等一系列工作都由总部事先做好，然后运营该门店直至步入正轨（获得盈利），此时才把门店卖给加盟商。加盟的内容也十分丰富，包含外送业务、多种餐厅模式、数字化、创新菜单和互动营销，加盟商加盟的同时，肯德基会提供强大的支持系统，把成熟的管理、人才、营销、物流等赋能给加盟商，也就是说，加盟商可以利用现成的肯德基品牌优势和成熟的运营模式，实现"拎包加盟"，而肯德基在这个过程中保证所有环节做到标准化，能够百分之百复制。由于门店标准化程度极高，因此普通人走进肯德基后，很难分辨出哪一家是直营店，哪一家是加盟店。假设一家门店可以卖 700 万元，那么全球 24000 多家标准化门店的潜在销售收入便是 1600 多亿元。肯德基出售标准化门店的收入占到其整体利益的三成左右。如果一个企业能够把薪酬设计、团队建设，以及干部训练等形成的系统标准化地制造出来，那么这个系统就成为可供交易的产品，而且极具价值，肯德基的门店便是这类标准化的系统产品。当一个企业能够生产标准化系统，那么该企业的生产便实现了从造产品向造系统的转变，而销售也从卖产品转向了卖系统（图 7-3）。

3. 供应链整合

肯德基采取的是统一的采购和配送，依靠前端庞大的门店数量，形成后端原材料供应商的巨大需求，这一体量也为肯德基构造完整和强大的供应链系统创造了条件。通过整合

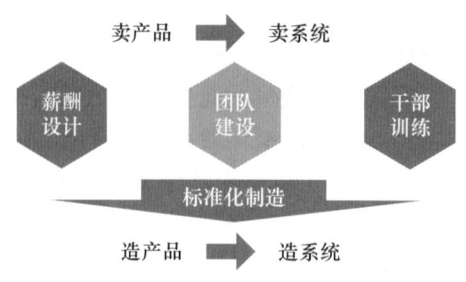

图 7-3 系统标准化生产示意图

上游供应商，肯德基就可以做到生菜、土豆、鸡肉等食材的自供应，它要求的是100%直供，甚至连饲料、鸡苗、鸡棚都是统一的。如果加盟店不采购肯德基的原材料，那么肯德基便不与其合作，其理由是如果加盟店不在肯德基采购，那么食品就不可溯源，缺乏安全的保证，会使得产品缺乏统一的口感，严重影响肯德基的品牌形象。于是，除了指定的食品供应商，肯德基在全球各地建立了自己的农场，为全球两万多家门店统一供货，从中赚取供应链的收益，这部分的收益占到了肯德基整体利益的20%左右。

4. 商业地产

肯德基是一家隐形的商业地产公司，其内在逻辑是，像肯德基这样的强品牌具有极强的"造盘"能力，即能够借助自己的品牌知名度让一个冷清的地段逐渐变得火热起来。比如一个新建的商业中心，在建设初期周边配套不齐的时候，还是一个冷清的商圈。此时肯德基到这里来购置物业，或者长期租赁，租期至少30年。由于此时商圈尚冷，加之租期超长，因此有较大的议价空间，肯德基能以一个较低的价格获得这一地段的物业。购置或长租，肯德基便在这里开店。接下来，其他的大品牌，如沃尔玛、麦当劳等品牌相继进入，渐渐地吸引来其他的餐饮、娱乐、服务、服装等品牌，该地段逐渐变成繁华。当人流量做起来后，这里的地价、房租等自然就会上涨，肯德基就能以更高的价格把之前购置的物业出租给加盟商，以及其他进驻的商家，如LV、普拉达、古驰等有资金实力的品牌，实质是做起了房屋租赁的生意，成为一个不折不扣的"包租公"。这一部分生意的收入，差不多占到肯德基总体收入的一半。

从业务和收入结构分析，肯德基怎么看都不像一家做餐饮的公司，餐饮只不过是它用来吸引加盟商的手段，让渡前端利益，分给合作伙伴，实现双赢，以此圈住加盟商，炒熟商圈的人气。餐饮是肯德基前端的"流量入口"，而其主要收益则来自后端的高附加值业务，这就是肯德基的整套"生意经"。世界第一的快餐品牌——麦当劳也有类似的做法，在此不做过多赘述。而这样的生意经，我国的先祖们早在两千多年前就已悟出，即成功的企业家，除了要学会聚财，更要懂得散财。范蠡曾经三次散尽家财，但自身的财富却越散越多。可以说，中国两千多年前的商业智慧，被肯德基学到了。

（二）海澜之家：轻量化经营

在互联网时代，未来活得好的公司，一定具备资产轻、公司小、用户基础大，并有充足的现金流等特点。下面我们来看一下国内知名服装企业——海澜之家的成长模式。

自2016年起，国内服装类企业开始陷入低谷。2016上半年，达芙妮关店400多家，哈森关店150多家；2016年至2017年，美特斯邦威更是关店1500多家；2021年拉夏贝尔直接申请破产,并在 2022 年退市,被上证交易所摘牌。但海澜之家却从 2015 年的 4000 多家门店一路增长至 2022 年的 7700 多家门店,表现不俗。海澜之家近几年的增长得益于它运用了互联网思维。

海澜之家瞄准的是线下用户,它的经营模式是不断发展线下门店,用门店的裂变式增长来实现规模效应。线下门店直接与消费者接触,门店越多,海澜之家与消费者的接触面就越广,其产品的传播面就越宽,当全国各地都有海澜之家的门店时,即便某一个地区的门店由于某种不可抗力的因素而关闭了,也还有其他没有受到影响的地区门店继续营业,帮助被困地区的门店渡过难关,这就是零售网络所呈现的规模效应。因此,海澜之家总部的关键业务,便是想办法让更多的加盟商加盟海澜之家。海澜之家的加盟模式如下。

（1）加盟商加盟海澜之家

整个门店的经营和管理都必须由海澜之家作为品牌方来负责,包括员工招聘、店长培训、货物铺设、库存管理等。

（2）加盟海澜之家

名义上不需要加盟商出加盟费,但是加盟商需要投入近 200 万元人民币,其中的 100 万元作为货物的押金,另外的 100 万元用于门店的装修。货品押金的合同期限是 5 年,如果 5 年到期,加盟商不干了,那么总部将押金全部退给加盟商。门店装修也交由海澜之家全权负责,包括装修风格、陈列、展示区等,加盟商不能插手。海澜之家以这样的方式打造标准化统一的品牌形象。因此,加盟商实际的加盟成本是 100 万元左右。加盟商交了 200 万元,门店装修好便可以开业了。

（3）在利润分配方面

总部采取的方式是日结账,加盟商需要上缴近六成的日营业额,其余的四成,在承担完店内每日开支之后,剩下的就是加盟商自己的利润。

（4）如果加盟商不懂经营

只是单纯地具备资金优势,那么也可以由总部直接为加盟商经营,总部每年收 6 万元左右的管理费,但是总部也会给这类加盟商一个承诺,即保证加盟商 5 年能够实现税前利润 100 万元的目标。

上述便是海澜之家总部对于下游加盟商加盟的要求,几乎是把所有的管理工作都做完了之后,再把店铺交给加盟商,让他们按照总部的方式经营,这样总部能够保证对加盟商的管理,以及对统一品牌和理念的控制。加盟商的管理压力较小,也不需要自己为门店做广告,可以使用海澜之家的品牌效应直接开展经营。国内其他曾经火热的服装品牌,比如美特斯邦威,它的做法是收了加盟商的加盟费后,总部只提供货源,经营管理完全由加盟商自理,这样的自由度虽然高,但由于缺乏统一的管理,加盟商门店之间的服务质量参差不齐,不利于品牌形象的树立和稳定,而且加盟商门店相互之间是独立的,缺乏联动机制,不利于整体的壮大。但是要做到海澜之家这样的加盟模式,背后需要总部具备强大的经营能力和运营团队,以构建统一化的管理系统。比如结算环节,虽然是加盟的门店,但门店每天的结算、支付工作都纳入总部的财务系统进行管理,这样海澜之家总部不但能监控全国的门店财务,还能在此基础上作出整体性的财务决策。另外,海澜之家给了门店近四成的利益,这能有效帮助门店做好社群,做好用户的经营。

进入互联网时代,没有"爆品"的企业、不会做流量入口的企业、没有粉丝的企业,在未来是没有多大生存空间的。要想提高竞争力,企业必须有像样的产品,针对上游的供应商,海澜之家采取的是整合上游供应链。作为消费者,我们每年都能在海澜之家的线下门店,以及天猫、淘宝、京东等线上门店看到近万种款式的衣服,但实际上,这些衣服并非出自海澜之家自己的研发设计和生产团队。海澜之家的上游整合方式包括几大重点。

第一,海澜之家总部不建造生产服装的工厂,不生产衣服,也不配备设计师。

第二,生产任务全部外包给近万家服装工厂,要求工厂每年为海澜之家生产一款"爆款"产品,产品由海澜之家线下的7700多家门店销售。服装厂对海澜之家实现了完全的接单生产,也就是JIT模式。没有了销售的后顾之忧,且销量有保证,服装厂就可以集中精力设计和生产"爆款"产品。但并不是说这样生产出的产品就能大受欢迎,海澜之家总部还有一项激励措施,即如果产品滞销,总部就会退回该服装厂生产的所有产品。这就倒逼服装厂卯足马力为"爆品"而努力,以一种近乎疯狂的形式逼迫自己提高产品质量,同时把竞争对手给"逼死"。

第三,降本。要成为"爆品",产品除了要有卓越的品质外,还要有超低的价格,这样才能撕开竞争市场的口子,走在前端。在降低供应商成本方面,我们可以看到海澜之家的另一项赋能能力。整合起来的近万家服装生产工厂能够提供巨大的议价能力,海澜之家总部基于上游的生产工厂建立了采购供应链联盟,运用这近万家工厂所形成的议价能力进行统一采购,这样就能大大降低原材料的采购成本,在低成本卖原材料给生产商的同时,自己也能赚一笔供应链的钱。最终生产商实现了低成本生产,节省下来的成本传导至零售环节,消费者便能以较低的价格买到设计独特且质量极高的产品,自然会引爆销量和口碑,让更多的消费者购买海澜之家的产品。

通过案例我们了解到,海澜之家在整合上游并赋能下游后,以高性价比的产品赢得了市场,形成了生产和流通领域的良性循环。同时,海澜之家把门店资产转移给了加盟商,最初的库存又转移给了上游生产商,自身则成为一家轻资产的培训公司。但正是这个轻资产的培训公司对产业链上下游极强的赋能能力,才造就了上游、中游、下游、消费者共赢的局面,并促成了整个系统的良性循环,这便是海澜之家的轻量化产业赋能平台模式(图7-4)。这就是互联网时代企业家们应该追求的商业模式,也是值得学习的商业理念,即在成就他人的过程中成就自己。

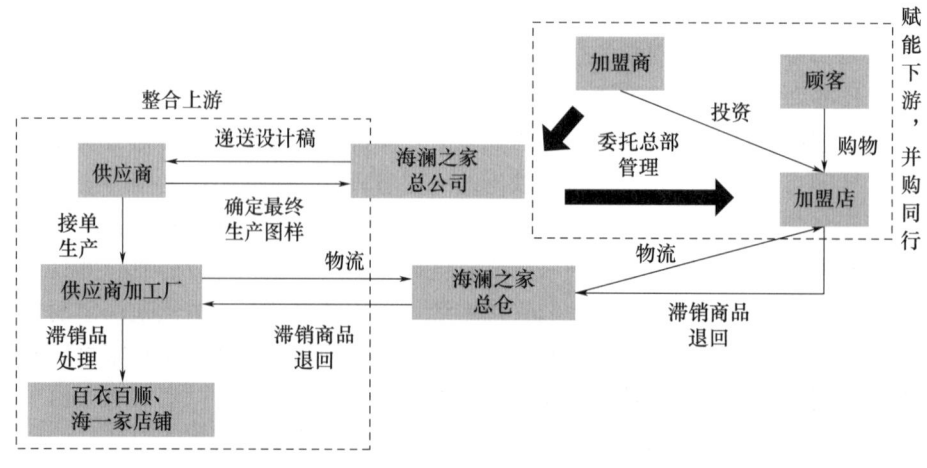

图 7-4　海澜之家商业运作流程图

(三）小米：流量是金

在 Interbrand 评选出的 2022 年世界最具价值品牌中，小米第一次荣登前 100，位于第 84 名。Interbrand 对本次小米能够进入 Top 100 的理由，原话是"Xiaomi having been a strong player in the Best China Brands ranking for numerous years."，即小米在中国有广大的用户量。这一评价对小米来说是实至名归的。小米经营模式的实质就是用手机圈粉，而在后端赚钱。

在 21 世纪初的前 10 年，电子产品市场参差不齐、鱼龙混杂，山寨品与正品都在激烈地争夺着市场。手机领域，有一个品牌一改传统的差价思维，大幅让出自己的利润，以高性价比的产品赢得了市场的关注，并聚集了大量的追随者，使他们成为自己的粉丝，在千万粉丝大军的背书下，每年不断地迭代"爆品"，赚足了用户的口碑，它就是科技品牌小米。如今，小米已将产品线延伸至电视、笔记本、平板、智能家电、路由器等方方面面，产品全面覆盖了线上和线下。最重要的是用户对小米产品有着较高的品牌认同度和品牌忠诚度，这成就了小米千亿美元的市值。虽然"爆品"这个词语，听起来较为互联网化，并不正规，但它确是一把划开市场、充分引流的利刃或杀手锏。"爆品"永远跳不出三个要素：最好的产品、最低的价格、实现在线化（引流圈粉）。现在很多清醒的公司，已经认识到互联网思维的价值，付诸实践并取得了较好的成绩，这些公司是走在时代前沿的企业，比如小米、360、瑞幸咖啡、蜜雪冰城、微信等，它们都是用爆款产品圈粉圈人，有了流量，就有了无限种可能。小米让出终端利润，几乎以成本价出售手机，并非不做生意，而是小米的盈利点并非手机，手机做成爆款是为了圈粉，手机是小米流量入口的推手。当"米粉"形成规模，用户使用习惯被培养起来之后，小米便借助用户使用品牌的惯性向用户顺水推舟式地推送智能家居、充电宝等一系列产品。这些产品虽然利润空间也不高，但是能够形成完整的"用户使用画布"。小米将用户画布的各个消费节点都布满自己的产品，最后核算用户使用的整体利润，而且小米不断迭代让米粉持续地消费节点的产品，这样一个米粉便能给小米带来可观的可持续性收入，这便是小米的后端持续盈利模式。

"圈粉"就是以最极致的方式抓住消费者对价格的敏感性，运用"免费"或"招徕"（诱饵和陷阱）的方式，把用户吸入圈，然后在圈内形成粉丝社群，再依靠社群对品牌的惯性把用户引导至其他高附加值部分进行消费。但在使用这一模式前，企业要对自己进行准确的分析和评估，在不同行业、产品和环境背景下，免费的逻辑是不一样的，有的人用"免费"把流量引爆了，而有的人用"免费"把企业搞"死"了。小米用爆款手机圈住了 2.8 亿"米粉"，做到了千亿美元市值；瑞幸用接近成本价的咖啡及线上补贴圈住"瑞粉"，用不到两年的时间就在纳斯达克上市。很多企业也许用 20 年都做不出这样的成绩，并非企业不努力，而是思维模式并未与时俱进。经商犹如打仗，只有认真研究市场的变化，把握各时期市场变化特征，找到当前市场的活力点，才能够在激烈的竞争中存活下来。互联网诞生前的时代是差价思维，但在互联互通的时代，渠道逐渐扁平化，价值也没有绝对的中心，企业要转变观念，转差价思维为流量思维，才能把握住当下的时代风口。

（四）彭山庄园："空手套白狼"

人们对休闲的向往，旅游需求的多样化，以及国家乡村振兴战略的推进，给休闲农庄、庄园经济的发展注入了活力。休闲农庄将地区特有的乡村景观、民风民俗融为一体，形成文化变现，是实现民营经济收入的一种有效手段。由于区位差异、市场环境、经营管理等原因，并非所有的休闲农庄和生态庄园都发展得生机勃勃。做农庄经营，前期需要大量的投入，如果是大规模的庄园，投入更多，且回本慢，这提高了经营的风险很多农庄陷入困境，并非因收益太少，而是因为固定投入太大，资金来源出现问题。湖南有一处名为"彭山"的庄园，它的模式可以为同行集资所借鉴。该庄园的创始人刘连华，把一座3000亩（200hm²）的荒山打造成了国家4A级景区，做到了年收入几千万。3000亩（200hm²）的荒山对于常人来说是一笔巨额的投入，但是刘连华并未因资金的问题望而却步。

彭山庄园位于湖南省常德市澧县澧州城西十里的彭山，外形类似一尊卧虎，唐代以前也被称为虎山，到了宋代，彭山名列澧州七大名山之首，可谓历史悠久。但在2002年时，这里却是一座荒山。同年，刘连华放弃了自己红火的农贸生意，倾尽家产，承包了彭山1000多亩（约66.67hm²）的荒山。当时，庄园在刘连华脑海里还只是一个模糊的影子，虽然彭山周边已经有了许多农家乐，但农家乐不是刘连华想要的。此后，刘连华在荒山上植树。10年后，彭山地区已经形成了3000多亩（200多hm²）栽种林木、果木的林区，2000亩（133.33hm²）的水面得到净化，还有1000亩（66.67hm²）的湿地。这时，过去模糊的庄园影子逐渐在刘连华脑海中变得清晰起来：依托森林公园，打造一个现代化的新型庄园！打造庄园，已经有了自然条件，剩下的就是注入文化的接触点：餐饮、住宿、游乐设施等，而这些资金的投入，要从什么地方来？刘连华的策略是众筹合作＋共享共赢，构建产业平台，借大众资源办成一件事。

1. 基建众筹

游客来玩儿，要有落脚休闲的地方，彭山庄园以30万元一亩地的价格出租土地，租期是30年，要求租赁者一次性缴清，但同时彭山也承诺每年给租赁者1万元的返利，一共返30年。这样，对庄园来说，短期内就能筹到一大笔建设资金；而对于租赁者来说，可以获得一亩地30年的用地许可。实际上，租赁者最后是不花钱的，只是在前30年把钱借给了彭山庄园成为债权人，这笔钱由彭山庄园分30年还给租赁者，而且其间彭山庄园不必向租赁者支付利息。对庄园来说，这笔债务在头30年创造的价值远远超过30年后的30万元。在此刘连华充分运用了货币的时间价值。租赁者得到30年的用地许可后，可以按照庄园的统一设计建50m²的小屋（需投资近50万元）。小屋可以自建，也可以由庄园来建（租赁者出建设资金），但无论是自建还是由庄园建，项目所有权归属庄园。庄园给租赁者每年2个月的免费使用小屋时间（相当于度假），剩下的10个月由彭山庄园统一经营管理，经营所得，庄园与租赁者之间按比例分成，这样持续5年，5年后项目完全归庄园所有。如果租赁房愿意继续经营，可以跟庄园重新拟定分配比率，继续合作。这么一来，庄园的休闲设施就有了。

2. 招募合伙人

基建完成后，游客要从哪里来呢？刘连华把彭山脚下2000亩的湖面资源利用了起来，把它打造成游轮观光的项目。一艘游艇的投资成本是300万元，彭山庄园在当地联系了10家旅行社，让每家旅行社出资30万元投资游艇项目。对于出资方的旅行社，彭山庄园给予他们10年的游艇免费使用权，旅行社可以在这10年内带游客免费乘坐游艇，同时，只要是旅行社带来的游客，都可以获得门票减免的优惠。这些旅行社算了一笔账之后，觉得能赚钱,都同意了与彭山庄园的合作。对于旅行社来说,他们不但省下了门票和船票钱,而且这两项免费的福利可以吸引更多的游客报名旅行社;对于彭山庄园来说,投资游艇的问题解决了,同时旅行社还能为他们带来一批游客。要保持充足的游客数量,仅靠旅行社的力量是不够的,于是彭山庄园又和KTV、购物中心、银行等高客流量的单位进行跨界合作,免费给这些行业中的大客户赠送门票年卡,做足庄园的横向宣传,获得了更多的现实的和潜在的游客,保证了游客流量的充足。在庄园内,除了众筹游艇,摩天轮、过山车、索道等其他的设施也是通过众筹而建造的,因为客源充足,因此投资方很愿意出钱,这样,众筹合作的文化便在这里逐渐形成了。

3. 跟员工合伙

基建有了,客源的问题也解决了,如何让游客在庄园玩好、吃好,并留下美好的回忆,创造良好的口碑?这就要靠庄园良好的服务了。企业要让员工以企业为家,就得加大激励的力度,但有时即便企业努力去激励员工了,员工也不一定领情,最后是企业既浪费了资源,又没得到想要的业绩。彭山庄园占地3000亩(200hm^2),刘连华的管理压力很大,如果他以管理者的身份一味地向员工强调提高服务质量,不一定会产生良好的效果。因为雇主和雇员之间是委托—代理关系。如何让员工自发地做好餐饮的品质,提高服务的质量?唯一的方法就是让员工拥有自己的产业,自己给自己打工,这样才能充分调动员工的积极性,自发地改善服务。彭山庄园从员工、游客、餐饮供应商中精选了一批人,让他们成为庄园餐厅的股东,将餐厅以8000元一股的形式卖给他们,并且限制每个股东最多认购10股,不到一周便筹集到了250万元的建设资金。彭山庄园与投资者进行三七分成,持续5年。这样一来,庄园的管理难度大大降低了,投资者既是员工也是股东,自己给自己打工,干劲十足,便能自发地改善和提升服务质量。这样,彭山庄园对内与员工众筹,对外跟合伙人众筹,用社会的人、社会的钱、社会的资源把人流、客流、资金流都解决了。

4. 会员制

彭山庄园在门票方面,单人收费40元,在购买门票的同时赠送40元的景区消费券;此外,庄园还设计了价值为168元的贵宾卡,该卡可以让5个人一年消费5次,这5个人可以随便换人。这样就基本是让出了门票的收益,把更多的个人和团队吸引到景区内进行其他的消费,做足景区的流量。彭山还向客户赠送庄园高端俱乐部会员资格,会员可以免费参加健康养生、家庭理财、亲子教育等文化交流活动,拓展人脉资源,组建高净值社交圈层。

5. 农产品预售

游客在庄园吃饭时,如果觉得大米或其他农产品味道好,可以买回家。农产品以预售的形式售卖,比如大米,只要一次性缴纳23800元,客户即可在10年间获得当地农户提供的无公害大米,每月有25斤(12.5kg)白米、2斤(1kg)紫米、3斤(1.5kg)红米。这些大米按照10年的市场价格算下来,近5万元,现在只需半价就能购买,而且这些大米都通过了第三方的严格检测,达到了有机种植标准,可谓物美价廉。彭山庄园还为农产品销售配备了专业的物流团队,为本地用户提供免费配送,庄园保证配送产品的品质,消费满3年后,如果用户对产品品质或服务不满意,可以获得10000元的退款。这种方式,不光解决了农户的农产品销售问题,也助推了当地乡村振兴。通过共享概念和平台化运作,庄园既绑定了消费者也绑定了用户。只要用户愿意,他们可以亲自来实地考察产品品质,庄园也会定期组织种植基地实地参观及亲子游体验活动,这样一来又创造出了新的盈利点。

6. 高端品牌文化塑造

彭山历史悠久,作为澧州县的名山,彭山有着数千年的儒家、释家、道家等文化传统,彭山庄园深度挖掘彭山的文化底蕴,提炼出了"行走千年、大爱彭山"的主题文化,并以此出版了与彭山相关的文化类书籍、影音作品,在社会上做好彭山的文化宣传和沉淀。此外,基于彭山的文化底蕴,彭山庄园还开展了主题鲜明、丰富多彩的系列文化活动,如诗歌朗诵、书画、摄影、主题征文等,庄园内还建设了彭山地质文化博物馆,挂牌了湖南省艺术摄影学会基地、常德市书法家协会及美术家协会。这些活动的开展,丰富了彭山的文化氛围,提升了庄园休闲娱乐的精神品质,让更多的消费者把彭山视为自己的心灵港湾,形成更多的消费主题,如周末彭山汇、彭山约饭、端午屈原祭祀大典等,庄园的知名度和美誉度都得到大幅度提升,生意自然会好。

7. 彭山模式小结

彭山庄园除了前期10年投入的基础部分,在后期庄园的打造过程中都是运用了众筹合作+共享共赢的模式,实现了轻资产运营,经营风险和管理压力被分散了到各个合作单位。在流量资源的积累过程中,彭山庄园也没有把目光局限在门票收入上,而是让出门票利润以获取更多的游客资源,当流量积累到一定程度之后,再在后端开展形式多样的盈利方式,高附加值的部分都在后端。生意人谋利,企业家谋局,未来的竞争不再只是个人运营能力的竞争,更多的是跨资源整合能力的竞争,彭山庄园的案例为同行及相关行业的发展提供了很好的参考,在未来,学会共享才能获得长远发展。

(五) 奔腾的马嵬驿小镇:系统自转

火车跑得快,全靠车头带,因为火车的动力全部来自机头。如今,火车已经发展成为动车,机头和车厢都有动力,因此被称为动车。做企业也是如此。以前的企业,全靠领导在前面拉动整个企业的员工,但领导的动力有时也是有限的,因此,企业要从"火车"转变成为"动车",让每个员工都有创业的热情,这样,整个企业才有充足的动力不断前行。现代企业家的成功与否,不是看他有没有钱,而是看他身边有多少人因为他的存在而改变了命运。在陕西,有一个偏僻的、人口不到两百人的小村庄,可以说是一个没有地段、没有品牌,更没有资金的、无人问津的地方。可是最近几年,这个小村庄异军突起,成为游人络绎不绝的特色小镇,一个春节假期接待游客120多万人次,一年的营业收入超过10亿元。它就是位于陕西省兴平市西约11千米处的马嵬驿。

为什么这个总面积仅有230多亩的关中贫瘠旱地能获得成功?关键在于它的营销模式、商业模式,以及盈利模式都有别于传统,十分值得同行借鉴。先看一看马嵬驿的自营产品在各自10平方米左右小店的经营成绩:卖牛肉能卖到一天一口锅1.4万元的收益;羊血汤一个月的平均销售收益能达到近50万元;醋能卖到月收益25万元;大碗茶能卖到近17万的月收益;肉夹馍一天都能卖出3000份左右。这么高的销售量,需要庞大的客源作支撑,那客流量怎么保证呢?马嵬驿刚起步时,承包商想把这里开发成旅游景区,依靠门票收入赚钱,但实践过后,企业发现在缺乏区位优势的前提下,这种模式很难获得较好的成绩。因此,企业转变了思路,首先打开马嵬驿的大门,不再收取门票,让游客免费旅游。免去门票只是把人引来，要让人们对这里流连忘返，那还得注重景区的"内涵建设"。

1. 招商

马嵬驿在当地广泛发布民俗村招租的项目，但这么偏僻的地方如何吸引商户入驻？马嵬驿改变了传统的向商户收取租金的方式，也取消了加盟费，取而代之的是把入驻商户要提交的费用变成了押金。马嵬驿拿出了300个小吃商铺，面积从$5m^2$到$10m^2$不等，由马嵬驿统一装修，并配备了水电等基础设施，商户只需交10万元的押金就能得到一个商铺，如果后期商户不干了，这10万元的押金原封不动地退给商户。这是一笔好生意，商户不用交租金，拎包就可以入驻经营，几乎是零成本创业，入驻风险被压低，自然引来大量商户。马嵬驿用收来的押金租下附近村民的地，建设民俗村。

商户进驻马嵬驿时享受了免租金的福利，与之交换的便是马嵬驿对入驻商户的要求，马嵬驿旨在打造一站式关中美食城，因此，对商户提出了较高的经营要求。马嵬驿要求，入驻的小吃商户，必须有自己的匠心产品，做到绝对的良心和好吃，也必须有可供传播的匠心故事。比如说，做肉夹馍的商户，是从秦始皇时期就开始的；做米酒的店铺，是传承了先祖的工艺，世世代代经营下来的。诸如此类，就是要把当地小吃源远流长的文化传承下来。一般的商家，要是不具备以上两点，还真进不去马嵬驿。商户进来之后，马嵬驿再从中优中选优，经过一番竞争，最初的300个商户，最后只保留了132家。留下的商户都是精挑细选出来的，各家的口味都堪称经典，因此这个民俗村便从口味上牢牢抓住了顾客，还产生出了强大的口碑效应。

2. 留客

游客来玩儿，没有稳定的品质是无法长久的，对此，马嵬驿对商户提出两项要求，第一是把味道做到极致，第二是要把卫生做好。第一条属于能力问题，商户之间会存在一定差异，不能过分强求，而第二条经过严格管理是可以做到的，因此，马嵬驿对商户的卫生采取"重罚管理"。且看马嵬驿的管理条款：抓到苍蝇，罚款5000元，或者走人；抹布拧出黑水，罚款2万元；跟顾客吵架，罚款2万元；卖隔夜食品，罚款2万元；私自进货，罚款2万元。

通过条款可以看出，马嵬驿在卫生管理方面几乎是零容忍，甚至要求商户发布"毒誓"，比如让卖羊血汤的店主承诺："如果羊血掺假，甘愿后辈远离仕途、堕入乞门！"马嵬驿商户要将自己发的毒誓挂在自家最醒目的地方，保证让游客一进门就能看见，既起到自我承诺的作用，又能形成特色宣传。马嵬驿对这132家商户采用末尾淘汰制，清退经营管理跟不上的商户，整合没有活力的商铺，保持民俗村的可持续性发展。这样的条款看起来非常霸道，但非常有用，所谓能者上，推动了餐饮质量和服务品质的大幅度提升，赚足了用户口碑。马嵬驿对商家免费招租，但通过管理模式提升了租位的稀缺性；免去了游客的门票，同时游客可以免费观看秦腔表演、皮影戏，参观关中的古建筑等。多管齐下，马嵬驿的火爆也就在情理之中，百万陕西居民迅速被马嵬驿"圈粉"，持续不断地给它贡献消费，还自愿主动地帮它做宣传和推广。

3. 马嵬驿收益

马嵬驿对商家和游客都免费开放了，那景区的收益来自哪里呢？马嵬驿最大的收益来自两个方面，一个是对入驻商家的原材料供应，另一个则来自自营产品。

(1) 入驻商家

免租赁费用并不代表入驻商家有完全的自主权。与海澜之家、肯德基类似，马嵬驿也要求入驻商家的所有原料，包括锅碗瓢盆、蛋、奶、肉类等都必须通过马嵬驿统一的物流平台采购。这样，一方面马嵬驿可以对商家的原料质量进行统一监管，保证食品的质量和安全；另一方面，通过平台可以大规模降低进货成本，马嵬驿在把原材料卖给入驻商家的同时，赚取一部分差价。

(2) 自营产品

形成小镇品牌效应后，马嵬驿也投资多个商铺做自营产品，也就是前面说到的牛肉、羊血汤、醋、大碗茶、肉夹馍、酸奶等，虽然品类不多，但在巨大用户流量的支持下，收益十分可观。

这便是用社会的资源，自建开放的平台，引流圈粉后，大家合作共赢，为社会谋福利；把前端的利益让出去引流，在后端赚取持续性强、附加值高的利益。马嵬驿把附近村子的积极性也调动了起来，附近村子在周边建设了许多农家乐，甚至还有影院、民宿、酒吧，带动了一个地区的共同致富。当盈利系统成熟之后，马嵬驿便把这一模式向外复制，比如山西、河南、甘肃等地区，产生裂变的规模效应。

（六）蜜雪冰城：裂变，"农村包围城市"

一名理性的生意人，都希望自己的生意能够做大做强，而做大做强的关键，就在于生意是否具备可复制性，而能复制的前提是标准化。快餐之所以能做大，是因为快餐无论是快餐品种还是管理模式都能实现标准化，具备复制的条件。中餐为什么做不大？并非中餐不好吃，恰恰相反，中国上下五千年，有着丰富的中餐品类，光是菜系就有十大主流，但正是因为文化的深厚、做工的复杂，形成了复制的难度；而且中餐派系林立、风格多样，老道的大厨都有自己对烹饪的独到理解，因此作为中餐灵魂的大厨更加难以复制。很多生意看似缺乏做大的方法，不能予以复制，但其本质是缺乏一种裂变的模式。因此，企业的任务是搭建一套系统，组建开放式的平台，依靠平台进行裂变。下面谈谈复制和裂变的区别。

(1) 复制思维

首先投资一家店，努力经营赚到钱后，再投资第二家、第三家、第四家……整个扩张过程持续时间长，效果不够明显，其间存在诸多经营风险。例如经营者缺乏分股意识，自主投资，店铺越多，资产越重，员工不稳，整个结构隐藏诸多不稳定因素，经营者看似表面风光，实则坐立不安、诚惶诚恐。

(2) 裂变思维

经营者学会分利，不再自添累赘，当第一家投资的店铺经营成功后，便把它打造成标准化可复制的样板店，然后培养下一任店长，同时寻找新的人才和资金。新的店长培育成形后，让其加盟，并对新店进行标准化管理，把店长培养方式传给新店，由新店长再培养新人。这样依次进行，使店铺1变2，2变4，4变8，从复制升级至裂变。经营者得到了身心解放，系统自传，同时成就更多的新人，共同做好一个事业。

因此，若企业已有了复制的思维，那还要将其升级成为裂变思维。下面看看蜜雪冰城的裂变式升级案例。如今，蜜雪冰城已发展至超过2万多家门店的规模，每天可卖出120多万杯奶茶，以绝对的力量碾压喜茶等中高端奶茶品牌。但谁又能想到，蜜雪冰城的起步是多么地可怜。现任蜜雪冰城股份有限公司董事长的张红超，在1999年创业时，到一家打印店做招牌，结果打印店老板一时失手，将"蜜"打成了"密"，打印店老板跟他说如果收下这块招牌就给他优惠 200 元。当时张红超为了省钱，含泪收下了招牌。出人意料的是，这家当初连招牌都换不起的小店，如今在全国开店 2 万多家，每年狂赚 60 多个亿！下面来看看蜜雪冰城的生意经。

1. 做足分析，把握市场痛点

张红超初中毕业之后便出来闯荡江湖，一直在社会底层摸爬滚打的他，非常明白自己真正想要什么。在中国，有近一半的人月收入在 1000 元以下，用本书的话来说，这是一个非常充足的长尾市场，如果好好利用起来，就能抓住市场的重点和财富的命脉。因此，蜜雪冰城自创立之初，目标市场就选定了这一长尾市场，当彩虹冰激凌卖 20 多元时，蜜雪冰城避其锋芒，推出了仅售 2 元钱的摩天脆脆；此外，还有价格低廉的冰淇淋（售价 2 元）、柠檬水（售价 4 元）、奶茶（售价 6 元）等产品，蜜雪冰城以低价收割着海量的低收入用户，迅速占领了三四线城市的市场。它的产品定位十分清晰，目标用户十分明确，当大伙儿都认识了该品牌，觉得蜜雪冰城好喝又便宜的时候，它便在先前低价产品的基础上推出稍微贵一点的产品，比如芝士奶茶（售价 10 元）、杨枝甘露（售价 11 元）等，在保留老客户的同时，引导部分用户进入高价值产品的消费。

2. 降低加盟费，快速裂变

蜜雪冰城能够短时间内在全国各地开设门店，与它让利前端加盟商，降低准入门槛密切相关。对比其他同行，蜜雪冰城的加盟费非常低廉：省会城市每年 11000 元、地级市每年 9000 元、县级市每年 7000 元，再加上装修费 8 万元、首批原料 6 万元、设备费 8 万元、保证金 1 万元，总共 25 万元左右就能开店。前端的利润让出去了，蜜雪冰城的主要盈利点就放到了后端。

3. 供应链

蜜雪冰城对加盟商同样做出与马嵬驿类似的进货规定：所有门店日常使用的食材、原料、包装、纸杯等，都必须从总部进货。总部负责与供应商议价，保证加盟商能够拿到更低价的原料。此外，蜜雪冰城还自建工厂，如今已实现 60% 的原料产品自主研发和生产。2021 年 8 月 31 日，蜜雪冰城还在重庆成立了"雪王农业公司"，进一步促进了蜜雪冰城的"原料自由"，加盟商的进货成本更加低廉了。蜜雪冰城一个普通加盟门店的月原料消耗大概为 5 万元，而总部近四成的利润都来自于这 2 万多家门店的原料采购差价。

4. 教育培训

蜜雪冰城在 2015 年创办了"蜜雪商学院"，主要是为蜜雪冰城的加盟商及新签约用户开展食品安全、运营管理、企业文化、员工技能等方面的培训，帮助加盟商提高店铺经营水平。当然，这个培训是收费的，每月有近 5 万人在蜜雪冰城商学院参加培训，生源稳定了，自然也就形成了一笔不菲的收入。

综上所述，蜜雪冰城已经形成了一套完整的、一站式的服务系统，赋能加盟商，帮助加盟商更好地盈利，同时总部从中获得回报。门店越多、生意越好，反哺给总公司的利润就越高，整个价值链系统化运作，产生良性循环，自身做大之后，再去进军更大的市场，拓展新的门路。那些因经营不善而倒闭的连锁品牌，缺乏的并不是产品和服务，而是缺乏商业模式，归根结底是缺乏思维的认知和变革的勇气，企业在原有认知边界划定的范围内徘徊不前。旧时的经验无法赚到今天的钱，企业一定要与时俱进，不能因循守旧、故步自封。

第八章　互联网思维的商业运作模式

百年品牌和老字号品牌在长期的经营活动中，积累了广泛的人气，树立了自己的文化，成为一个地方的文化名片。但是，随着互联网时代的到来，百年品牌和老字号品牌也面临着与其他新兴品牌的竞争，不能再"倚老卖老"。因此，要想让百年品牌和老字号品牌在未来的百年里继续辉煌，就必须与时俱进，掌握互联网时代的发展趋势，运用互联网思维的发展理念。百年品牌和老字号品牌在互联网时代的发展，不仅要求企业拥有更强的经营能力，还要求企业拥有更强的创新能力，以及更强的发展潜力。企业要把握互联网时代的发展趋势，把握新技术、新商业模式、消费者行为的新发展趋势，以此来提升企业的竞争力，实现企业的可持续发展。

一、长尾意识

1897年，意大利经济学家维弗雷多·帕累托研究19世纪英格兰的财富和收入结构，发现英格兰的财富分配并不公平，社会上大约20%的人口掌握了80%的财富。帕累托在英格兰以外的国家也发现了这一规律，他把这一规律称为"少数法则"。这一法则流传至今，成为经典的20/80法则，或者二八定律（法则）。20/80法则不仅在经济学领域适用，在商业领域也同样具有解释力，如在商业活动中，少量的顾客（20%）能够创造大量的销售收入（80%）；少量的商品（20%）创造了大量的销售额（80%）；企业中大部分的业绩（80%）由少量的员工（20%）所创造等。

如果80%的市场价值是由20%的商品所创造的，那么逆向思考一下，剩下80%的商品去哪里了呢？在互联网、物流尚不发达的年代，由于地域的影响，买卖双方在时间、空间及信息上都存在着较大的不对称，其商业活动效果限制在经典的帕累托法则当中。二十世纪八九十年代，普通消费者都去百货公司买东西，但百货公司受到地域和场所范围的影响，不能展示全国所有的商品，能上架的商品都是畅销的品牌，或者有实力的品牌，这样就把一些小众、不知名的商品拒之门外，消费者在商场只能在有限的范围内选择商品，只能被动地接受被推送的畅销产品，久而久之认知范围也受限于商场，于是便形成了市场上的"二八"现象。商场里所陈列的商品并不能代表整个市场，消费者的个性化需求仍然存在，有可能满足个性化需求的小众型商品却不能在商场中购买到，供需之间需要一座开放的桥梁。2003年，随着我国电商平台的兴起，大量的小众卖家被开放的电商平台联系起来，小众的需求者能够找到满足他们需求的供货商，小众商品的买卖便在电商平台上实现了，这部分剩下的80%的商品在互联网的作用之下被激活。

2004年，美国《连线》杂志主编克里斯·安德森针对互联网将占绝大部分的剩余商品激活的现象提出了"富饶经济学"的概念，并以此为基础撰写了《长尾理论》一书[85]。在传统经济学的假设中，资源是稀缺的，而"富饶经济学"认为资源是"丰富"的，这种"丰富"其实是一个相对的概念，即那剩下的80%的小众市场拥有的潜力是丰富和无穷的。

互联网时代是一个资源碎片化的时代，而碎片化的资源具有无限的潜力，长尾现象便在这样的环境中自发地表现出来。作为企业，必须研究此市场现象，培养长尾意识。

二、互联网思维

在资源碎片化时代，企业也要培育起适应时代的互联网思维，以"权变"的态度应对时代的变化。现在是一个互联网无处不在的年代，产生了一个频繁低头关注自己移动通信设备（手机、平板、笔记电脑等）屏幕的，低头族群体，面对大部分消费者的碎片时间被互联网所填满的新情况，企业做生意的方式是否也能随之互联网化？看着那些在抖音等短视频和直播平台上拥有上亿用户量的自媒体，而自己抓取用户的过程却步履维艰。按传统思维不断地投入门店、库房、人员，最后却发现很多资源都是重复投入，无的放矢，最终这些无效投入变成企业的累赘，过度的重资产反而磨灭了企业应对环境的灵活性，严重阻碍企业未来的发展。企业要灵活，就要甩掉不必要的"包袱"，要增收，就要发展出更多的客源。轻资产、小规模、大用户、强现金流，这 4 个要素之间看似存在冲突，但是在互联网时代，它们却能和谐相处，并且成为企业竞争制胜的法宝。要实现这 4 个要素，企业需要进行互联网式的思考。

本书谈到的互联网思维，并非只是单纯地运用互联网在线上寻找买卖双方的信息，电子商务也不是单纯地在网上卖产品。要了解互联网思维，我们要先弄明白互联网与商业的关系。

1. *互联网*

互联网（internet），也叫作国际网络，是由无数个网络单体串联成的庞大网络，这些单体网络由通用协议串联，形成逻辑上的单一巨大国际网络。互联网的主要作用是传递和分享信息。

2. *商业活动*

商业活动是一种通过买和卖使得商品和价值相互流通的方式，其本质便是价值交换，是人类求得生存的一项必要的经济活动。商业活动的作用包括以下几点：

①有效联系和协调生产者和消费者；②有效吸纳劳动力；③推动国民经济的发展；④促进市场体系发育和完善；⑤创造社会幸福感。狭义的商业活动指专门从事商品交换活动的营利性事业。

3. *互联网思维*

互联网思维下的商业，同时具备了互联网与商业的主要特性，但互联网思维不是简单的互联网和商业的加总。

这种模式利用互联网这一信息传递和分享平台，把远在千里之外的买家和卖家联系起来，完成线上的资金流、商流、信息流"三流"的互动，再通过线下的物流完成实物商品的交付。这里有一部分互联网思维的内容，但并非全部，即把产品拿到网上卖，借助互联网打通地域和信息之间的限制，扩大交易范围，也就是常说的 O2O（Online To Offline，线上到线下）。在此意义上，可以说互联网＋商业＝电子商务。

互联网思维的商业，是在商业活动中，理解互联网的传递和共享属性，并充分利用互联网的精神、价值、技术、方法、规则、机会来指导、处理、创新生活和工作的思维方式，是把整个商业活动中的各个节点都视为传递和分享价值的"终端"，进行系统化设计和运作，在实现商业目标的同时，实现各个节点的共赢。一些实践家把这一模式称为"互联式商业模式"，去掉互联网的"网"字，就是要明确商业活动并非单纯地运用互联网这一工具，而是运用互联网的概念内涵，把各项资源联通起来。在"互联网＋商业＝互联网思维的商业"意义上，这个"＋"号可以理解为"赋能"。在互联网思维下的商业模式中，各节点除了能够形成线上和线下的互联，还能保证节点之间的无缝衔接，最关键的是各节点联系起来后，可以进行系统化运作，这是互联网思维的核心。一些具有互联网思维的企业就是认识到了"互联"这一深层内涵，突破了思维的牢笼形成了开放且互联的商业模式。

三、平台化趋势

在商业竞争领域，哈佛商学院的迈克尔·波特（Michael E. Porter）教授曾经提出著名的三大竞争战略，即成本领先战略、差异化战略和集中化战略。三大竞争战略从20世纪80年代至21世纪初叶，被诸多企业广泛应用，也取得了良好的效果。进入互联网时代，波特经典的三大战略也随之升级，即：差异化战略升级为定制化战略；被动的成本领先战略升级为主动的价值领先战略；聚集化战略升级为平台战略（当下企业竞争的重要战略）。

1. 平台战略的必要性

企业的资金、技术、人力等资源是有限的，没有一家企业能够提供满足人们所有需求的产品或服务，有限的资源要利用在能够产生稳定回报的领域，也就是"钱要用在刀刃上"。集中化战略便是基于这一现实的操作：集中力量，把资源投入企业最擅长的领域，满足这一领域的消费群体。找到目标群体后，企业的一系列经营策略、生产方式、管理方式、资源流向、相关政策都是为这一特定群体服务的，同时企业不断迭代自己的竞争能力，逐渐在行业内站稳脚跟，然后以此为基础开辟新的业务通道。因此，采取集中化战略的企业多数走多元化发展道路，最后成为大型企业集团。

在商业活动中，只有当企业提供的价值产物满足客户需求时，交换才能成立。因此，企业从事价值交换的终极对象是"需求"，但是需求是一个抽象的属性，只能依附在"人"，也就是消费者身上，交换行为需要有消费者的人为活动才能顺利完成。此时，企业的目标就在无形中被分化了：聚焦客户或者聚焦需求，如果聚焦于前者，竞争战略就倒向集中化；如果聚焦于后者，战略则倒向差异化。理论上讲，差异化战略可以做到为每一种需求匹配相应的产品或服务，但绝对的差异化所产生的成本是巨大的，几乎没有企业能够承担，因此差异化战略的使用范围是有限的，即便在垄断竞争市场，如手机、汽车、智能家电等领域，差异化都只是某类功能的差异，还是要有充足的共性需求作为基础；若企业要开展极致的差异化（定制化）战略，通常只会选择某个行业中具备超高回报率的需求领域，比如奢侈品、艺术品等。在传统的商业活动中，多数企业还是选择把目标集中在承载各式需求的"人"身上，当消费者的某种需求改变时，企业会评估有类似需求改变的客户数量，只有当这类客户的数量能够覆盖新产品的研发、生产、销售等成本，具备较强的盈利潜力时，企业才会进行调整，推出新产品。虽然企业的新产品数量会随着这些有新需求客户数量的增多而增多，但最终有效的数量不过两成，这就是先前提到的帕累托二八法则。先前说到，在互联网时代以前，二八法则大行其道，因为资源是相对集中的；但是到了互联网时代，尤其是现在的移动互联时代，资源碎片化的特点使"二八"被"长尾"所取代。当需求稳定集中于消费者身上时，抓住需求就只需要赢得消费者；但是当需求变得碎片化后，需求便会从集中的消费者身上分离出来，消费者没有了以往对产品的"坚定不移"，"弃旧恋新""见异思迁"成为他们对待产品的新常态。客户忠诚度化为乌有，这对集中化战略的采用者来说是一项严峻的挑战。

运用集中化战略，若要发展壮大就需要获取更多的客户，随着客户数量和种类的增多，规模化、多元化甚至国际化便成了集中化战略的必经之路，这类企业的竞争力也随着企业规模的不断扩大而逐渐提升。但是当企业壮大到一定程度时，单核的中心变得越来越"力不从心"，难以驱动这艘巨大的企业航母，此时，企业就必须分割它的核心，围绕一个主核分散出若干小核，以母公司带动，多个子公司跟随的方式，最终形成"诸侯割据式"大大小小的集团公司。当市场中的"长尾效应"开始发挥作用，客户碎片化的需求漫天飞舞时，传统的价值创造方式失灵，企业该何去何从？唯一的出路就是建设平台，把需求的载体——消费者集中到一起，通过别的方式为他们创造价值。由此，集中化战略升级为平台战略。

2. 平台生命周期

平台的发展一般会经历4个阶段，包括：①从完全竞争到垄断阶段；②合作共赢阶段；③平台群落化阶段；④平台一体化阶段。4个阶段可以看成一个完整的平台生命周期，分别代表了平台的引入期、成长期、成熟期以及衰退期。

互联网时代推进了全球经济的成熟，全球经济一体化的步伐被大大加快了，中国当下的平台类企业处于生命周期的第一个阶段，即形成了天然的垄断，它们之中具有代表性的企业有百度、淘宝、腾讯、京东等。就好比"三足鼎立，三足最终还要统一于鼎身之上"，现在的垄断只是暂时性的，这是一个阶段性的过程，这些垄断企业的"足"，最终将统一于人类需求的"鼎身"。随着人类需求向着更高层次发展，这些企业暂时的垄断局面终究会被打破。因此，为了满足跨越边界的需求，平台之间会逐渐形成"接口"，相互协作提供跨越边界的产品或服务，各自分得需求中的相应部分，垄断企业便朝着合作共赢的方向发展。现在，越来越多的企业开始热衷于建设平台，平台群落也逐渐涌现出来，随着平台巨头之间的合作逐渐深入，平台向着一体化的方向发展。到了那个时候，平台也走到了尽头，因为人类需求存在的客观属性，处于衰退期的平台会演变成为其他的形式。虽然说平台很大，触角也很长，但终究是有界的，决定平台边界的核心要素便是企业的意识边界。20世纪60年代以后，随着经济全球化和区域经济一体化的发展，企业的国界开始变得模糊，互联网时代平台战略的发展更加深化了这种现象，企业玩"跨界"已屡见不鲜。企业存在的根本是为人类创造某种属性的价值，但企业一旦有了属性就产生了边界，边界会发展出"壁垒"，想要延伸平台的边界就得打破意识层面的"壁垒"，除去意识的束缚，平台战略才能匹配互联网的时代特征。

3. 平台战略

所谓平台，就是将多种业务价值链所共有的部分进行优化整合，从而成为这些业务必不可少或最佳选择的一部分，这种由价值链的部分环节构成的价值体就称为一个平台。平台战略就是基于这一概念所形成的，整合最佳环节组成集合体，使之互惠互利的商业模式。平台战略兼顾了差异化和集中化的特征，解决了企业在这两者中举棋不定的问题，是一种稳定扩张的战略。成功使用平台战略，必须同时满足3个必要条件，即价值链上的具体业务可分离；多种业务链中要存在共性环节；业务分离后要比分离前更高效。只满足第一条,仅仅是外包;只具备第二条,产业链上游的部分就变成了OEM(代工),下游则变成了代理;只有同时满足以上3个条件,而且分离出来的业绩远远超出同行,形成同行不可替代的核心竞争力,开展平台化战略才有意义。面对不同的使用情境,平台有着多种形式,常见的有产品平台、供应链平台、产业平台和多边市场平台。

(1) 产品平台

产品开发平台,是企业的新产品开发项目。比如汽车行业的丰田丰巢(TNGA)系统、大众汽车MQB平台等。此类平台改变了原有的一个车型一条生产线的模式,实现了一平台多车型的生产制造。产品的多样性是产品平台的独特优势,这些产品在平台上还可以实现规模生产。

(2) 供应链平台

供应链的各个节点基于协同供应的思想,配合各节点业务要求,节点之间操作流程和信息系统紧密配合,形成物流、信息流、资金流、商流无缝衔接的"虚拟企业",进行整体化管理,最大化地降低成本,提高总体效率。

(3) 产业平台

产业链中相互关联的上下游,以及横向的相关节点企业,在技术、服务、产品上有互补关系的,由模块设计者设计、模块执行者赋能、模块连接者做好衔接所形成的互惠互助、共享共赢的商业模式。

(4) 多边市场平台

个人、组织或社群充分利用网络外部性,形成的协调多边市场之间的交易平台。多边市场平台的特点是打破贸易中国别、行业的壁垒,以贸易创新的方式促进市场的流动。

总之,平台的发展是一个动态的过程,其表现形式、发展阶段都会随着需求特征、产品特点、行业特性,以及政策法规的变化而不断演化和升级。平台从企业内部开始以发散的形式逐渐向供应链平台、产业平台和多边市场平台演变,企业除了关注自身技术能力的开发,还要随着市场环境的变化思考商业模式的创新,打破思维牢笼,以开放和分享的心态融入全新的企业合作创新的氛围中。知识共享、协同互补、共荣共生、相互进化,企业之间的关系也从头破血流的红海、不求回报的合作蓝海,或者合作与竞争相互交织的紫海转向"创新命运共同体"模式。平台还能创造出积极的网络效应,打通供需双方信息、地域、身份等方面的沟通障碍,推动各个角色形成相互依赖关系,随着平台服务范围的扩大,更多用户进入平台,可创造出更多新的需求和新的利润。

4. 平台战略的特征

传统模式下,大多数企业的目光集中在"客户"身上,因为他们是交换的直接参与者;很少有企业把焦点集中于"需求",因为这样会带来很高的搜寻和开发成本,也伴随着极大的风险,况且受"二八定律"的影响,只有极少的需求能够发挥出对盈利的主要作用。而移动互联时代到来后,沉睡的需求"长尾"逐渐被网络效应唤醒,与之相对应的价值也被激活,最佳的选择就变成建设平台,把需求的载体都集中在一个平台上。这些载体包含了商业活动中的各种角色,只要平台召集的角色在数量和种类上够充分,这些角色就会在平台上实现自主匹配,商业模式也在各种匹配活动中应运而生、千变万化。在一个包罗万象的场所,大家各取所需,这就是平台战略。

平台是为人服务的,同时也是有界的,再大的平台都是在某一个特定领域服务人们某种特定的需求，并不能包揽人类所有的需求。因此，平台要结合人们某种符合时代特征的需求，这样才能够把用户集中起来，否则平台就没法建成。这些用户便是互联网时代的"石油"——流量。流量的内涵不只是单纯的用户，它涵盖了供、需双方，以及与供、需双方相关联的一切资源总和，在丰富的资源背书的前提下，流量便有了平台"出口"和"入口"的双向功能，流量的进和出取决于各自"需求"被满足的程度，因此平台因流量变得更加开放了。当平台形成群落后，平台之间也会因"流量"建立关系，因此，互惠互利、共同发展的平台协同状态也就形成了。总而言之，一切活动都是为了"需求"。开展平台战略后，企业的角色转变为平台的建设者，其工作就是为用户搭建好平台，做好平台的维护，制定平台管理规则。在生产领域，如果能够做好对产业用户的赋能，最大限度地满足各类流量的需求，便能产生极大的价值。因此，无论何种平台战略，都必须围绕服务用户需求这一目标进行设计，任何偏离行为都会导致平台战略的失败。平台战略也有其适用范围和适用对象，并非所有企业都能开展平台战略，而且平台战略的实施需要一个漫长的初始积累过程，但平台的失败却可能在旦夕之间，因此平台战略也同样伴随着高风险。要实现平台战略的持久发展，就要贴近用户最迫切的需求，平台的用户数量越多，种类越丰富，结构越复杂，价值交换越频繁，平台的竞争力就越强，平台战略就越成功。只有操作得当，平台与流量之间的良性循环才能形成，即平台创造价值的能力越强、平台人气越旺，就能吸引越多的"创造"和"需求"集合于平台。

5. 平台战略的要素

平台战略主要包括以下三大要素。

(1) 客户流量要足够巨大

市场上的商品，有价无市也是白搭，平台也如此，没有客户的平台，就跟没有观众的戏台一样，没有价值。流量自身隐藏价值潜力，只要平台能够集中更多的流量，便能创造出分门别类的价值。如当下很多平台战略成功的企业就在于通过开放的平台，把供应商、加盟商、总部、物流等各方面的资源集中起来，通过巧妙的规则设计，让流量在平台实现充分匹配，开展商业活动，形成一个多边共赢的局面。

(2) 平台承载力要足够广泛

承载力表现为平台集中多种业务的能力，比如淘宝、天猫、京东这类电商企业，在平台上集中了广泛的日常用品，这样就能吸引大量用户（买方、卖方），实现足额足量的自由匹配。线下的大型超市也与之类似。还有如苹果或安卓系统开发商在自己的操作系统中不断注入新的功能；Wii、PS、Xbox等游戏机品牌聚集了大量游戏开发商，形成一个庞大的供应体系，这些开发商都唯游戏机生产企业马首是瞻。

(3) 要有绝对的定价优势

平台形成后可以聚集大量的用户单位，形成规模效应，产生巨大的议价能力。如海澜之家、肯德基、蜜雪冰城这类企业，以前端海量的加盟单位为背书，整合后端大量的供应部门，统一采购原材料，在议价方面具备了绝对的优势，而出售原材料的单位在海量需求的吸引之下，也纷纷让出价格，这样一来，就大大降低了原材料的采购费用，并最终影响到产品的价格。因此，得流量者成平台，成平台者得天下。相较于其他企业，平台强大的资源整合力使其可以获得更好的回报，它的成功，源于它获得了一种杠杆力量，通过杠杆力量的赋能，获得了比其他运营方式更低的边际成本和更高的边际价值。

6. 平台战略的层次

(1) 必要层次

平台整合了个性化价值链中的共性部分，共性部分的整合，需要经历先剥离，再评估，最后整合的过程。只有共性部分在价值链中是缺一不可的环节时，整合成平台才有意义。此时，平台的议价能力、资源共享的属性、规模化的效应才会展现出来，也只有这样，平台才能包容更多的相关业务，不断壮大。

(2) 支配性层次

当某个节点能够有效整合产业链上下游，以及横向相关节点时，就拥有了对于整个产业链的支配能力。具备支配能力的平台，也就具备了分配整个产业链收益的权力，虽然把前端的利润让出给加盟商，但这部分利润只是整体利益链条中最薄弱、最微不足道的，让利是为了更多地圈人，培育起流量，靠后方高附加值部分的业务未获得盈利，而这部分利益就是企业竞争制胜的秘诀。

(3) 引领性层次

当处于支配地位的平台获得长足发展之后，长期积累的经验、培育起的竞争能力就可以让其谋划未来、引领同行。比如 Wintel 联盟就在 20 世纪 80 年代以来的 30 多年里发挥了这样的作用，联盟强大的影响力使得业界其他知名的配件供应商都只能跟随 Wintel 的步伐。

纵观平台发展的 3 个层次，处于必要层次阶段，企业的要务是守住自己的经营业务，想方设法在与同行的激烈竞争中脱颖而出；处于支配性层次的平台，重点是管理好平台，维持好产业秩序，避免被同行赶超或被相似行业所替代；而发展到引领层次时，平台必须站在整个行业发展的高度，为行业的发展指明方向，同时制定出适合整个行业发展的规则，成为规则制定者，并制定维系规则的有效措施，最终为大家造福。

7. 平台战略的竞争

英国经济学家克里斯托弗·西姆斯（Christopher A. Sims）认为，市场上只有供应链而没有企业，真正的竞争不是企业与企业之间的竞争，而是供应链与供应链之间的竞争。虽然西姆斯提到的只是供应链，但字里行间已经有了平台的思想，以一种系统化的意识考虑商业竞争，而这句话在如今的市场竞争中已经得到证实。供应链建设与优化已经成为跨国公司在国际竞争中构建核心竞争力的重要任务。由于平台的二维构架，其竞争主要集中在纵向产业链的各个节点，以及横向同一节点的不同平台之间。

(1) 纵向节点之争

产业链上不同节点的职能差异会导致节点之间的地位、生产，以及附加值的差异。每一条产业链都有主导链条发展的"链主"节点，但随着产业成熟度的变化，"链主"节点会在产业链上移动。比如因市场原因，平台整体从技术驱动型向效率驱动型转变时，上游的原"链主"由于远离市场、响应速度慢，其主导地位会丧失，新"链主"将偏向下游以接近市场。随着"链主"地位的迁移，前方形成的新平台取代旧的后方平台也不是不可能的事情。

(2) 横向节点之争

横向节点之争，源于不同业务模式的差异。比如制造环节中存在直销与分销之争；终端零售环节也有连锁分散销售与大型集中销售之争。不同模式之间的竞争源于技术、经济、社会等外部因素的变化所带来的价值链结构变化。

企业要使用平台战略参与竞争，必须深刻了解平台结构，以及结构中的竞争环节，熟悉外部环境变化所带来的产业链结构变化，留心产业中心的移动方向，具备大格局的视野，进行运筹帷幄，这样才能在激烈的竞争中谋得自己的一席之地。未来社会经济可能会朝着运作平台化、产品智能化和创新平民化的方向发展，尖端科技行业可能将工艺分解成简单、容易操作的部件及组合，从而实现产品平台化；在生产过程中嵌入人工智能技术，实现产品智能化；在交易过程中利用开放式的平台聚集个性化需求和设计，形成规模经济，实现创新平民化。总之，平台化将是企业发展的根本推动力，而且会向产业发展的各个领域不断普及。

四、战略规划

互联网时代，百年企业离不开具有长远眼光的战略规划，主要包括以下 7 个方面。

（一）百年战略意识

只要是成立时间超过半个世纪的企业，在国际惯例上都可以称为长寿企业，而长寿企业之中越过百年大关的却较为稀少。国外研究机构曾对百年企业中，存活和已经破产的企业进行过对比分析，得出了成为百年企业应该具备的 4 个要素。

1. 洞察环境

市场环境风云变化，层出不穷的新技术让消费者获得商品越来越便利，消费者对产品的要求越来越高，消费方式升级，新的商业模式也随之产生。面对这样的变化，企业若缺乏对环境变化的洞察能力，不思进取、原地踏步，那么生意只会每况愈下，最终被市场这只无形的手无情地清除。在网络化、信息化高度发展的今天，新兴的商业模式层出不穷，有的昙花一现，有的却能蒸蒸日上。新式的企业尚且如此，那些在百年发展中留存下来的企业，更要因地制宜、奋发图强、力争上游。

2. 以人为本

人是万物之灵，人是一切社会、劳动、关系的总和，企业构成的基础是人，企业因人的劳动而行动，企业一切的管理思想、商业模式、文化塑造与传承都要依靠人来完成。因此，百年企业除了在商业活动中盈利，还要注重人文精神的培育和继承，营造员工对企业强烈的归属感。离开了人，企业就失去了存在的基石，以人为本是百年企业的精神根基。

3. 谦逊、开明、包容

谦虚使人进步，三人行必有我师，企业也是在不断的学习中进步、发展，直至成功。传承至今的百年企业，都有其生存的哲学，谦逊便是其中的一种优秀品质。谦逊推动企业以开明的态度去倾听和吸收来自内部和外部的批评和建设性意见，不断自省，改善不足，从而走向卓越。正是由于这样的企业敢于承担风险，才能持续鼓励创新，使它们能一路生机勃勃。

4. 从容稳健

百年企业在资金使用中都遵循一个基本原则，即不盲目投资，以稳健的现金流保证企业稳健的运营。这是一种从容的态度，也是百年企业应有的成熟。这类企业在成长中也敢于挑战风险，但它们的挑战都是十拿九稳的，并不会去冒没有把握的险。它们有对风险的全面认识，也有成熟的应对风险的策略，这样企业就具备了"虎口拔牙"的底气。

(二) 百年企业的生命周期

里查克·爱迪斯（美）在《企业生命周期》一书中把企业的生命周期分为3个阶段10个时期，包括成长阶段（孕育、婴儿、学步、青春、盛年）；稳定阶段（稳定期）；老化阶段（贵族、官僚早期、官僚晚期、死亡）[86]。爱迪斯根据3个阶段的演进过程绘制了企业的倒U形生命周期曲线，并提出了各个时期的应对策略。

理论上，完整地走完这一周期，过程是很漫长的，但有很多企业还未走完整个周期就夭折了。成长期初尝甜头的企业，容易受到创始人家长式管理的局限，丢失了这个阶段应有的公平公正、创新、包容等素质，缺乏科学的制度，没有长久发展的战略目光；到了青春期，又容易出现从创业型向管理型转变的困难，企业因自满而采取一些激进的措施；壮年期的企业容易陷入经验主义误区，受到各方面利益的影响，不愿意承担创新风险，丧失活力，从而走向衰落，柯达便是一个例子。因此，要以有机的方式来看待企业生命周期，实行动态管理，针对自己在生命周期各阶段暴露出的问题作出及时调整，回到发展的正轨。

(三) 百年企业的实现途径

根据企业生命周期理论，企业要根据所处阶段遇到的问题不断修正和完善发展战略，规避风险，把握住发展机遇，保持活力。根据这一规律，百年企业的实现需要经历以下过程。

1. 稳中求进谋发展

一些企业家在经营企业时经常会有"我带领着我的团队攻克一个又一个山头，永无止境"的认识，可见，企业的成长并非一帆风顺，而是在跌宕起伏中稳步前进的。从整体上看，如果企业能够制定出长远、稳定的策略，那么企业就掌握了在商海前行的主动权，有了清晰的航向。企业的发展应是脚踏实地的，跨阶段式的"跳级"发展往往会造成先天不足、后天畸形的后果。国外一些优秀的百年企业制定的长期战略都要求其影响力能够向后延伸30年甚至更久。比如一些企业，在进入中国市场前花费很长时间进行规划，尽可能地考虑各种可能遇到的不确定性情形，评估其中的风险，甚至还要制定持续几年的赔钱计划。30年的战略规划对于许多国内企业来说属于超长期的规划了，除了一些有实力的国有大型企业，我国许多民营企业领导层都不太习惯制定此类超长期的规划，回报周期太长，他们看不到希望，也不敢冒这个风险，因此他们只关心如何快速完成资本原始积累而抢占市场。互联网时代让信息和资源的交互变得更加迅速，也创造出很多机会，对于流量的追逐是一把双刃剑，它在成就企业的同时，也使一些企业由于享受到短期的快速回报而变得浮躁。但是现在，需求的变化非常迅速，有的时候市场要抛弃你，连招呼也不会打一个。因此，企业还是要在应接不暇的机会中，找到需求变化的规律，沉下心来，在做好短期盈利的同时，系统性地规划未来。

企业制定的长期战略，包括企业使命、企业愿景及企业文化。企业使命是企业为经济和社会所创造的价值，它体现了企业担任的角色和承担的责任；企业愿景是企业实现价值创造所能达到的高度，企业以此对自我进行规划和部署；企业文化是企业经营理念，以及企业在理念的指导下长期从事经营活动，实现企业目标的过程中所形成的优良习惯，这是企业的灵魂。企业对于使命、愿景和文化这3个要素一定要有准确的定位和清晰的思路，3个要素的相互作用决定了企业未来的走向。

2. 涅槃中获新生

大多数百年企业，在一段稳定的发展期过后，由于技术变革、市场变化，以及自身管理意识和管理方式滞后等情况，会遭遇危机，有些危机还是灾难性的。此时，如果企业通过技术创新、自我淬炼挺过去了，就如涅槃的凤凰，获得新生。但如果企业就此沉沦，就只能被市场所淘汰。福特、波音、可口可乐、日本航空公司等都曾经面临过这样的时刻。

3. 知识中求提升

企业要在激烈的市场竞争中长盛不衰，必须培养核心竞争力，其中由知识所形成的智力资本是最核心的部分，它是企业可持续发展的不竭动力。智力资本不但包括科技创新所形成的新兴技术和工艺，也包括在优秀的管理方法和管理经验。这种智力资本贯穿于企业研发、生产、管理、人才培养等各个环节，当这些环节被有效整合并充分发挥出效率，便能在企业内部形成短期内别人无法替代的能力，成为企业发展的排他式助力。作为企业来说，应该如何培育和提高智力资本？在市场经济和知识经济时代，消费者的要求随着技术的发展不断提升，反映到市场上就是不断提升的产品要求，企业必须据此打造适合的产品或提供相应的服务，产品或服务的品质才是消费者买单的核心要素。因此，对于企业来说，独特的自主知识产权才是价值源泉，许多百年企业之所以能长盛不衰，最关键的因素是它们认识到"科学技术是第一生产力"后，潜心研发，掌握了能够拿捏市场"七寸"的核心技术。

科技型企业应该准确把握市场的技术需求趋势，找准方向进行研发，先发制人，提前掌握核心技术并进行产业化经营，率先占领市场的最高点。拥有知识产权后，企业就具备了对某一领域的利益配置权，可以利用自己在知识方面的领先优势，通过技术授权或技术转让获得"二次利益"，并运用分配的资金进入下一轮研发，保持持续领先地位，做到经久不衰。在非科技领域，传统型百年企业也可以利用长期积累下来的强势品牌价值，通过品牌战、商标战巩固自己在消费者心目中的地位，形成代际传承并根深蒂固的品牌印象。因此，智力资源对企业塑造核心竞争力都起到了不可替代的作用。中国的百年企业要谋求发展，就必须持续增强科技创新能力，提升知识产权的质量与数量。

（四）筑牢知识产权

知识产权是巩固知识资本优势的重要手段，也是企业打开市场的关键要素。21世纪以来，我国进入产业结构调整、经济发展方式转变和产业结构升级的关键时期，中国制造向中国创造、中国速度向中国质量、中国产品向中国品牌转变。在这个过程中，知识资本所形成的关键技术和核心技术很关键，谁拥有的多，谁就有更大的自主权。这些知识和关键技术需要法律的保护，让其形成无法被夺走的知识产权，这样企业才能在未来的竞争中占据优势。自主知识产权的培育和打造对于我国发展百年企业、推动经济长远发展意义重大。打造并筑牢知识产权，要经历以下3个重要步骤。

①知识产权导入。世界上很多优秀企业，都配置了自主研发机构，通过自主研发可获得的高额技术垄断，还能以技术授权、转让、出售及商标的许可经营等方式实现资金的融通和业务的扩张。

②知识产权管理。企业在积累了一定的专利、知识产权后，应当成立专门的管理部门，对新旧知识产权进行管理和改善，打造自己独特的知识产权体系。对于有损自身知识产权的侵占行为积极维权，保护好知识产权。

③知识产权输出。长期闲置的知识产权,企业要做到及时输出,进行市场经营,有偿允许他人使用,提升知识产权利用效率。

(五)塑造品牌价值

品牌是企业的软实力,而品牌自身的价值体现是企业区分于同类品牌的重要体现。品牌价值的高低与品牌的溢价直接关联,是品牌价值变现的重要指标要素,它的成功能为企业带来持续稳定的高收益,也综合体现了企业产品的品质、文化和个性。企业品牌表现了企业产品的唯一、稀缺和权威等特性,同时品牌专利也是企业发展的护航者。因此,要先理解品牌价值的存在意义,才能以此为基础塑造品牌价值,主要包括以下3个方面:

①企业产品的品牌能够显著促进消费者忠诚度的培养;②产品品牌的塑造能够增强企业内部员工的自豪感和凝聚力,激发员工的工作动力;③品牌价值是企业带给消费者的情感体验,它统一了个人价值和社会价值。企业在塑造品牌价值时,除了充分考虑消费者诉求外,还要加强与消费者的沟通,把产品设计与消费者的内在情感联系起来,巩固和强化两者的利益联系,培育起顾客的忠诚度,让消费者自发地支持和宣传企业产品,这样塑造品牌价值才具有广泛的消费者基础,也才有提升品牌价值的内在动力。

(六)品牌价值创新

品牌价值创新就是通过不断提升产品质量、优化服务,满足顾客群更高的价值目标和利益诉求,进而实现品牌价值的再造和增值。品牌价值创新的内容集中在产品技术、服务和品牌价值的联想几个关键部分。从技术层面上来说,消费者对品牌价值创新的感受主要体现在他们对于产品创新的体验反馈,这就要求企业不断提升技术水平,以明显有别于竞争对手的技术,生产一代又一代的新产品,保持住消费者对产品的新鲜感,消费群体越满意,品牌创新价值就越能得到体现。品牌价值联想是消费者对于品牌感受的内在心理表现,品牌独特的设计和内涵会形成消费者内心对品牌的长久认同感,品牌得到了消费者的认同后,企业才会明白创新的方向。企业进行品牌创新时要考虑定位和时机两大要素。

1. 定位创新

定位像一座灯塔,指明了企业产品开发和营销计划的方向。品牌要建立在产品定位的基础上,其性格、特色、亮点,以及核心价值被塑造起来,成为有别于其他品牌且具备竞争优势的价值生成器定位具有竞争性,企业应该把自己品牌区别于其他品牌最突出的属性作为定位重点,并将其放大,发挥出自身独特的价值优势,提升品牌的竞争力。

2. 时机创新

品牌的发展是围绕着市场的变化而不断调整的,消费者的需求变化、技术的更新、竞争对手的策略等都会影响市场进程。所以,企业经营者要审时度势,也要自我反省,及时根据市场的变化调整自身产品或服务,先发制人,在时机上保持领先地位。此外,经营者还要果断抓住发展机遇,一旦遇到适合自己的新商机,就要立刻行动,适应市场的变化,使企业立于不败之地。

品牌的创新除了功能和属性的改进,更重要的是通过创新让消费者重新审视和定位对产品品牌的感知,保持消费者对品牌的新鲜感,维持持久和稳定的消费意向。对企业来说,品牌价值创新可以为企业带来新的价值增长点和利润,提升品牌资产的价值,构建起品牌自我保护的屏障,有效限制竞争对手的进入。

(七) 品牌文化价值

品牌的价值构成中除了硬件部分的产品质量和功能之外，还有属于软件的文化部分。特定的品牌文化不但会影响品牌的价值，而且有时还会成为改变未来品牌战略方向的推手。品牌虽然是产品形象的一种表达方式，但终究是由人设计的，并服务于人，因此它不可避免地会带有人的某种精神属性。只要品牌与消费者接触的时间够长，消费者都会受到品牌精神层面的影响，其影响或被动或主动，因为除了符号属性，品牌还传递着某种生活方式和理念，代表着某种能跟人类产生作用的价值观念，这些都属于品牌特有的文化内涵。

品牌文化是通过人为化地赋予品牌的深刻而且丰富的文化内涵，明确一种鲜明的立场，塑造清晰的定位，并通过各种传播途径使消费者对品牌产生情感上的认同后，形成对品牌的信仰，最终演变成强烈的品牌忠诚度。品牌的塑造，除了满足消费者的需求之外，还可在企业与消费者之间建立联系的纽带，通过品牌文化，让消费者改变对品牌冷冰冰的认识，从而形成企业与消费者之间长久的关系。品牌文化与品牌价值之间，互有交集，也相辅相成，品牌文化塑造得好，品牌价值也能得到更好的提升。一是，品牌文化能够修正品牌的发展方向，促使品牌价值最大化，而消费者对于品牌文化的认识也会依附于品牌所代表的产品特质，因此，企业要让消费者关注品牌，就要把产品所特有的文化形式通过品牌充分表现出来，这样品牌才有充足的能力去吸引消费者，使之从基本的关注逐渐上升到一种生活品味，这样，品牌文化的价值属性才能够全面地被激发出来。二是，品牌文化的内涵迁移可以使品牌形象更贴近消费者的习惯，使品牌更具人文属性。这种人文属性能够友好地与消费者产生共鸣，提升消费者对品牌的认可程度，此时便能充分发挥品牌文化各个要素的作用，提升市场竞争力。三是，品牌文化能够维护品牌价值，更好地促进品牌价值的提升。打造品牌文化是为了提升品牌形象，而品牌形象的提升又反过来促进了品牌价值的转移和实现。此外，品牌文化终究是一种理念，它会随着社会价值观念的变迁、时间的推移而变化，因此，企业在塑造品牌文化时一定要与时下的社会经济潮流相结合，这样才能培育出为大众所接受的品牌，赢得市场的主动权。

五、战略管理

战略一词是从军事领域逐渐演变到商业领域中来的。战略是一种长期的、系统的、宏观的计划，它是一种综合性的思维方式，旨在帮助企业实现其目标，并且要求企业在变化的环境中不断调整自己的策略，以实现最佳的结果。企业资源有限，企业的管理者为了更好地把握市场机遇，提高竞争力，提升知名度，吸引更多的用户，从而实现企业的发展目标，都会做未来发展的规划。企业战略要具备可行性和操作性，要避免陷入误区和陷阱，更要遵从战略逻辑，制订科学的战略指标。

(一) 战略制定的误区

战略制定过程中，要主要避免走入以下四大误区。

1. 忽视市场变化

企业在制定战略时，不能忽视市场变化。很多企业实行"自上而下"的管理，在战略上容易出现闭门造车的情况。要解决这类问题，可以从以下几个方面入手。

①在内部管理层面，企业应该建立完善的管理制度，明确各部门的职责和权限，建立有效的沟通机制，确保各部门之间的沟通和协调；注重人才的培养和管理，提高员工的素质和能力，确保产品开发的顺利进行。

②市场运作方面，企业应构建有效的市场调研机制，定期对市场进行调研，及时发现市场变化，并及时作出相应的调整；增强对市场的分析能力，结合企业的实际情况，分析市场的发展趋势，以及企业在市场中的定位，从而更好地应对市场变化；企业还应该加强对市场的把握，积极开拓新的市场，拓展销售渠道，提高产品的销售量，从而获得更多的利润。

③企业文化方面，企业应该建立有效的沟通机制，加强上下级之间的沟通，确保上级对市场变化的及时反馈；培育健全的企业文化，强调团队合作精神，提倡开放式的沟通，鼓励员工发表自己的意见。

2. 忽视客户需求

企业在制定战略时，不能忽视客户需求。企业应该定期对客户进行了解，加强对客户的分析，及时发现客户的需求变化，结合企业的实际情况，作出相应的调整；加强对客户的服务，提供优质的售后服务，及时解决客户的问题，满足客户的需求，从而增强客户的满意度，建立良好的客户关系。

3. 使用活跃度指标衡量战略

使用在一定时期内较为凸显，但并非核心的指标来评估企业存在的问题，或者衡量企业的经营业绩，是有失偏颇的。企业要深入分析自身特点，结合自身发展的条件，找到合适而非流行的指标来作自我评判，客观地掌握企业的真实情况。

4. 只用结果指标衡量战略

一些企业管理者只看结果，缺乏耐心去分析真正的主导因素，对战略的整体评估有失偏颇。客户满意度、市场反应、营业额等，常常被企业用来判断战略的成败。实际上，这些指标只能衡量企业战略的实施效果，如果仅仅依靠它们来评价战略，即使存在问题，等发现的时候也可能已经太晚了。

（二）战略管理陷阱

在企业经营管理中，失败的经验对管理者来说更有价值，因为这些失败可以让管理者从中吸取教训，避免重复犯错误。只有看清前车之鉴，才能避免重蹈覆辙，才能走向成功。企业在进行战略管理时，可能会遭遇以下七类陷阱。

1. 决策未考虑环境变化

企业的领导者决策前会充分了解外部环境，但随着管理经验的丰富和决策能力的增强，他们很容易忽略外部环境的变化，只凭借以往的经验作出决定，这很可能会导致决策失误，给企业造成损失。要避免这种判断失误，关键是要培养决策者对外部环境的敏锐度，使决策者及时发现外部环境的变化，及时预见危机的到来。在进行外部分析的时候，决策者要做到：①对自己目前的处境有完整和清晰的认识，做好自我定位，制定战略时——要考虑到现有和潜在的对手，以便得心应手地应对各类问题；②采用多种手段，综合各种因素对问题进行科学和全面的分析，在准确定位的基础上制定合理的方案。

2. 假设偏离实际

管理者在管理中，模拟和推演未来的决策走向之前，要充分考虑环境的变化，做好充足的准备，否则容易作出偏离实际的假设。这就要求管理者在决策过程中做到：①认真核实各类关键信息或数据，缺乏核实的数据往往潜藏着巨大的风险，管理者要高度重视这点；②通过多方面的实验验证假设与结论的一致性，不断纠正假设误差；③明确主次，将不同的信息划分开来，细致入微地存档、管理，首先执行对企业发展起关键性作用的战略；④变化是世界上唯一不变的东西，管理者要及时更新假设，以确保它们的有效性。

3. 竞争优势自削

事物的变化要求企业以变通的思维来看待问题。为了在激烈的商业竞争中保持优势，企业必须灵活地应对外部环境的变化，不断增强自身的竞争优势，以适应时代环境的变化，避免原地踏步，从而失去自身的竞争优势。因此，企业的管理者应该做到：①在管理观念上，应进行系统性、全面性、战略性考量，经营战略要融入整个公司的发展战略，重视产业的发展，明确主次，在业务领域上，拓展公司的业务和规模，加强与客户和供应商的紧密合作；②在价值链上，明确各个环节的职责，让各个环节各尽其职，最大限度地发挥产业的潜力；③在增值业务上，营造开放的企业文化环境，给员工试错的机会，激发员工的创新动力，从而挖掘产业的增值价值。

4. 盲目扩张

在运作过程中，很多企业会在没有足够的市场调研和分析的情况下，盲目地进入自己不熟悉的经营领域。这种行为往往导致企业在市场竞争中失利，甚至损失资金、耗费人力、浪费时间。一方面，企业在发展中，会面临很多困难，如市场竞争激烈、资金紧张、政策发生变化等，导致经营出现问题，产生盲目扩张的念头；另一方面，企业管理者也有可能产生自负情绪，认为自己可以把握一切，从而忽略了市场调研和分析，盲目地进行扩张。因此，企业应该做到：①建立完善的市场调研和分析体系，以便更好地了解市场的变化，从而更好地把握市场机遇，避免盲目扩张；②建立有效的管理体系，确保企业管理者的行为符合企业的发展战略，避免出现自负的情况。

5. 组织结构限制

良好的组织结构可以帮助企业更好地管理资源，提高企业的效率，而不合理的组织结构会限制企业的发展。不合理的企业组织结构可能是由于企业管理者缺乏经验，他们没有充分考虑到企业的发展需求；也可能是由于企业管理者的自负，他们认为自己可以把握一切，忽略了企业发展的实际情况。解决的办法包括：①企业应该建立完善的管理体系，确保企业管理者的行为符合企业的发展战略；②企业应该建立有效的激励机制，激发企业管理者的主观能动性，使他们更好地发挥自己的作用，更好地把握企业发展的机遇；③企业应该建立有效的培训体系，提高企业管理者的管理水平。

6. 管理失控

管理失控指企业在实施战略的过程中，由于管理不善，导致企业的经营受到影响。管理失控的主要原因在于：①企业管理者缺乏经验，没有充分考虑到企业的发展需求；②企业管理者过于自负造成的；③企业管理者缺乏有效激励。解决的办法包括：建立完善的管理体系；建立有效的考核机制。

7. 领导失效

领导者是企业管理的核心，他们负责制定企业的发展战略，组织企业的资源，激励企业的员工，确保企业的发展方向，只有通过领导者的有效管理，企业才能实现可持续发展。管理者的领导力对企业的发展至关重要，一位有决断力的领导可以帮助企业在激烈的市场竞争中取胜，但是有些管理者缺乏能力，无法合理利用人才，果断作出决策，把握先机。第一，企业战略的实施需要企业内部组织的协调配合，企业管理者肩负着调整企业内部组织关系的重任。第二，管理者应该具备危机意识，要有预见性，在危机发生前就能制定出完善的应对计划，推动公司稳定发展。第三，管理者应该根据公司的实力准确定位，制定可行的目标，给予员工自主权，鼓励创新，让员工有机会展示自我，在为公司贡献的过程中实现自我价值。第四，管理者应当养成反思和总结的习惯，不断分析经营过程中的收获与损失，发扬成功经验，吸取失败教训，推动企业发展壮大。

（三）战略决策应当遵从战略逻辑

随着企业规模的不断扩大，一个公司旗下可能有多个子公司。母公司的高层管理者通常会制定公司内部的所有战略，而下属公司的员工甚至是中层管理者对于公司的市场份额、业务量、利润等目标几乎没有发言权。即使是大型企业，也有可能制定出不合理的企业战略。一家被《财富》杂志评为100强的科技公司，在20世纪末的互联网泡沫时期，制定的年销售额增长目标为50%，这显然有违当时的经济环境。检查企业战略是否有问题并非难事，可以仔细审视战略制定的原因，以及战略选择和战略逻辑是否一致。企业制作的"战略地图"可能看起来有道理，但实际上，如果战略抉择和战略逻辑不一致，很难保证其有效性。有些战略的制定只是基于梦想般的假设，制定者没有从逻辑上思考它们的合理性。

在"战略地图"中，利润要获得增长，企业必须有更多的忠实客户，而客户忠诚度的提高又依赖于良好的客户满意度，这就要求企业培养员工的敬业精神。企业可以通过培训来提高员工的敬业精神，最终实现企业的利润增长。培训是企业发展的重要组成部分，它可以帮助企业提升员工的专业技能，提高员工的工作效率。

这看起来可能有道理，但是这种"战略地图"的逻辑经不起推敲。谁能保证员工参加了培训就一定能提高敬业程度？虽然说培训可以提升员工的技能，但是如果工作氛围不好，企业管理不合理，员工会感到不舒服，这样即使培训再多也无法提升员工的敬业精神。甚至客户满意度的提高也不一定会带来忠诚度的增加，如果企业以劣质客户为基础来增加业务量，那么它的利润可能会减少，甚至可能会亏损。

战略制定团队必须对战略逻辑进行充分的分析，并对其可行性进行质疑。只有这样，企业制定的战略才能够得到验证，并且最终推动企业的发展。

（四）科学优化战略指标

评估企业制定的战略是否合理，最佳的做法是设定一系列战略指标，并尽可能将其细分。比如，一家企业制定了一套有关客户增长的战略，以建立与重要零售客户的合作关系、提高销售额为目标：①企业通过衡量客户参与度指标来实施客户关系增长战略，这一指标包含货架空间、客户向企业的求助与咨询、客户的利润率、与竞争者的关系、品牌的优势等。企业根据这些细分指标，以月为单位衡量客户参与度，从而判断客户关系管理战略的成功与否；②为了达成客户增长战略，该企业开发新产品，但是从概念提出到推出市场，这个过程通常需要 3~5 年，因此，该企业将总目标分解为多个阶段，如员工的创新与冒险热情、经过几轮筛选后剩下的创意、创新项目的重大事件、申请专利、用户认可、营销与利润等。可行的战略指标通常包含两种类型，一种是可以有效判断战略合理性的先行指标；另一种是决定战略是否成功的滞后指标。戴姆勒与克莱斯勒的合并、时代华纳与美国在线的合并等，都是失败的战略，许多企业也有类似的经历。不过，如果及早发现并纠正战略实施中的失误，企业仍有可能走上健康稳定的发展道路；如果战略实施了较长时间之后才评估它的成败，那么评估应有的价值便失去了。因此，企业的管理者应该及时评估战略的可行性，与成功案例进行比较，并采用兼具先行性和滞后性的指标来评估企业战略的前景。

六、商业模式分析工具

（一）商业模式画布

如今，随着时代的发展，商业模式不断更新，新的产业不断出现，而旧的产业也不断被取代。新兴的商业模式正在挑战传统的模式，而一些传统模式也在经历改变后重新焕发出新的活力。在未来的两年、5 年或 10 年，你的企业将采用什么样的商业模式？你会成为主流玩家吗？你是否准备好面对那些拥有令人敬畏的商业模式的竞争对手？商业模式是一种组织企业活动的方式，它涉及企业如何创造价值，如何定位市场，如何组织资源，如何实现利润最大化等。商业模式也可以被表述为一个组织创造、传递以及获得价值的基本原理。在实践活动中，我们需要一种人人都能理解的商业模式呈现方式，它既要简洁有效，又要能够描述企业实际运行环境下的复杂情况，而不会因过度简化而降低其能力。我们可以通过构建九大模块来描述一个商业模式，这九大模块清晰地展示了一家公司传递价值的主要组成部分，即客户、产品、基础设施、财务能力，它们构成了一个具有极高通用性、实践效果极佳的工具——商业模式画布，如图 8-1 所示。

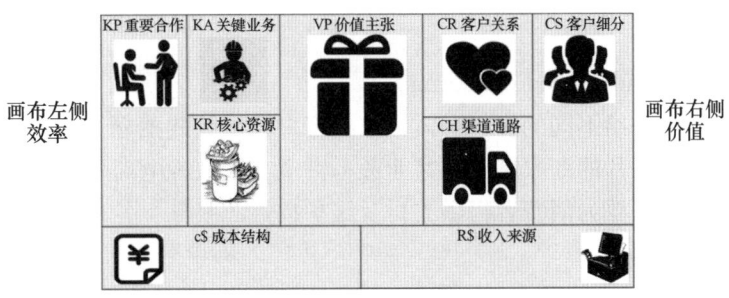

图 8-1　商业模式画布

（二）九大模块

1. 客户细分

客户细分是企业获取和满足不同目标人群和机构期望的关键。没有客户，企业就无法存活。为了更好地满足客户，企业应根据客户的需求、行为及特征将其划分为不同的群体，并为每个群体提供适合的商业模式。企业在决定服务于哪一个客户群体，而忽略另一个客户群体时,应当谨慎行事。一旦作出决定,就要根据对这些群体个性化需求的深刻理解,来设计商业模式。

企业为谁提供服务?谁是企业最重要的受益者?

(1) 大众市场(mass market)

基于大众化市场的商业模式不会偏袒任何特定的客户群体,而是将价值主张、分销渠道和客户关系聚焦于一个庞大的、拥有广泛相似需求和问题的客户群。家电行业、电子产品行业中常见这类商业模式。

(2) 小众市场(niche market)

这种针对小众市场的商业模式是专门为某一特定的客户群体所设计的。其价值主张、分销渠道和客户关系都是根据小众市场的特点而专门设计的。这样的商业模式常见于供应商和采购商关系中,如很多汽车零部件制造商强依赖于主流汽车制造商的采购。

(3) 求同存异的客户群体(segmented)

一些商业模式针对不同的需求和问题,把市场划分为多个细分市场这种模式常用于银行的信贷部门。如瑞士信贷集团(Credit Suisse)将它的客户群分为两类,一类是个人资产不超过 10 万美元的大众群体,另一类是个人资产超过 50 万美元的少数群体。这两个群体的客户有着相似又不尽相同的需求和问题,这一划分影响着瑞士信贷集团商业模式中的其他模块,如价值主张、分销渠道客户关系及收益来源。再比如微型精密仪器公司(Micro Precision Systems),其主营业务是提供微型计算机的设计及生产方案外包,它的主要客户群来自钟表业、医药生产行业和工业自动化部门,而对每个部分的客户群体,它都提供差异化的价值主张。

(4) 多元化的客户群体(diversified)

面向多元化客户经营的企业面对五花八门的用户群体。例如亚马逊 2006 年开展的"云计算"服务,针对零售多元化的业务,提供在线存储空间和点播服务。从此,亚马逊转型成为一家互联网公司,并以此为基础提出了全新的价值主张。企业强大的 IT 设备支撑了亚马逊多元化改革战略的开展,那些设备可为零售终端企业和新的云计算业务提供服务。

(5) 多边平台(multi-sided platforms)

有的企业提供服务给不同的客户群体,这些客户群体彼此独立。如信用卡公司,需要大量的持卡人和接受卡片的商家来支撑其业务;淘宝、天猫等电商平台既要为生产商、经销商搭建销售平台,又要为消费者提供支付及维护权益的服务。各种用户群体对这类商业模式而言都是至关重要的。

2. 价值主张

价值主张是企业或者组织为客户创造价值的核心部分,其余模块都围绕着这一模块履行各自的职能。客户选择一家公司而放弃另一家的原因是价值主张。价值主张能够解决客户的问题或满足其需求,每一个价值主张都是一种产品和(或)服务的组合,这种组合可以满足某一客户群体的需求。因此,价值主张就是一家企业为用户提供的各类利益的综合体。价值主张可以是创新性的,提供一种全新的产品或服务,也可以是与现有的产品或服务相似,但具有新的特性和属性。

企业要向客户传递怎样的价值?在客户面对的问题中,企业需要帮助客户解决哪一个？企业需要满足客户的哪些需求？面向不同的客户群体，企业应该提供什么样的产品和服务的组合？

为了满足某个群体的需求，企业结合新的元素，创造出数量上的价值（如价格、服务响应速度等）和质量上的价值（如设计、客户体验等）。

(1) 创新（newness）

有些价值主张可以满足客户未曾想到的新需求，因为之前没有类似的产品或服务存在。

(2) 性能（performance）

改善产品或服务的质量是一种传统而普遍的创造价值的方式，例如近几年，个人计算机在计算速度、存储空间和制图能力方面的改进已经无法拉动客户需求的增长了。

(3) 定制（customization）

近年来，大规模定制和客户参与创造的生产方式日益增多，它不仅能够满足某些客户或客户群体的需求，而且能够创造价值，同时又保持了生产规模化的经济性。

(4) 保姆式服务（getting the job done）

能将客户的任务以简单的方式完成也可以产生价值。

(5) 设计（design）

设计是一个重要而又难以衡量的因素，出色的设计可以使一个产品脱颖而出。

(6) 品牌、地位（brand/status）

客户可以通过使用和展示某品牌来获得价值。

(7) 价格（price）

提供更低价格以满足价格敏感型客户群体的需求是一种普遍的做法，但这种低价格主张也会对商业模式的其他模块产生重要影响。

(8) 缩减成本（cost reduction）

为客户节省开支是创造价值的重要手段。

(9) 风险控制（risk reduction）

减少客户购买的产品或服务的风险，可以为其带来价值。

(10) 可获得性（accessibility）

为客户提供他们之前无法获得的产品和服务也是一种创造价值的方式，这可能是商业模式创新、科技创新，或者两者共同作用的结果。

(11) 便利性、实用性（convenience/usability）

使用或操作产品变得更容易，也可以带来相当大的价值。

3. 渠道通路

企业与客户之间的沟通和联系是通过渠道通路（接触点）模块实现的，它可以帮助企业向客户传达自身的价值主张，而客户交互体系由交流、分销和销售渠道构成，渠道通路在客户体验中起着重要的作用。

企业的客户希望以何种渠道与我们建立联系？企业现在如何去建立这种联系？企业的渠道是如何构成的？哪个渠道最管用？哪些渠道更节约成本？企业如何将这些渠道与日常客户工作整合到一起？

将一种价值主张推向市场，找到正确的渠道组合，以客户喜欢的方式与客户建立联系，是至关重要的。组织可以选择使用自有渠道，也可以选择合作方的渠道，或者两者兼用，来与客户建立联系。自有渠道可以是直接的，例如内部销售团队或者网站；也可以是间接的，比如组织拥有的或负责运营的零售店。而合作方渠道则是间接的，范围更广，包括批发分销渠道、零售渠道，以及合作方运营的网站。通过合作方渠道来与客户建立联系，可以帮助组织扩大客户群，但是组织的利润会有所降低，同时从另一角度而言，组织可以从合作方的优势中获得收益。自有渠道，特别是直接渠道，可以带来较高的利润，但是建立和维护渠道的成本很高。组织所面临的挑战在于，如何将各种渠道有机融合，以达到最佳的客户体验和最大化的收益。

4. 客户关系

客户关系模块描述的是企业为了满足某一特定客户群体的需求而建立的客户关系类型。企业应该明确与每一类客户建立何种类型的关系。由人员维护的客户关系，以及自动化设备与客户之间的交互，都属于客户关系的范畴。客户关系的驱动要素包括新客户的开发、旧客户的保留，以及销量或价格的提升。由商业模式决定的客户关系将对整体的客户体验产生深刻的影响。

企业的每一个客户群体期待与企业建立并保持何种类型的关系？企业已经建立了哪些类型的关系？这些关系类型的成本如何？这些客户关系类型与企业商业模式中其他的模块是如何整合的？从企业客户类型所决定的客户关系有如下几类。

（1）私人服务（personal assistance）

这种客户关系是基于人际互动的，客户可以与客户代表沟通，在购买前、购买中，以及购买后都可以获得帮助。

（2）专属私人服务（dedicated personal assistance）

为了建立最深层次、最私密的客户关系，每个客户都需要指定一位固定的客户经理，这种关系需要经过长时间的积累才能建立起来，例如私人银行服务。

（3）自助服务（self-service）

在这种客户关系中，企业不必亲自维护与客户的关系，只需提供客户自助服务所需的渠道即可。

（4）自动化服务（automated services）

此类型的客户关系将自助服务和自动化流程相结合，以解决此类型客户关系的复杂性。自动化服务可以识别客户身份及其特点，并提供符合预订单和交易内容的信息。

（5）社区（communities）

企业正在越来越多地利用用户社区来预测市场趋势，并加强社区成员之间的联系。许多企业都建立了在线社区，以便用户可以分享知识，互相帮助解决问题，这也可以帮助企业更好地了解客户的需求。

（6）共同创造（co-creation）

企业不再局限于传统的买卖关系，而是与客户合作，共同创造价值，有的企业甚至邀请用户参与，一起设计出有创新性的新产品。

5. 收入来源

收入来源这一模块表明企业从每一个客户群体获得的现金收入，扣除成本后为获得的利润。如果说客户构成了一个商业模式的心脏，那么收益来源便是该商业模式的动脉。企业应该自问,每一个客户群体真正想要什么,以便能够从中获得收益。如果能够正确回答这一问题,企业就可以在每一个客户群体中获得一两个收益来源。收益来源中可能包含多种定价机制,例如固定价格、议价、竞价、市场浮动价格、购买数量浮动价格,以及收益管理系统(定价)等。一个商业模式可能的收益来源包括由客户一次性支付产生的交易收入,以及客户因为新的价值主张或售后支持而持续支付。

究竟何种价值是让企业的客户真正愿意为之付费的?客户目前正在为之付费的价值主张是哪些?客户目前使用的支付方式是什么?他们更愿意使用的支付方式是什么?每一个收益来源对于总体收益贡献的比例是多少?创造收入来源的方式有以下几种。

(1) 资产销售(asset sale)

最常见的收入来源是出售实物产品的所有权。

(2) 使用费(usage fees)

这一收入来源是随着某种具体服务的使用量的增加而增加的。

(3) 会员费(subscription fees)

通过向用户出售某项服务的持续使用权限,来获得收入。

(4) 租赁(lending/renting/leasing)

这种收入来源于在特定时期把某种资产出租给某人,并从中获取固定的报酬。出租者可以获得持续的收入,而租赁者只需要在一定时间内支付费用,不必承担拥有整个财产的费用。

(5) 许可使用费(licensing)

用户拥有受保护的知识产权的使用权,为此用户需要支付许可使用费。许可使用费使得资源持有者可以仅凭所有权来获取收益。

(6) 经纪人佣金(brokerage fees)

这一收入源自提供给双方或多方的中介服务。

(7) 广告费(advertising)

这种收入来源于为某种产品、服务或品牌做广告所产生的费用。近些年,广告收入已经成为各行各业的重要收入来源。

不同的收入来源可能会有不同的定价机制,而定价机制的选择可能会对最终的收入产生巨大的影响。主要的定价机制有两种:固定价格和浮动价格。固定价格指每次交易的价格都是固定的,而浮动价格则指价格会随着市场行情的变化而变化。固定价格可以给消费者带来更多的稳定性,而浮动价格则可以让消费者更好地把握市场机会,从而获得更多的收益。因此,在选择定价机制时,企业需要根据自身情况进行灵活选择,以获得最大的收益。

6. 核心资源

核心资源这个模块描述的是确保商业模式顺利运行所必需的最重要资源。每一种商业模式都需要核心资源来支撑,这些资源可以帮助企业创造出价值主张,获得市场;与客户群体建立良好的关系,从而获得收益。不同类型的商业模式所需要的核心资源是不同的,企业在选择商业模式时,要考虑该模式需要的核心资源,确保该商业模式的可持续性和可行性。核心资源可以是自有的,也可以通过租赁或从重要合作伙伴处获得,包括实物资源、知识性资源、人力资源和金融资源。

企业的价值主张需要哪些核心资源？企业的分销渠道需要哪些核心资源？客户关系的维系需要哪些核心资源？收入来源需要哪些核心资源？核心资源可以分为以下几类。

（1）实物资源（physical）

这一范畴涵盖实体资产，例如生产设备、房屋、车辆、机器、系统、销售点管理系统，以及分销渠道等。

（2）知识性资源（intellectual）

随着商业模式的不断发展，知识性资源，如品牌、专营权、专利权、版权、合作关系及客户数据库等，正在扮演着越来越重要的角色。获取知识性资源可能会费一番功夫，但一旦成功，可能会带来巨大的收益。

（3）人力资源（human）

每家企业都需要人力资源，但对于特定的商业模式来说，人力资源的重要性尤为突出。

（4）金融资源（financial）

一些商业模式需要金融资源或金融保障，例如现金、信用额度，或者用于吸引关键员工的股票期权池等。

7. 关键业务

这个模块涉及的是确保商业模式正常运行的关键业务。每一种商业模式都有一系列关键业务，它们是企业创造和提供价值主张、获得市场、维持客户关系、获得收益不可或缺的核心资源。不同的商业模式，关键业务也有所不同，就像核心资源一样。

企业的价值主张需要哪些关键业务？企业的分销渠道需要哪些关键业务？客户关系的维系需要哪些关键业务？收入来源需要哪些关键业务？常见的关键业务如下。

（1）生产（production）

这些活动包括设计、制造和分销较大数量或优等质量的产品，生产活动在制造企业的商业模式中处于主导地位。

（2）解决方案（problem solving）

为个体客户的问题提供新的解决方案是这种类型的关键活动。

（3）平台、网络（platform/network）

在以平台为核心资源的商业模式中，与平台和网络相关的关键活动处于支配地位。网络、配对平台、软件和品牌都可以扮演平台的角色，这类关键活动包括平台管理、新服务的推出和平台的升级。

8. 重要合作

这个模块描述的是为了确保商业模式正常运行所需要的供应商和合作伙伴网络。企业之所以需要建立重要合作，是因为这种重要合作在许多商业模式中正在逐渐成为基础。企业可以通过建立联盟来改善商业模式、降低风险或获取资源。重要合作主要包括非竞争者之间的战略联盟、竞争者之间的战略合作、为新业务建立的合资公司，以及为保证可靠的供应而建立的供应商和采购商关系4种类型。

谁是企业的关键合作伙伴？谁是企业的关键供应商？企业从合作伙伴那里获得了哪项核心资源？企业的合作伙伴参与了哪些关键业务？区分建立合作伙伴关系是否有益包括如下几点。

(1) 优化及规模效应

最基本的合作关系或买卖关系是为了优化资源和活动的配置而存在的。不可能要求一家公司拥有所有必要的资源，自行完成所有的生产和服务环节。通常，为了降低成本，这种合作关系会采取外包或基础设施共享的方式来建立。

(2) 降低风险和不确定性

在竞争环境中，不确定性是一个显著特征，建立合作关系可以帮助企业降低竞争的风险。企业在某一个领域形成战略联盟，而在其他领域保持竞争关系是一种常见的做法，尤其是当它们互为竞争对手时。

(3) 特殊资源及活动的获得

大多数公司都不会拥有商业模式所需的全部资源，也不会自行完成所有的生产服务活动。大多数情况下，它们依靠其他拥有某种资源或专注于某种生产活动的公司来扩展自身能力。这种合作关系的动机在于获取知识、获得资质认证，或者接触某个特定的客户群体。

9. 成本结构

成本结构就是描述一个商业模式所产生的所有成本。这个模块描述了运营商业模式所产生的成本，包括创造和交付价值、维护客户关系和产生收入。一旦确定了核心资源、关键业务和重要合作伙伴，成本核算就变得更容易，尽管有些商业模式比其他模式更加重视成本。

企业的商业模式中最重要的固有成本是什么？最贵的核心资源是什么？最贵的关键业务是什么？

毋庸置疑，降低成本是每一个商业模式的期望。但在某些商业模式中，低成本结构显得尤为重要。可以将商业模式的成本结构大致分为两类：成本导向型和价值导向型（有些商业模式的成本结构是两者的结合）。

成本导向（cost-driven）。采用成本导向的商业模式旨在将成本降到最低。这种方式的目标是通过采用低价的价值主张，实现自动化生产的最大化及广泛的业务外包来创造和维持最小的成本结构。

价值导向（value-driven）。一些企业在商业模式设计中，更多地关注价值创造，而不是成本。通常，价值导向商业模式的特点是提供更高端的价值主张和高度个性化的服务。

成本结构的特点如下。

(1) 固定成本（fixed costs）

在一定时期内，不论生产量是多少，所需要支付的成本是固定不变的。这类成本包括租金、水电费、工资、税收等。

(2) 可变成本（variable costs）

在一定时期内，随着生产量的增加或减少，也会发生变化的生产成本，包括直接可变成本和间接可变成本。直接可变成本有原材料、人工等，间接可变成本有管理费用、维护费用等。

(3) 规模经济（economies of scale）

企业的产出扩大，会带来规模优势。企业可利用规模优势来降低成本，提高生产效率，从而获得更高的利润。

（4）范围经济（economies of scope）

扩大企业的经营范围，可以获得成本优势。如大型企业可以将同一个营销活动或分销渠道应用于多种产品。

七、互联网思维的商业逻辑

上述几点为企业在互联网时代下应具备的发展战略理论基础，接下来，是针对互联网时代下的商业模式进行一般化的设计。"增长是解决企业所有问题的唯一入口。"换句话说，企业所面临的问题，大多数是企业增长缓慢、增长困难、无增长或负增长所导致的。业绩治百病。若能够取得良好的业绩，许多问题都会有解决的可能性和时间、空间。因此，我们应该把不相关的事情抛在脑后，老板、高管及核心团队应该把重点放在一个词上，那就是"增长"。这样企业发展就变得简单了，只需要专注于增长和获取收益。这里谈论的增长，是为了实现系统性的发展，最终的增长不是靠老板出去拉关系、接客户、拉订单，而是要靠系统化的管理，只有这样，企业才能真正发展，而不只是一个小作坊。很多企业干得再大也是个作坊，究其原因，就是因为它没有系统性。企业要建立一套裂变式增长系统，最终实现系统自转、员工站立、老板解放。企业的最终愿景应是让人们获得身心解放，去探索更大的世界，经历更多的精彩。

（一）基础准备

在竞争激烈、同质化较高的市场环境中，企业想要取得业绩增长，就必须要充分认识互联网时代盈利的三大要素：爆品、流量和粉丝。

（1）爆品

要把最好的产品拿出来，以最低的价格出售，同时实现在线化。这样的产品必须具备极致的质量，以此来吸引流量、培育粉丝。因此，企业要想成功转型，就必须不惜一切代价，匠心打磨出一款爆品，这样才能让企业在市场上立足，获得更多的收益。

（2）流量

在互联网时代，流量是指在特定时间内，商品或服务能够形成的人气量、访问量，甚至交易量。传统的差价思维是通过卖产品赚取差价来生存，而现在应该改变这种思维，转而采用流量思维，即用产品吸引人们的关注。有了人，就有丰富的赚钱方式。

（3）粉丝

粉丝就是对产品、服务、品牌、企业有着深深热爱的人，甚至是一群人，也可以被称为忠实的用户。粉丝可形成社群，一群有着共同价值观和喜好的人，可以为企业创造出社群价值。

（二）操作思路

企业学会了打造爆品，吸引流量，培育粉丝，便掌握了互联网时代社群营销的重要因素。

第一步，以产品（爆品）作为流量入口，将更多的用户通过极致的产品和超低的价格吸引进来。

第二步，让进来的用户（流量）成为企业的资产，也就是把用户转变成为企业的合伙人，让他们为企业创造价值。

第三步，让粉丝形成社群，最终成为企业的商业模式。粉丝越多，商业模式的形式就越多，企业逐渐转变成为轻资产、强现金流和高附加值的产业赋能平台，为粉丝做好服务，最终实现多面共赢的局面。

传统企业在互联网时代面临以下五大生死攸关的挑战。

第一关，产品不好卖。由于同质化日益严重，价格战也越来越激烈，产品销售不佳。

第二关，利润薄如刀。由于缺乏多元化的创新利润池，仅靠卖产品赚取差价，利润变得极其有限，几乎可以说是薄如刀片。

第三关，渠道失灵。企业的规模越大，资金流动越困难，上游要求先付款再拿货，下游压款，企业就像夹在两块面包之间的夹心，越是经营，被夹得越紧，越是缺钱。

第四关，人才留不住。优秀人才被外界吸引，平庸人才缺乏激励，导致人才流失。

第五关，重资产运营。花费了不少心血，终于赚到了一笔钱，结果又把它投入到了重资产的运营中。

互联网思维下的商业逻辑如下。

1. 连接B端，整合和挖掘产能长尾

企业不再把资金投入到大规模的扩张，而是将精力放在中小规模的同行企业中，为其提供服务。很多中小型企业在客户运营、团队管理、互联网转型、经营系统等方面经验不足，使他们的产能没有得到有效利用。为此，企业可以将重点放在比自己小的企业上，帮助他们提升经营能力，让他们的产能得到充分发挥。

2. 连接C端，释放产能

为了满足用户的兴趣爱好和需求，企业应该努力打造一系列爆款产品，并创造开放的机制，为同行赋能，帮助他们实现用户增值和裂变，同时从中获得分成。

随着互联网时代的到来，传统的营销三力，即产品力、渠道力和品牌力，正在逐渐被新营销三力所取代，这3种新营销力量分别是产品力、链接力和运营力。产品力指产品的质量、性能、外观等，链接力指产品的推广、宣传、推荐等，运营力指产品的服务、支持、维护等。这3种力量共同作用，帮助企业更好地把产品推向市场，提升企业的知名度和美誉度，从而获得更多的收益。企业要明白，今天的收益并不是最重要的，更重要的是要把握企业的发展方向，确保它是一个具有创新性、健康发展的、与时代潮流相符的企业。企业要想在时代的洪流中生存下去，就必须不断更新理念，把握时代的发展脉搏，不断改进设计和架构，保持与时代的吻合，从而走向更加繁荣的未来。

第九章 云南百年品牌发展路径建议

一、云南百年老字号品牌发展存在的问题

1. 总体数量少，分布不均匀

第四章的统计结果显示，云南省老字号品牌中的"中华老字号"品牌总量较少，在全国的"中华老字号"品牌总量中占比较低，而其中具有百年历史的"中华老字号"品牌则更少。云南省的"中华老字号"品牌较多集中在昆明地区，其他地州拥有量较少，且这些"老字号"品牌的行业构成也较多集中在食品制造和医药领域，无工业制造行业。"云南老字号"品牌在云南省同样存在地区分布不够均匀的情况，它们绝大多数集中在昆明地区，行业分布也较多地集中在食品制造领域，其次是茶叶生产、医药、零售和餐饮，制造业则以食品、饮料居多，而工业制造业则鲜有。总体上讲，云南省内的老字号品牌，与东部发达省份相比，由省级予以认定的不多，由国家层面评选出的就更少，难以在全省范围内形成老字号的品牌规模效应，也难以形成老字号品牌的文化氛围。

2. 工业制造业匮乏

在云南老字号品牌的行业构成中，代表国民经济发展的根基行业——工业制造业的品牌较为匮乏。云南老字号品牌中的制造行业主要集中在满足消费需求的食品制造、茶叶生产、白酒制造，而满足生产需求的工业制造行业和科技型制造业的品牌较少。云南的百年工业制造行业品牌几乎没有，这一现状一方面源于云南近代工业起步较晚，另一方面也源于云南本身经济发展的程度。制造业是国家的生产力发展水平、创造力、竞争力和综合国力的重要体现，同时集中了大量的资本、技术、工艺、人才，不仅为现代化工业社会提供物质基础，为信息与知识社会提供先进装备和技术平台，也是区别发达国家与发展中国家的重要指标。如今，除传统制造行业外，以工业机器人、AI 等为代表的智能装备制造，更为我国智能化发展指明了方向和路径。振兴云南省的实体经济必须做大做强制造业。

3. 品牌力较弱

从全国范围看，云南省无论是"中华老字号"品牌还是"云南老字号"品牌，整体的品牌力确实较弱。除了极个别品牌（云南白药）在全国有较高知名度外，其他品牌在全国范围内的品牌力都较为薄弱，更不用说放到国际层面，因此云南是一个老字号品牌力弱省。经过多年的发展，一些企业虽然已经树立了严格的质量意识、服务意识和管理意识，有过硬的质量、细致而专业的服务，以及科学的管理，但与优秀的企业相比，现有的云南百年老字号品牌竞争力较弱，在产品创新、百年战略、品牌建设、品牌营销、消费者品牌认同等方面尚有欠缺，在参与国际高端市场竞争等方面仍然有着巨大的提升空间。

4. 品牌认知不足

云南老字号品牌还存在影响力不足的问题，表现在云南省的消费者对于云南老字号品牌缺乏认知度。2018 年，有记者就"你心底的老字号情怀""你能说出哪些昆明老字号"

等问题在昆明街头采访路人，近八成受访者能够说出的昆明老字号品牌不超过 5 个，还有许多受访者连连摆手，表示"不了解老字号，也不记得昆明有哪些老字号比较有名"。有一位"00"后受访者，是土生土长的昆明人，在被问及昆明老字号品牌的时候，反应很懵，"一下子想不起来昆明有哪些老字号"，在想了一会儿后，她问："豆面汤圆、凉米线算是老字号吗？这些倒是经常会跟同学一起去建新园吃。"她说，虽然在昆明长大，但对于昆明的老字号了解十分有限。"昆明这些老字号生产的产品好像跟我们的生活离得还挺远的，父母平常买糕点也是在面包工坊或嘉华这种连锁店比较多的地方买。而且昆明这些老字号好像也不做广告什么的，大家都了解得比较少。我们班主任也是土生土长的昆明人，他有时会跟我们讲一讲先生坡、西南联大的故事，但是老字号的故事没怎么讲过。"[94]

这一采访暴露了昆明本地市民对昆明老字号品牌的认知不足。本书第五章围绕云南省消费者对于本省老字号品牌的认知情况，设计并开展问卷调查，设计量表予以分析研究。调研同样显示出云南本省消费者对于本省老字号认知不足的问题。在问卷的"特定问题统计"部分，有针对性地设计了 3 个开放式问题，不要求被调研者必须填完 5 个空格。问卷结果显示，仅有二成的受访者能够填完所有空格，有近一成的受访者 1 个空也未填写出来，大部分受访者能写出 2~3 个品牌，当然其中也存在受访人员配合程度的偏差。对已填写出的品牌进行统计后，研究发现，虽然大家都列举了一些品牌，但总体存在几个明显问题：①所列举的品牌并非云南老字号或云南百年老字号品牌；②对所列举的品牌表述不准确；③一些品牌已经被认定为云南老字号品牌，但从未被提及；④列举了不属于云南省地区的品牌。这些都是认知不足的表现。云南本地消费者对本地品牌知晓度都不高，这将严重阻碍云南老字号品牌的发展及振兴。

5. 与国内国际品牌的价值差距较大

如果要对比云南老字号品牌与其他品牌的差距，那么品牌价值可以作为较有参考性的衡量标准。品牌是企业无形的资产，还是社会的财富，强势品牌本身就可以创造巨大的价值。品牌价值反映了与这个品牌有关的，包括企业、文化、利益、忠诚、潮流等抽象和具体的综合因素总和，这些要素能够内化为品牌资产，品牌在向消费者提供产品价值的同时，也在传递一种文化价值、情感价值。虽然品牌价值衡量时有困难，但可以肯定的是，它是营销绩效的一种重要衡量指标。品牌价值可在使用中增值，其价值的认定具有一定的主观性。换句话来说，品牌价值的形成，一方面取决于企业创造的产品或服务的质量水平，另一方面来自消费者在体验过后给予品牌的评价及认同感。既然需要互动，那么就需要广泛和深入的客户体验，但如今摆在云南老字号品牌面前的事实是，除了极少部分品牌做到了全省乃至全国范围内的广泛互动之外，其余大部分品牌的互动范围仅停留在云南省某一地州范围内，要做到全省范围内的广泛互动都很难，更别说全国范围内的互动了。缺乏广泛的市场基础也就是缺乏品牌价值提升的内在动力，品牌价值自然就不高，与国内其他知名品牌相比存在较大差距，就更不用说与国际知名品牌的差距了。

二、振兴云南百年老字号品牌的政策建议

要振兴云南省老字号品牌，对于企业的引导或支持很重要。政府和相关管理部门应该充分认识到发展老字号品牌的经济、文化意义，制定省、地区发展规划，把发展云南省老字号品牌写进政府的经济规划纲要，出台保护性和倾斜性政策，在保护老字号品牌的同

时，支持老字号品牌的发展；要深化企业改革，减少政府对企业的干预，让品牌的所有权回归经营者手中，进一步明确产权关系，尤其是品牌的无形资产，在百年品牌企业中建立和完善现代产权制度，为百年品牌企业的发展提供制度保障，解决经营者的后顾之忧。

1. 政策支持

（1）建立和健全品牌保护制度

制定品牌保护法律法规，规范市场环境，为百年品牌企业的发展创造良好的社会和市场环境。如制定《商标法》《产品质量法》《专利法》《广告法》《反不正当竞争法》等法律法规，依法处置各类侵权行为，切实保护品牌所有者的权益。在健全保护制度的同时，政府要培育企业的知识产权保护意识，为企业提供相关辅导和培训。

（2）制定云南省百年品牌培育政策

政府各部门协同配合，建立专门的品牌建设机构，或由各部门组成领导小组，制定品牌培育方针。制定地方性的品牌创新支持政策和品牌发展的产业政策，为企业提供财税、补贴、金融、信息、管理、法律等方面的支持和服务，例如对已是"百年老字号"品牌的企业可由政府担保优先贷款、降低土地使用费、减免各类税收等。制定人才培育和人才管理政策，鼓励人才流向"老字号"企业。

（3）建立老字号品牌的国内、国际推广制度

政府可通过组织展会、比赛、外出考察、国际交流、少数民族特色文化节等形式助推本地老字号品牌打响知名度。在国内，加强与其他地区联动，通过政府间的合作深挖国内需求，由政府搭建平台，助力本地老字号品牌产品与各地区市场供需适配，打开全国市场；在打开国际市场方面，协助老字号品牌企业了解国际细分市场和目标市场当地文化和环境。组织成功进军国际市场的老字号品牌企业分享成功经验，开展企业间的交流活动，并组织企业定期考察国外市场。通过加强与其他国家在投资、税收、司法等方面的合作，为云南老字号百年品牌企业的国际拓展创造良好的外部条件。

（4）优化品牌评价体系，鼓励符合条件的企业积极申报老字号品牌

政府部门要从社会经济发展的角度出发，不断优化评价标准，让老字号品牌的评价富于规范性、科学性、时代性和发展性，并坚持评定的公平、公正和公开。

（5）完善品牌服务体系

政府应当为品牌的发展创造良好的外部环境，提供完善的公共服务，构建名牌产品的公共支撑体系，包括质量检测、产品展示、信息共享、基础设施、人才培训等；广开渠道为宣传品牌助力，利用各种新旧媒体资源加大对云南老字号品牌及企业的宣传力度，形成全社会重视名牌、爱护老字号品牌的良好氛围。

（6）推动形成多方助推机制

政府要把云南老字号品牌名牌化战略纳入云南省经济发展的总体规划，充分整合社会资源，使政府、企业、社会团体、消费者均能发挥各自的作用。如为了提升老字号企业的现代化管理水平和市场竞争能力，由行业协会建立第三方咨询管理机制，为老字号企业提供发展战略、品牌建设、组织构架、营销策划等方面的咨询服务。

2. 继续改进和完善现代企业管理制度

政府应完善现代产权制度，深化企业改革，减少对企业经营行为的干预，将所有权归还市场和经营者，以减轻企业经营者的顾虑，使企业能够投入更多资源来创建品牌，提升

品牌价值。现代产权制度在社会经济运行中具有很重要的作用，产权制度不明晰会导致无形资产等所有权不明晰、企业经营权不到位、机制僵化等。通过建立健全现代产权制度，确立企业法人地位的独立性，使企业未来的权责划分更加清晰，保证资产高效、稳定地运营，分散资产经营风险，实现资源优化配置，增强企业内部活力，推进企业建立规范的现代企业制度。云南老字号品牌企业需要建立和完善投资主体多元化的现代产权制度，以活化老字号企业的经营管理，不断开拓创新，挖掘和延伸老字号的品牌内涵，增强品牌竞争力。

三、振兴云南百年老字号品牌的企业发展建议

（一）注重观念更新，优化公司治理结构

建立现代企业制度是发展市场经济的必然要求，是云南百年老字号品牌企业改革的方向。企业领导者必须扭转惯性思维，及时转变陈旧观念，进一步解放思想，与时俱进，树立起强烈的市场意识、效益意识、开放意识及创新意识，尽快适应社会主义市场经济的发展规律。云南老字号品牌企业应该按照现代企业制度的要求，实行规范的公司制改革，健全权责统一、运转协调、有效制衡的现代公司治理结构，依据《公司法》处理好所有者与经营者的关系，加快人事制度改革，引入竞争机制，大胆启用具有创新思想、敢于变革的年轻人才，为老字号品牌注入新活力。

1. 更新观念，与时俱进

以经济全球化、区域经济一体化、信息透明化、知识网络化、生产智能化、需求个性化、消费群体多元化、发展可持续化为特征的经济时代的到来，给企业的生产运营、经营管理、品牌营销，乃至领导决策与活动带来重大的变化。在新时代社会主义市场经济条件下，企业要适应当前经营管理环境的变化，转变企业管理理念。

百年老字号品牌企业要树立市场意识，根据市场的发展变化趋势，及时准确地调整产业、产品结构以取得好的社会效益与经济效益；以市场为导向，兼顾社会利益，开展各类生产经营活动，生产经营市场、社会需要的产品，达到企业盈利、消费者满意、社会效益三者的统一。企业有了正确的营销理念后，要进行市场选择，通过科学地分析、研究、评估，制定目标市场策略。面对激烈的市场竞争，要推行人无我有、人有我优、人优我绝、人绝我化的差异化产品策略，以产品的独特性、品质的优良性、价格的亲民性获得竞争优势，赢得市场；企业要制定可行的产品营销策略，树立现代产品观念，实现产品核心功能、物质外形和售后服务的高度统一，同时开发新产品，加大产品创新力度；企业管理者应当遵守法律法规，遵从市场经济规则，尊重消费者权益，只有严格把控质量，才能让自己的产品更具市场竞争力。

百年老字号品牌企业要树立创新意识。树立牢固的创新观念，不断增强创新能力，是企业发展必备的内在意识，在新时代社会主义市场经济的背景下，云南百年老字号品牌企业更需要具备创新精神。企业管理者要在观念、技术和管理上树立创新观念和创新意识，树立市场意识，以市场为主导决定企业的行为；进行技术和工艺创新，不断优化产品在材料、功能、外观设计等，更好地满足消费者的需要，适应新市场，扩大市场份额，通过新技术、新设备、新装置、新材料和新方法，提高产品质量、改进功能、降低消耗、减少污染；企业要创新管理，赋予传统管理体系、管理制度新内涵，转变管理思维，使企业内部

管理机制和管理行为都服务于生产力发展,服务于市场开拓。

2. 优化公司治理结构

公司治理结构是一种结构性制度安排,它通过建立信托责任的关系,使公司所有权与经营权相互制衡,以实现公司最佳经营业绩。云南百年老字号品牌企业应健全制度体系,完善法人治理结构,保障产权约束到位,明确股东会、董事会、监事会、经理层各自的职责权限及其相互制衡的关系;优化公司股权结构,降低政府对企业的持股比例,适当发展股权代理机构,让股权代理机构对企业的经营情况进行监督和管理。

云南百年老字号品牌企业应建立长效的激励机制,深化企业用工制度、分配制度改革,实现长期激励与短期激励的有机结合,充分调动企业人员的积极性,让他们全身心地投入发展云南百年老字号品牌的工作。

云南百年老字号品牌企业要完善公司治理结构立法体系,建立和完善法人治理机制,加强约束机制建设,强化审计制度和风险预防体系建设,注重各项制度运行的有机联结和互动,保障约束机制的系统化、协同化和高效化;完善股东代表诉讼制度建立法律保护机制,确保公司、股东和权利人的权益不受侵犯。

3. 加快人事制度改革

企业的发展离不开人才的保障,人才在助推企业创新、管理、运营、服务等方面都发挥着主导作用。进入21世纪后,人力资源管理已经上升到企业战略的高度,成为企业获取竞争优势的重要手段。云南百年老字号品牌企业应加快人事制度改革,可从以下几个方面入手。

第一,实行岗位管理。做好岗位设置,明确落实岗位责任,制定行之有效的岗位考核奖惩办法,打破过去各种用工的身份界限。

第二,实行全员劳动合同制,让每个人都有机会通过签订合同来获得平等的竞争机会。企业内部,人人平等,没有高低之分,只有岗位的不同。

第三,人才聘用过程引入竞争机制。引入竞争机制可以保证录用的公平性和公正性,提高招聘效率和招聘质量,以挑选出最合适的人才。

第四,建立员工职位评审聘任考核制度。按员工所从事的岗位来决定其任职资格条件,从德、能、勤、绩、廉等方面进行考核评审,建立能进能退的聘任机制。

(二)提升品牌活力,加强品牌管理力度

明确品牌定位,除继承品牌核心价值外,还应创造性地运用自身品牌资源,不仅要关注产品的物理属性,还要使其品牌符合消费者的心理认同。企业应以客户为中心,加强品牌宣传,实现品牌国际化扩张,提升品牌经营,发挥品牌优势,增强品牌保护意识,重视品牌价值提升,进行合理的品牌延伸,让消费者看到历久弥新的品牌形象。企业应重视引进优秀人才,制定全球化经营战略,加强市场研究,充分了解消费者的需求,树立全方位营销战略思维、全球营销战略思维和服务营销战略思维,不断进行服务创新,综合运用各种营销策略,提升品牌知名度。

1. 明确品牌定位,注重品牌体验

品牌要有自己的个性,百年品牌也是如此,而品牌定位便是塑造品牌个性的出发点。诗人作诗讲究"题高则诗高",品牌定位亦是如此,独到、精准、具有内涵、适应市场的品牌定位能为品牌的发展指明方向,同时品牌定位也是品牌属性、名称、质量、形象等综合价值塑造的源头。云南百年老字号品牌在新时代的市场环境下，也要有符合自身特点的品牌定位，定位恰到好处，除了带给消费者购买产品的理由之外，也能强化用户体验和感受，使消费者产生品牌拥有者所期望出现的联想，对品牌的感觉实在化。企业应具有明确、统一、差异化和个性化的内涵和品牌定位，切准目标市场，利用老字号品牌，尤其是百年老字号品牌的文化底蕴制造差异，使之在产品同质化、消费需求个性化、消费群体多元化、市场竞争激烈化的现实状况下别具一格，塑造强有力的竞争优势。此外，进行品牌定位时，企业应综合考虑市场需求特征、市场引导因素、企业自身特性和产品特征、市场竞争特征、市场环境变化等方面。基于品牌的核心价值，使定位更加科学、合理、有效、可操作，并根据市场状况进行动态调整。

品牌定位清晰后，企业要加强品牌形象塑造。老字号品牌在继承其核心价值的同时，还要创新其品牌形象，以激活品牌优势。国内外的百年长寿品牌之所以发展至今，除了产品质量稳定、经营管理有方外，最重要的还是其核心价值得到了顾客的认可。因此，品牌的核心价值不能改变，这是一个老字号品牌的灵魂和精神。但是，继承品牌的核心价值并不意味着品牌内涵和形象一成不变，百年品牌面临的最大挑战是如何在"变"与"不变"这组矛盾中寻求适当的均衡点，使品牌在传承百年精神的同时继续活跃在现代市场上，吸引现代消费者。这就需要塑造品牌形象。如今一些老字号品牌能够与时俱进，跟上时代潮流，改进自己的形象设计，但仍有许多老字号品牌的形象已经相当陈旧。消费者希望看到的是一个历久弥新的老字号，所以企业在保持核心价值的同时，也应该创新其品牌形象。百年品牌要在产品、技术上勇于创新，在营销策略上进行价格创新、渠道创新和促销创新，提供比竞争对手更加完善全面的服务，满足顾客更新更高的需求，从而形成鲜明的个性，塑造新的品牌形象，增强品牌的竞争力。

品牌要注重消费者的品牌体验，满足消费者的情感需求。优秀的品牌，其文化构成是丰富的，通常消费者所接触到的包括产品的功能、产品外观设计、产品附加的服务、品牌名称、品牌设计、色彩、包装等要素均是品牌文化所反映出的外部表征，而这些要素之所以这么呈现，是因为这些表征背后所蕴含的品牌理念、价值观、精神面貌。情感价值对消费者的消费行为和效用满意度有着很大的影响，信任和情感是品牌忠诚度的要素。目前，仅仅依靠产品的功能和价格已经无法赢得顾客的长期偏好，技术进步也使竞争产品之间的实质差异不够显著，在这种情况下，赢得顾客的情感认可是成功的关键。因此，品牌不仅是文化系统中的产品标识，还是更深层次的情感呼唤和表达，人们对品牌的选择和使用往往反映了一种生活方式和生活态度。正是因为品牌被赋予了社会和文化内涵，品牌设计者和推广者试图以品牌制造的文化定位来引导人们消费。要给品牌赋予情感价值，企业应从品牌的物质组成开始，创造性地利用自身资源，并适当地将人性化思维注入产品设计中，为消费者提供更多的利益，满足消费者更多样化和个性化的需求。品牌名称、标识、色彩等品牌要素要体现品牌价值观和战略思想，在注重产品质量提升的同时，企业要研究消费者心理，为消费者提供更好的品牌体验。客户品牌体验是品牌消费过程的体验，客户在消费每个环节都会产生对品牌的价值判断，会增加或减少对品牌的认知。因此，在品牌塑造的过程中，除了关注品牌本身外，企业还需要创造良好的品牌环境，加强消费者对品牌的理解，最终形成消费者对品牌的良好评价。

2. 加强老字号品牌管理

老字号品牌企业应以顾客为导向。企业作为向市场提供商品和服务的社会经济组织，其目的是盈利。为了实现企业的长远发展，企业应从注重利润、提高品牌知名度和市场占有率等短期利益上升到注重品牌资产积累的长远利益，树立企业发展的战略思维，以满足顾客需求、增加顾客价值为企业经营出发点，调查分析顾客的消费能力、消费偏好及消费行为，创新产品开发和营销手段，动态地适应顾客需求，建立并维护企业品牌与顾客之间的关系。品牌管理是品牌生存发展的关键。老字号品牌应从自身的不同阶段和状态出发，制定品牌管理战略，维护品牌的长久性和统一性。企业要分析品牌环境、需求、资产、竞争、营销和企业整体实力，对品牌所处的内外环境有清醒深刻的认识，制定正确的品牌战略；突出品牌特色，提高客户对品牌区分的敏感度和信任度，充分利用品牌的商业价值；通过构建和修正品牌识别系统，赋予品牌具体的特征。品牌管理是个系统工程，包括市场分析、品牌调研、品牌策划、品牌定位与设计、品牌推广，以及策划效果评估，系统要素之间要进行协调与配合。

第一，品牌传播。在激烈的市场竞争中，老字号品牌在沿用自身强大的品牌进行口碑传播和广告宣传的同时，也需要灵活运用各种媒介手段来强化品牌传播。广告是品牌的基本传播手段，但随着传播媒介的多样化，单纯的广告宣传的效果已经大大降低了。除了广告，企业可以通过投身社会慈善或福利事业、参与公益性活动等提升形象，还可以通过扩充宣传品牌发展的历史和传奇故事、建立网站等传播手段，结合自身条件，综合利用杂志、报纸、广播、电视、网络、自媒体等对品牌进行整合传播。云南百年老字号品牌在传播中，也可以适当运用怀旧品牌战略，根据自身传递的品牌形象，或者消费者普遍感知的品牌形象来开展营销活动。例如对于酿酒、酱菜、火腿、茶叶等注重工艺的品牌，可以采用怀旧工艺的品牌战略，展示古法工艺的悠久历史，使之与公众的怀旧情感产生共鸣，从而打动消费者；对于装裱、银器、糕点、餐饮住宿等注重样式、形式的品牌，可以采用怀旧样式，或者怀旧形式的品牌战略，通过经典的样式设计、味道，怀旧或古朴的住宿装修，生动的品牌故事等，构建消费者的经典产品印象，塑造一种特有的怀旧审美。

第二，视野国际化。云南百年老字号品牌企业在注重品牌本土化传播的同时，要注重品牌的国际化扩张。品牌发展到一定阶段，就有了进入国际市场的必然需求。扩张是企业做大做强的重要手段，如果运用得当，可以大幅提高产品竞争力及企业的市场实力，带来利润、市场占有率、市场竞争力、市场亲和力、企业效益等多方面的提升。企业应借鉴国际化品牌的成功模式，根据自身实际，做好品牌定位，以国际化视野实现企业品牌突围。同时，为解决企业品牌与国际市场诸多限制之间的矛盾，企业应在遵循国际商贸活动管理或规则的基础上锁定国际市场，争取更大的市场空间，尝试按照国际化要求研发外向型的企业产品或服务。企业也应以多渠道展开对外交流，培育大型跨国企业集团，以品牌战略创建国际化产业基地。老字号品牌企业的发展要有国际化视野，企业要坚持国际化标准，拓展国际化市场，让民族品牌在与世界著名品牌的对话和竞争中不断发展壮大。

第三，增强法律意识。云南百年老字号品牌企业应增强品牌保护意识，积极进行品牌保护，增强员工维护品牌形象的责任感；通过运用高科技防伪手段，向消费者宣传识别真伪的知识，协助有关部门打假等实现企业品牌的自我保护；建立和完善应急处理机制来应对突发的品牌问题。当参与国内外市场竞争时，企业要及时申请国内、国际商标注册以避免品牌纠纷，遇到恶意竞争、假冒、侵权等侵犯企业利益的事件时，一定要运用法律武器保护自身合法权益。

第四，品牌价值提升。品牌价值的来源较为广泛，从企业层面来讲，包括外在的品牌符号设计，也包括内在的产品品质、产品形式、功能、服务等，其核心部分是产品品质。打造经典的云南百年老字号品牌，不能仅靠宣传，最重要的是靠质量。人们购买某种产品，其实需要的是产品解决人们某种需求的能力，这种能力的体现就是产品质量。严格的质量观念，应该成为企业经营永恒的主题，这是任何一类老字号品牌基业长青的核心基础。能够长期保持一贯的高质量水平，取决于企业在长年累月的经营过程中积淀和传承下来的优秀文化，这形成了企业无形的品牌价值，而这一部分的价值，只有当企业通过高品质的产品赢得了顾客，在消费者心目中树立了良好的品牌形象，受到消费者认可以后，才真正传播出去。因此，品牌价值另一个层面的体现，是来自顾客群体对于企业文化价值认可后的反应。品牌的终极价值就在于能够促进业务以各种可能的方式实现增长，同时业务增长又反过来增进品牌价值。通过品牌间的营销合作、生产合作、分销合作、研究和设计合作等品牌联盟方式、品牌延伸方式、品牌授权方式也是品牌价值提升的常用策略。

第五，品牌延伸。云南百年老字号品牌企业要进行合理的品牌延伸。成功的品牌延伸策略可以提升品牌的形象，加速消费者对产品的认知，为消费者提供更加充分的选择，满足消费者多样化需求。然而品牌延伸策略的实施不可避免地存在一定的风险，如在不恰当的时间采取不合理的品牌延伸策略，盲目推出新产品可能会破坏企业整体品牌形象，模糊品牌核心价值和定位，稀释品牌资产，造成品牌传播紊乱，进而导致企业产生经济损失等。在品牌延伸之前，老字号企业要做好充分的市场调研，并结合自身的技术、工艺、生产力，企业发展战略和外部环境等因素，权衡利弊，做合理的品牌延伸；同时延伸品牌要准确定位，强化与核心品牌的关联度，坚持品牌理念的一致性，维系品牌的核心价值和个性。

第六，培育年轻市场。企业的发展离不开创新，创新是企业能够一往无前的生命活水，企业通过新知识、新工艺、新理念打造创新的产品或服务后，需要寻求市场的认可，也就是消费群体的支持。做企业如同逆水行舟，为了生存下去，企业需要源源不断的新的消费群体为其添砖加瓦。要使企业保持青春活力，年轻消费群体的培育很重要。即便是可口可乐这样的世界性的百年顶级品牌，在二十世纪六七十年代，也曾因年轻消费群体纷纷流向后起之秀的百事可乐，失去了市场优势，在之后的十多年时间都是一副英雄迟暮、老态龙钟的样子。后来可口可乐终于认识到培养年轻群体的重要意义，开始寻找年轻和流行元素进行广告宣传，但此时百事可乐早已广受年轻人青睐。因此，百年老字号品牌，不仅需要企业一代又一代的经营者努力奋斗，也需要一代又一代的消费者的鼎力支持。在本书第五章的调研中，绝大多数的调研对象都是18～35岁的年轻人群，他们也列举出了一系列自己所熟知的云南老字号品牌，这是一个信号，说明有很多云南老字号品牌被当下的年轻人群所熟知；同时这也是一个机遇，说明这些老字号品牌在年轻人群中具备认知基础。云南百年老字号品牌企业在今后的发展中不但要关注这一群体，还应该将这一基础打牢，将其发展成为稳定的金牛市场，保持用户新鲜度的同时也给自己带来新的发展动力。

3. 企业应重视专业人才的引进或培养

在构建云南老字号品牌企业的品牌管理团队时，引进或培养优秀的品牌管理人才至关重要，因此，无论是人才的引进还是培养，云南老字号品牌企业都应该重视以下几个方面。

（1）道德素质的重视

品牌管理者也是企业品牌的代表，其职业操守和道德素质至关重要。引进品牌管理者时，应优先选择那些在职业生涯中表现出高度忠诚、尽职尽责和诚实守信的候选人。这将有助于企业建立良好的品牌形象。

（2）专业知识水平的提升

由于品牌管理需要广泛的知识基础，品牌管理者应接受专业的品牌管理培训，这有助于提高他们的学习能力，培养创造性思维，拓宽知识视野。这种专业知识的提升使品牌管理者能够更好地适应不同类型客户的需求，为客户提供更全面的服务。

（3）商业能力的培养

优秀的品牌管理者需要具备更高水平的商业能力。他们应当深入细化和挖掘品牌的核心价值，并将其与企业目标相协调。品牌管理者应负责服务企业，帮助企业确立正确的品牌理念。他们需要持续关注并提供适当的提醒和建议，以协助企业在时间的积累中发展出能够经受考验并得到升华的品牌核心价值。

（4）创造性思维的培养

品牌管理者在品牌管理中需要具备创造性思维，以不断创新品牌策略。企业可以通过提供创新培训、激发团队合作和鼓励开放性沟通的方式，培养品牌管理者的创造性思维，帮助他们更好地适应市场变化。

（5）关注品牌的长期发展

优秀的品牌管理者应关注品牌的长期发展。他们需要帮助企业挖掘那些能够在时间积累中得到升华的品牌核心价值。这需要对市场趋势和客户需求有敏锐的洞察力，并能够制定长期的品牌发展战略。

总体而言，云南老字号企业在引进或培养品牌管理人才时，应该树立德才兼备的目标，这样的综合素质才能确保品牌经理在制定和执行品牌战略时能够真正发挥作用，提升企业的品牌价值和竞争力。

4. 制定合适的经营战略

经济全球化和信息网络化的发展，极大地改变了市场和企业的运作方式。老字号品牌企业应树立全球营销战略思维和全方位营销战略思维，在注重品牌本土化传播的同时，提升品牌的国际影响力，促进百年品牌新的发展。除了传统的销售渠道，还必须打破空间和地域的限制，建立多层次、三维化的营销方法。企业应加强市场调研，以个体客户需求为出发点，整合企业的综合关系网络，通过掌握客户份额、客户忠诚度和客户生命周期价值来实现盈利增长。企业可以通过新产品、新渠道、新的地理市场、新客户细分、新价值链、新的相关业务等路径实现新的增长。

随着全球经济一体化的发展，云南老字号品牌企业必须树立全球营销战略思维。市场竞争的日益激烈化，市场上产品同质化越来越严重，依赖产品本身的差异化来获得竞争优势的机会越来越少，而服务在竞争中的作用越来越大，依靠提供优质的服务来获取竞争优势成为企业竞争制胜的法宝。服务在产品中的比重越来越大，企业的竞争优势不但取决于所提供的产品的质量，更是取决于所提供的服务的质量。企业必须把服务营销战略思想作为自己的经营宗旨，并落实到生产经营中去，对企业营销战略的全过程进行全方位的设计与改善，企业不仅要创造出一流的产品，还要创造出一流的服务。

5. 加强运营，促进消费接触

时代在变化、科技在进步、观念在更新、消费意识在转变……这些变化是所有品牌都要面对的。当今的商业环境，丛林法则仍然适用，企业应当树立"百年发展"战略意识。

要让品牌广为流传，除了依靠广泛的宣传，还要靠品牌与产品的互动，前者投入大，周期长，收效还伴随风险；而后者是用户的品牌经历，品牌使用的人多了，以实际体验形成良好口碑，胜过宣传的千言万语。除了几个广为人知的强势品牌外，很多云南老字号品牌，其销售范围受地域或产量的影响，难以快速提升，因此品牌传播的速度较为缓慢，传播面也不够广泛，而经营运作能力不足也是影响其品牌传播的原因之一。根据前文统计数据，云南老字号品牌绝大多数属于食品制造行业，占到了42.9%。食品属于大宗生活必需品，具有广阔的市场空间。食品行业常见的渠道是"生产商→中间商→零售商"，属于中长渠道经营，也有少量的直销。零售即终端，是生产企业产品与消费者广泛接触的重要环节。一般情况下，产品在终端环节布局越广，它与消费者接触的范围也就越广。传统模式下，下游商家的规模只有在自身经营扩大时才能扩张，但在当下，并非所有的实体经营者都能有良好的业绩，中间商向上游付款领货，而下游赊账售货，卖完才结算，这样就造成了中间商现金流不足；加之下游商家大多都是自主经营，上游生产企业对营销渠道的控制能力有限，如果自己构建终端，则成本高、风险大，也加重了自身的资产负担。互联网时代则给这种传统扩张模式带来了转机。

在互联网时代，企业家应该有互联网思维。互联网思维并非简单地把产品拿到网上去卖，去赚取销售链变短所增加的利润。互联网是通过网络把各个节点联系起来，目的是实现信息的共享；供应链中的互联网思维，并非只是简单地运用互联网把供应链的各个节点连接起来之后实现信息交流，而应该是像互联网一样地把各个节点连接起来以实现价值的交流或价值的共享。最理想的形式是通过某种方式把用户端与品牌企业织成一张巨大的网络，用户成为企业的粉丝，并且在用户端口形成粉丝社群，品牌企业也因此有了更多的创造价值的方式，这就是互联网时代下的流量思维。企业通过终端管理和运营、打磨爆款产品等吸引众多的前端粉丝，使粉丝成为企业的资产，粉丝所形成的社群则成为企业未来的商业模式。

（三）对于尚未成为"云南老字号"品牌的发展建议

在第五章的调研中消费者还列举出了一些非"云南老字号"的品牌，这些品牌有两大类，第一类是有工商注册商号，但还未成为"云南老字号"；第二类是非注册商号，但具有广泛群众基础。第一类品牌，如嘉华、桥香园、摩尔农庄等品牌，从创立之初经营到现在，时间不长，但能够在广大的云南消费群体中占有一席之地，说明这些品牌从产品到经营理念都有其过人之处。因此，这类品牌企业应当继续潜心经营，把良好的经营理念、品质观念、企业文化、品牌口碑等保持和传承下去，并根据市场变化，大胆创新，待到时机成熟，自然能成为新一代云南老字号企业；若这些好品质能持续得更久，后期经营有方，那么发展成为云南百年老字号或中华百年老字号不是没有可能。第二类品牌，虽然没有较为知名的注册商标或商号来统领，且小规模、较为分散，但在当地消费者心目中，它们是有特殊地位的。一些小吃、特产、工艺品等由于其浓厚的地域性，已经成为了当地人们生活中的一部分,因此,对于这类品牌的发展,可以由政府牵头,把这些极具地域特征的产物充分融入地方、省一级的旅游发展规划,把它们打造成为地理标志产品;或在当地成立行业协会,由协会制定规范化的标准,把这些小而散的商号、商家组织和集中起来,打造品质标准,形成类型多元的地方特色品牌集群,进行整体推进。

四、振兴云南百年老字号品牌的科研建议

发展百年老字号品牌,离不开科学理论的指导作用。我们应该研究和总结出科学化与系统化的百年品牌发展理论,大力推动品牌学科建设,为振兴百年老字号品牌提供理论支持。

1. 品牌理论研究的理论价值和现实意义

品牌研究专业人才的缺乏,会成为品牌发展创新的短板。目前,专门研究百年品牌发展理论的人才极度匮乏。人才培养以专业建设为依托和保证,专业建设则以学科建设为基础和前提。我国品牌学领域有关品牌管理的教育没有专业化,现在还未有一所高校开设品牌学专业,从事品牌管理的人员无法接受系统的品牌理论学习,品牌学在高校也只是以独立课程嵌入财经类专业的课程体系中。培养专业的品牌管理人员,对我国百年品牌的发展有着重要现实意义。从云南省层面讲,省内也未有一所高校开设品牌管理专业,品牌管理也是作为工商管理、市场营销、企业管理等专业的课程培养体系当中以独立的课程呈现,在发展云南百年老字号品牌的进程中,同样缺乏专业化的品牌管理人才作为智力保障。

第一,加强品牌科学研究是探索品牌规律的需要。品牌是一个十分复杂的社会现象,它有不同范围、不同层次的运动规律,要正确认识和掌握这些规律,必须进行科学研究。

第二,加强品牌科学研究是发展品牌科学理论的需要,也是政府决策、品牌建设者实践的需要。品牌要走得远、发展得好,要以系统的品牌理论知识为支撑,这些理论知识可以帮助品牌在实践中解决问题。云南百年老字号品牌企业在今后要发展壮大,也需要有一群专业人士结合国情、省情对老字号品牌的发展规律进行探索,研究出一套适用于云南百年老字号品牌发展的理论,以指导老字号品牌发展。

第三,加强品牌科学研究是完善品牌理论的需要。我国品牌理论研究和学科建设进展缓慢,2003年品牌学才在我国从市场营销学中分立出来,成为一门独立的科学,且目前我国对"品牌"的概念尚未形成普遍认可的定义,对"百年品牌""老字号""中华老字号"等概念的定义比较相似,概念间的区分度不够,具有影响力的研究文献也很少。以中国知网为例,用"百年品牌"为主题进行检索,查找到的核心期刊文献有15篇,用"百年老字号"搜索到的核心文献有5篇,这也从侧面反映出了我国现阶段对于百年品牌的研究还没有形成完整成熟的体系。其中,在"云南老字号"品牌的研究中核心文献有1篇,硕士论文1篇,显示出对云南老字号品牌理论的相关研究也极为匮乏。

为了促进老字号品牌的发展,政府、企业家、研究人员要从战略上重新认识品牌,在学习和吸收国外成功管理经验的同时,走符合自身实际情况的品牌自主创新发展道路,让品牌理论与云南百年老字号品牌发展的实际情况相结合,形成理论特色。品牌学科应研究品牌理论发展和实践中迫切需要解决的问题,比如云南老字号的品牌规划、品牌战略实施、品牌有效设计、品牌塑造、品牌革新等,以更好地指导实践。

2. 加强品牌学科建设和品牌理论研究的路径

一门新学科的形成一般要经历 3 个阶段：一是思辨阶段，主要是提出命题，进行广泛的学术讨论，积累学科建设的相关材料；二是描述阶段，主要是发现学科发展的规律；三是结构阶段，构建科学的学科理论体系。品牌学作为一门新学科，若要发展下去，也必须具备 3 个条件：一是有坚实的基础理论；二是有一支专门从事本学科研究的强有力的理论队伍；三是纳入教学科研体系。国家层面，可增开相关科研刊物，或者在经济与管理类核心刊物开设品牌学科建设的专栏进行讨论，在广泛讨论的基础上进行深入研讨；由国内权威社会机构联合国家相关部门牵头，整合国内品牌研究相关部门和专家，组织品牌学理论研讨会，进一步探讨品牌学的基本原理，对品牌学予以科学的学科定位，建立品牌学学科体系，为品牌学发展奠定坚实的理论基础，继而进入品牌学研究的描述阶段和结构阶段。云南省层面，可由政府牵头，联合云南省市场学会等学术机构，整合省内财经类高校，或者其他高校市场营销、工商管理类的精英力量，在云南省内设立高水平、权威的品牌科学研究机构；结合省情，发展出云南老字号品牌的研究方向，并加强这一领域后备人才队伍的建设，促进云南省顶级品牌及云南老字号品牌事业的持续发展。

总体来说，为促进品牌相关理论的发展，云南省内相关部门在课题项目的设置，以及相关科研基金经费方面应予以倾斜，鼓励云南省内的专家学者对云南老字号品牌、云南百年老字号品牌进行基础、实证，以及交叉学科研究，明确品牌的内涵和外延，为老字号品牌和品牌企业的发展提供理论指导和支撑。政府予以各方面的支持，推动高校学科建设；由政府搭桥，在政府网站增设省内高校社会服务专区，鼓励老字号企业到高校寻求理论指导，也鼓励高校积极走进老字号品牌企业开展理论研究，增强校企合作，实现多方共赢，健全社会支持长效机制。

高校方面，可以结合省情推进品牌学科建设，或者在管理与经济类专业开设品牌研究方向。高校要充分了解行业需求，精心设计课程，优化课程结构，培养出能在工业企业和商业企业、社会组织中从事品牌实践及品牌研究工作的，具备品牌专业知识和实践能力，具有高度责任感和职业道德的高级复合型人才。此外，高校还要加强师资建设，提高教学质量，组建一支满足教育教学要求的师资队伍，以支撑品牌学科建设和发展。

参考文献

[1] 卜宪群，中国社会科学院历史研究所. 中国通史：从中华先祖到春秋战国［M］. 北京：华夏出版社，2016.

[2] 柳诒徵. 中国文化史［M］. 上海：上海古籍出版社，2001.

[3] 袁行霈，严文明，张传玺，等. 中华文明史：第一卷［M］. 北京：北京大学出版社，2006.

[4] 郭沫若. 奴隶制时代［M］. 北京：人民出版社，1954.

[5] 郑成思. 知识产权法［M］. 北京：法律出版社，1997.

[6] 秦始皇兵马俑博物馆《论丛》组委会. 秦文化论丛：第七辑［M］. 西安：西北大学出版社，1999.

[7] 孙英伟. 商标起源考：以中国古代标记符号为对象［J］. 知识产权，2011（3）：80-85＋97.

[8] 万芸. 新中国品牌发展的历史回顾及思考［D］. 太原：山西大学，2008.

[9] 刘回春. 中国品牌的历史和发展之路［J］. 中国质量万里行，2018（5）：9-10.

[10] 罗星. 基于调研基础的品牌设计［J］. 长春教育学院学报，2015，31（24）：57-58.

[11] 任玉梅. 试论品牌的经济效应［J］. 中国商贸，2013（24）：26-28.

[12] 刘宇. 试论标志的单纯性［J］. 人间，2016，225（30）：279.

[13] 康红波，胡祥伟. 提升农产品品牌竞争力的思考［J］. 实践（思想理论版），2011（4）：31-33.

[14] 世界品牌实验室. 2022年（第十九届）世界品牌500强排行榜［EB/OL］.（2022-12-15）［2023-11-04］. https：//www.worldbrandlab.com/world/2022.

[15] Interbrand Web. Interbrand Best Global Brands 2022.［EB/OL］.（2022-11-06）［2023-11-04］. https：//interbrand.com/best-brands.

[16] 袁家方. 论老字号的认定和分类标准［J］. 北京财贸职业学院学报，2015（2）：5-12.

[17] 张霄. 中国民营经济发展理论及道德问题研究［J］. 现代商业，2019（34）：9-11.

[18] 刘鹏凯. 我眼中的日本企业与企业家精神［J］. 上海企业，2019（10）：70-273.

[19] 毛崇峰，周青，聂力兵. 企业使命对微创新的影响与作用方式研究［J］. 经济与管理，2019（6）：32-38.

[20] 中华老字号信息管理. 老字号名录［EB/OL］.［2023-11-04］. https：//zhlzh.mofcom.gov.cn/news/searchEntps.

[21] 钟山. 日本企业长盛不衰的原因及对我们的启示［J］. 中国军转民，2019（7）：84-88.

[22] 唐洁文. 厚植工匠精神促企业提质增效创品牌［J］. 现代企业文化，2018（36）：231.

[23] 世界品牌实验室. 2021年《世界品牌500强》中最古老的10个品牌[EB/OL]. (2021-12-07)[2023-11-04]. https：//www.worldbrandlab.com/world/2021/brand/old.html.

[24] 郭重庆. 当前中国企业发展中面临的几个问题[J]. 管理科学文摘，2012（1）：13-15.

[25] 张鑫.《战狼2》跨文化传播中的文化折扣现象、原因及规避路径[J]. 西部广播电视，2019（4）：148-150.

[26] 李光斗. 大国寡品：反全球化时代中国如何走向世界[M]. 北京：电子工业出版社，2018.

[27] 李永明. "入关"后日本产业政策的变化、影响：兼论对中国"入世"的启示[J]. 日本问题研究，2001（02）：1-4.

[28] 顾佳薇. 日本文化软实力的发展经验及其对中国的启示[D]. 赣州：江西理工大学，2018.

[29] 钱明辉，谭新政. 2016中国品牌发展报告：中外百年品牌发展比较[M]. 北京：知识产权出版社，2016.

[30] 秦俊峰. 德国制造长盛不衰的秘密[J]. 中国中小企业，2013（4）：66-69.

[31] 陈聪健. 政府搭台中德合作：构建智能制造人才培养新模式[J]. 数字化用户，2019（25）：285-286.

[32] 宋伟. 联盟的起源：位置现实主义的分析——以一战前的英德联盟战略为例[J]. 世界经济与政治论坛，2017（1）：18-37.

[33] 商务部流通发展司. "中华老字号"认定规范（试行）[EB/OL]. (2012-09-20)[2023-11-04]. http：//ltfzs.mofcom.gov.cn/article/aw/201209/20120908348719.shtml.

[34] 云南省质量技术监督局. "云南老字号"评定规范：DB53/T 508—2013[S].

[35] 李珪. 云南近代经济史[M]. 昆明：云南民族出版社，1995.

[36] 马小军. 云南近代工业经济发展概述[J]. 经济问题探索，1981，16（6）：71-79.

[37] 马曜. 云南简史：新增订本[M]. 昆明：云南人民出版社，2009.

[38] 云南档案馆编. 话说云南老字号[M]. 昆明：云南人民出版社，2014.

[39] 何耀华. 云南通史[M]. 北京：中国社会科学出版社，2011.

[40] 刘云明. 清代云南市场研究[M]. 昆明：云南大学出版社，1996.

[41] 谢本书，李江. 近代昆明城史[M]. 昆明：云南大学出版社，1997.

[42] 光明日报. 云南在"丝绸之路经济带"建设与向西开放中的地位与作用[EB/OL]. (2015-08-20)[2023-11-04]. http：//www.scio.gov.cn/ztk/wh/slxy/31215/Document/1445174/1445174.htm.

[43] 国家质量监督检验检疫总局，国家标准化管理委员会. 国民经济行业分类：GB/T 4754—2017[S]. 北京：中国标准出版社，2017：7.

[44] 余阳明. 品牌传播学[M]. 上海：上海交通大学出版社，2016.

[45] 段淳林. 整合品牌传播：从IMC到IBC理论构建[M]. 广州：世界图书出版广东有限公司，2014.

[46] REEVES R. Reality in Advertising[M]. New York：Alfred A. Knopf，1961.

[47] OGILVY D. The image of the brand-a new approach to creative operations [J]. Courtesy of Ogilvy & Mather, 1955: 1-6.

[48] TROUT J, RIES A. Positioning: The battle for your mind [M]. New York: McGraw-Hill, 1986.

[49] SCHULTZ D E, BARNES B E. Strategic Brand Communication Campaigns [M]. Chicago: NTC/Contemporary Publishing Group Inc, 1999.

[50] AAKER D A, JOACHIMSTHALER E. Brand Leadership [M]. New York: The Free Press, 2000.

[51] OLSON J C, JACOBY. Research of Perceiving Quality [J]. Emerging Concepts in Marketing, 1972 (9): 220-226.

[52] MC GOLDRICK P J. Grocery Generics-An Extension of the Private Label Concept [J]. European Journal of Marketing, 1984, 18 (1): 5-24.

[53] ZEITHAML V A, BERRY L L, et al. Communication and control processes in the delivery of service quality [J]. Journal of Marketing, 1988, 52 (43): 25-48.

[54] UOLEVI L, JARMO R, LEHTINEN. Two Approaches to Service Quality Dimensions [J]. The service industries Journal, 1991, 11 (3): 287-303.

[55] BRUCKS, MERRIE, VALARIE A ZEITHAML, et al. Price and brand name as indicators of quality dimensions for consumer durables [J]. Academy of Marketing Science, 2000, 28 (3): 217-222.

[56] GRONROOS. Service Management and Marketing the Moments of Truth in Service Competition [J]. Retailing and Consumer Services, 1981. (5): 171-173.

[57] PARASURAMAN A, BERRY L L, ZEITBAML V A, et al. Understanding Customer Expectations of Service [J]. Sloan Management Review, 1991, 32 (3): 39-48.

[58] 王智星. 服装品牌感知质量对顾客忠诚度的影响研究 [D]. 北京: 北京服装学院, 2010.

[59] 王鹏, 黄谦, 陈茗婧. 品牌来源地、购买体验与品牌感知质量: 基于中国体育用品的实证研究 [J]. 西安体育学院学报, 2019 (1): 38-44.

[60] AAKER D A. Measuring brand equity across products and markets [J]. California Management Review, 1996, 38 (3): 102-120.

[61] 欧晓勇. 电子商务市场品牌认知度、产品虚拟度与企业价值之间的关系分析 [J]. 商业经济研究, 2019 (17): 90-92.

[62] JOHN D R, LOKEN B, KIM K, et al. Brand concept maps: a Methodology for identifying brand association networks [J]. Journal of Marketing Research, 2006, 43 (4): 549-563.

[63] WATTANASUWAN K. The self and symbolic consumption [J]. Journal of American Academy of Business, 2005, 6 (1): 179-184.

[64] COVA B. What postmodernism means to marketing managers [J]. European Management Journal, 1996, 14 (5): 494-499.

[65] JAMAL A, GOODE M M. Consumers and Brands: a study of the impact of self-image congruence on brand preference and satisfaction [J]. Marketing Intelligence & Planning, 2001, 19 (7): 482-492.

[66] LI X Y, XU M X, LI G P, et al. Exploring Consuming Psychologies and Behaviors in Chinese Yi Ethnic Embroideries Product [J]. International Business Research, 2016 (3): 163-174.

[67] BUTTLE F A. Word of Mouth: Understanding and Managing Referral Marketing [J]. Journal of Strategic Marketing, 1998, 6 (3): 241-254.

[68] HOLBROOK M B, SCHINDLER R M. Some exploratory findings on the development of musical tastes [J]. Journal of Consumer Research, 1989 (6): 119-124.

[69] HOLBROOK M B. Nostalgia and consumption preference: some emerging patterns of consumer tastes [J]. Journal of Consumer Research, 1993 (20): 245-256.

[70] BELK R W. The role of possessions in constructing and maintaining a sense of past [J]. Advances in Consumer Research, 1990 (17): 669-676.

[71] WILDSCHUT T, SEDIKIDES C, ARNDT J, et al. Nostalgia: content, triggers, functions [J]. Journal of Personality and Social Psychology, 2006, 91 (5): 975-993.

[72] 何佳讯, 秦翕嫣, 杨青云, 等. 创新还是怀旧？长期品牌管理"悖论"与老品牌市场细分取向：一项来自中国三城市的实证研究 [J]. 管理世界. 2007, (11): 96-107.

[73] 何佳讯. 我们如何怀念过去？中国文化背景下消费者怀旧倾向量表的开发与比较验证 [J]. 营销科学学报, 2010, 6 (3): 30-50.

[74] 温韬、秦通. 消费者怀旧情感量表的开发及验证：以怀旧主题餐厅为例 [J]. 大连大学学报, 2019 (8): 97-109.

[75] LASTOVICA J L, GARDNER D M. Components of involvement in attitude research plays for high stakes [J]. Journal of Marketing Research, 1979, 27 (6): 53-73.

[76] KELLER K L. Building customer-based brand equity [J]. Marketing Management, 2001, 10 (2): 15-19.

[77] 刘新, 杨伟文. 虚拟品牌社群认同对品牌忠诚的影响 [J]. 管理评论, 2012, 24 (8): 96-106.

[78] DODDS W B, MONROE K B, GREWAL D. The Effects of Price, Brand and Store Information on Buyers' Product Evaluations [J]. Journal of Marketing Research, 1991 (28): 307-319.

[79] 张瑜. 云南普洱茶品牌认知对消费者购买行为的影响研究 [D]. 昆明：昆明理工大学, 2020.

[80] SHU N Z, YONG Q L, et al. A study on China's time-honored catering brands: Achieving new inheritance of traditional brands [J]. Journal of Retailing and Consumer Services, 2021 (58): 2-14.

[81] 金立印. 基于品牌个性及品牌认同的品牌资产驱动模型研究 [J]. 北京工商大学学报

（社会科学版），2006，(1)：38-43.

[82] 杨祝庆. 中华老字号：昆中药 [J]. 云南档案，2014，(10)：24-27.

[83] 王忆萍. 张小泉：小剪刀，大品牌 [J]. 老字号品牌营销，2020，(10)：1-2.

[84] 中华老字号：红星二锅头 [J]. 时代经贸，2016（7）：70-78.

[85] 克里斯·安德森. 长尾理论 [M]. 北京：中信出版社，2006.

[86] 陈炜松. 百年企业基业长青的经营哲学 [M]. 北京：中国宇航出版社，2016.